FORREST GRIFFIN

mit Erich Krauss

VOLL AUF DIE ZWÖLF

FORREST GRIFFIN mit Erich Krauss

VOLL AUF DIE ZWÖLF

Der Ultimate Fighter erklärt, wie du jeden Kampf gewinnst

riva

Bibliografische Information der Deutschen Nationalbibliothek:
Die Deutsche Nationalbibliothek verzeichnet diese Publikation in der Deutschen Nationalbibliografie; detaillierte bibliografische Daten sind im Internet über http://d-nb.de abrufbar.

Der Übersetzer bedankt sich bei Jamie Ellrich und Sebastian Baron für die fachliche Beratung.

Für Fragen und Anregungen:
forrestgriffin@rivaverlag.de

2. Auflage 2013

Nymphenburger Straße 86
D-80636 München
Tel.: 089 651285-0
Fax: 089 652096

Die amerikanische Originalausgabe erschien 2009 bei William Morrow, an imprint of HarperCollins Publishers, New York, unter dem Titel *Got Fight? The 50 Zen Principles of Hand-to-Face-Combat.*

Übersetzung: Max Limper
Umschlaggestaltung: Pamela Günther
Umschlagabbildung: Hywel Teague, *Fighters Only*
Satz: Carsten Klein
Druck: CPI – Ebner & Spiegel, Ulm
Printed in Germany

ISBN Print 978-3-86883-317-1
ISBN E-Book (PDF) 978-3-86413-232-2
ISBN E-Book (EPUB, Mobi) 978-3-86413-233-9

Weitere Informationen zum Verlag finden Sie unter
www.rivaverlag.de
www.facebook.com/rivaverlag.de
www.twitter.com/rivaverlag

Ich widme dieses Buch ...

meinem Stiefvater Clifford Abramson, der mich lehrte, ein Mann zu sein.

meiner wunderschönen Frau Jaime, weil sie es mit mir aushält.

Mike Pyle, weil er der beste Cornerman der Welt ist – das ist ungefähr so, wie wenn man die beste Brautjungfer der Welt ist.

Byron Danielson, weil er alles herausfinden kann.

dem Buchstaben q (nur kleingeschrieben), weil er so exotisch ist.

John Wood, der das Klischee des Douchebag aus Vegas perfekt verkörpert und trotzdem ein netter Kerl ist.

Mark Beacher wegen seiner coolen Tattoos.

Randy Couture, weil er ein Vorbild für ältere Herrschaften ist.

James Roday, der so schlau ist, wie ich es gern wäre.

Bob Saget – versteht sich von selbst.

Mike Whitehead, weil er ein Panzer ist.

Brokkoli, weil er schon vor dem Essen wie ein Furz riecht und so schwer zu buchstabieren ist.

der Filmindustrie, die es irgendwie hingekriegt hat, dass Iren als cool gelten. Irischsein wird langsam so populär, dass wir tatsächlich darüber nachdenken, uns an die Juden ranzumachen.

Besonderer Dank geht an ...

Paul Thatcher für die Fotos im farbigen Bildteil.

Bret Aita für seine geniale Redaktion.

den Leuten von Zinkin Entertainment für ihren großen Einsatz.

Eric Hendrikx für die Fotografien im Technikteil.

Sie sollten in guter körperlicher Verfassung sein, wenn Sie dieses oder irgendein anderes Kampfsporttraining aufnehmen. Weder der Autor noch der Verlag haften auf irgendeine Weise für Verletzungen oder Schäden, die während oder nach der Ausübung des in diesem Buch beschriebenen Trainingsprogramms auftreten.

Die in diesem Buch vorkommenden Namen, Orte, ja sogar Begebenheiten wurden in großem Umfang geändert, um Forrest Griffith vor Klagen aller möglichen Idioten zu schützen. Bei der Herstellung dieses Buches kam eine geringe Anzahl kleinerer Tiere zu Schaden. Die geschädigten Tiere waren nicht als »niedlich« einzustufen, also geht das in Ordnung.

ANMERKUNG DES ORIGINALVERLAGS

Forrest und wir hatten ein paar scharfe verbale *und* körperliche Auseinandersetzungen, als es um die Wahl des Titels für dieses Buch ging, der ja (bei der amerikanischen Originalausgabe) *Got Fight?* lautet. (Falls Sie ihn noch nicht gelesen haben sollten: Er steht im Impressum.) Forrest ist ein großartiger Gegner – verheerende Fußtritte, unangenehme Einschüchterung und ein Kinn wie ein gusseiserner Ofen –, aber wir kratzen und beißen, und das hält er nicht aus. So haben wir unseren Willen durchgesetzt, nämlich dieses Buch *Got Fight?* zu nennen, was unserer Meinung nach echt provokant klingt. Aber wir haben ihm zugestanden, dass seine Einwände am Anfang des Buchs aufgeführt werden. Folgende Nachricht hinterließ Forrest am Silvesterabend 2009 (vermutlich alkoholisiert) auf dem Anrufbeantworter seines Lektors:

> »Ich will nicht drauf rumreiten, aber auf deinem blöden AB klingst du wie 'ne Frau. Hier ist Forrest Griffin, wie du vielleicht hören kannst, komme ich aus Fuckin' Georgia – nicht einfach aus Georgia, sondern aus FUCKIN' Georgia. *Got Fight?* ist kein guter Titel, finde ich. Diese ›Got Milk?‹-Werbekampagne war 1994. Hab die Scheiße gegoogelt. Neunzehnhundertvierundneunzig. Das ist mehr als zehn Jahre her, Mann, also, äh, müssen wir uns einen neuen Titel ausdenken, und du musst eine Männerstimme kriegen wie meine [tiefes, raues Lachen].«

Erwiderung des Verlegers: Der Werbeslogan »Got Milk?« wird immer noch benutzt, und Milch macht die Knochen stark und gesund wie die von Forrest.

Hier sind Forrests Titelvorschläge – ganz schön kreativ für einen Schlägertypen:

Wer hat meine Nase? (sein Lieblingsvorschlag)
Die Faust im Gesicht
Der Tod ist eine Reise, und mein Koffer ist gepackt – die Forrest-Griffin-Story
Punch Drunk
Ein Gesicht voller Narben
Ein paar Narben mehr (falls es eine Fortsetzung gibt)

INHALT

DANKSAGUNG

Aus irgendeinem Grund wollen Autoren in ihren Büchern Dank loswerden. Das kann ich verstehen, wenn das Buch richtig gut ist, so Hemingway-mäßig - aber was, wenn das Buch scheiße ist? Ich gehe davon aus, dass das Buch, das ihr in der Hand haltet, euch nur dümmer machen wird, und ich möchte niemanden, den ich mag, mit einer Danksagung beleidigen. Genauso gut könnte ich in ein Taschentuch kacken, das schmierige Bündel ins Regal einer Buchhandlung legen, zu Hause anrufen und sagen: »Danke, Mama, dass du dieses vollgekackte Taschentuch möglich gemacht hast.« Ich wollte mich ganz um die Danksagung drücken, aber mein Verleger kam mir mit bedrohlichen Wörtern wie »Schuldausschlussklausel«. Er meinte, die Leute sollten erst merken, dass dieses Buch ein vollgekacktes Taschentuch ist, wenn sie es gekauft haben. Dann habe ich versucht, Leuten zu danken, die ich wirklich hasse, um sie durch die Erwähnung in diesem Buch zu beleidigen, aber das wurde mir verboten. (Ich danke Satan; danke dem Jungen, der mich in der vierten Klasse immer verhauen hat; danke den scharfen Mädels, die mich in der Highschool immer ausgelacht haben.) Also muss ich wohl einigen Leuten danken, die ich echt mag. Wenn ihr zu diesen Leuten gehört (und davon gehe ich aus, denn welcher Schwachkopf liest denn sonst die Danksagung in einem Buch?), bitte, bitte verzeiht mir.

Zuallererst möchte ich meiner Mutter dafür danken, dass sie mich aus dem öffentlichen Schulsystem des Staates Georgia rausgeholt hat. Es wäre schön gewesen, wenn sie es getan hätte, bevor mir 40.000-mal die Fresse poliert worden ist, aber spät ist wohl besser als nie. Ich möchte außerdem Kevin Garnetts Mutter danken, denn sie hat es offenbar auch richtig gemacht. Als Nächstes danke ich Adam und Rory Singer vom Hardcore Gym. Rory ist ein großartiger Freund, denn er lässt nie zu, dass wir zu viel bezahlen, egal, wofür. Wenn wir essen gehen, und die Rechnung ist fünf Cent zu hoch, ist sofort die Hölle los. Selbst wenn die Kellnerin nur vierzig Kilo wiegt, geht er auf das kleine Miststück los. Adam ist der beste Grappler der Welt im ganzen Staat Georgia, und zwar zwei, drei Minuten lang. Nach diesen zwei, drei Minuten steht er auf und trinkt was – *Mensch, die Submission hast du ja fast hingekriegt, Forrest, Zeit für 'ne Cola, find ich ... Also, aus der dominanten Position kannst du sicher 'ne Menge anstellen, aber du musst jetzt von mir runter, weil ich 'n Asthmaanfall hab. Ich trink am besten erst mal 'ne Diätlimo ...* Er hat mir nicht nur jede Menge Grappling-Tricks gezeigt, sondern ist auch meine Hauptquelle für Buchempfehlungen. Er ist es, der mich auf *Fight Club* brachte, noch bevor es den Film gab. Außerdem bewundere ich ihn für den in seinem Kopf eingebauten Richtungsanzeiger. Unter erheblichem Alkoholeinfluss findet er nicht nur todsicher den Mietwagen wieder, sondern bringt uns auch von jedem beliebigen Striptease-Laden zurück ins Hotel. Ohne Scheiß: Alle anderen im Auto können komplett orientierungslos sein – er zeigt einfach in die Dunkelheit und meint: »Da lang müsste es nach Hause gehen.« An diesem Typen ist einfach alles beeindruckend, aber seine größte bisherige Leistung ist, dass er die Abkürzung MILF *(Mom I'd Like to Fuck)* erfunden hat. Das glauben einige bestimmt nicht, aber ich schwöre bei Gott, dass er schon zehn Jahre vor *American Pie* davon geredet hat.

Der Letzte, dem ich Dank sagen möchte, ist mein Lektor Adam Korn. Ursprünglich wollten zwanzig Lektoren an diesem Buch mitarbeiten, aber er hat sie alle in einem illegalen Käfig-Fight besiegt. Erst kürzlich habe ich erfahren, dass 90 Prozent aller Lektoren Lektorinnen sind, daher bin ich mir nicht mehr so sicher, ob er wirklich würdige Gegner hatte. Aber ich kann mit Fug und Recht behaupten, dass dieses Buch ohne ihn nicht geschrieben worden wäre. Adam Korn ist als Kampfkünstler einzigartig, denn er ist kein dicker Vierzigjähriger, der gern Kinder verblödet. Er versteht die Denkweise eines Kämpfers und hat die Entstehung dieses Buches von Anfang bis Ende geprägt. (Adam, du Arsch. Ich will endlich die 38 Dollar, die du mir für diese Schleimscheißerei versprochen hast. Ich komm sie holen, du Schwuchtel, ich komme!)

Test (*unbedingt* vor dem Lesen meines Buches durchzuführen)

Alle richtig geilen Achterbahnen der Welt setzen bei denen, die in ihren Genuss kommen wollen, eine gewisse Körpergröße voraus. Mein Buch ist zwar keineswegs so geil wie eine Achterbahn, aber trotzdem stelle ich eine Bedingung an diejenigen von euch, die es lesen wollen. Es ist mir scheißegal, wie groß ihr seid oder wie viel ihr wiegt. Es geht mich auch nichts an, ob ihr auf schräge Sachen steht, euch zum Beispiel die Brustwarzen versengt und so. Mir geht es nur um eure Männlichkeit. Wie stehe ich denn da, wenn mein Buch von einem Haufen Weicheier gelesen wird, zwischen zwei ihrer Kissenschlachten? Ziemlich blöd stehe ich dann da. Bevor ich also eure leeren Köpfe mit meiner ganzen Klugheit fülle, unterwerfe ich euch einem Test, ganz so, wie es die *Cosmopolitan* mit ihren Leserinnen tut. Woher ich von der Existenz solcher Tests weiß? Maul halten, Klugscheißer, das nennt man Recherche. Jedenfalls: Statt zu testen, ob »dein Partner zu dir passt«, werde ich euren Testosteronspiegel überprüfen. Von Frauenseite möchte ich jetzt kein Gejaule hören. Es gibt eine Menge Frauen auf der Welt, die Männlichkeit besitzen. Also lasst euch mal zack, zack einen haarigen Sack wachsen. In diesem Buch geht's um Jungskram.

Wenn ihr bei diesem Test 40 oder mehr Punkte schafft, dürft ihr erhobenen Hauptes herumstolzieren, Brüder. Ihr seid echte Männer, und ich habe nichts dagegen, dass ihr euch die Kenntnisse, die in diesem Buch stecken, zu eigen macht. Erzielt ihr zwischen 30 und 40 Punkten, müsst ihr euch noch ein bisschen Brusthaar wachsen lassen. Ich gestatte euch dennoch, mein Buch zu lesen, aber ihr dürft das nur im stillen Kämmerlein tun. Wenn euch jemand fragt, ob ihr mein Buch lest, müsst ihr sagen: »Nee, hab ich versucht, aber es ist so männlich, dass ich es nicht begreifen kann.« Wer weniger als 30 Punkte erreicht, sollte mein Buch sofort weglegen und sich heimlich davonschleichen. Er könnte auch gleich in eine Strumpfhose schlüpfen, Lippenstift auftragen und richtig schlecht einparken lernen, denn ein richtiger Mann wird er nie und nimmer werden. Niemand schaut zu, wenn ihr diesen Test macht, ihr Pussys, also bringt es nichts zu schummeln. Übrigens schummeln Frauen bei solchen Tests ständig. Bei der Frage, *ob der Luststab Ihres Partners groß genug* ist, kreuzen sie immer »Nein« an, die verlogenen Miststücke. Ich erwähne das nur, weil echte Männer nie in die Fußstapfen von Frauen treten. Wer also schummelt, ist nicht nur unmännlich, sondern kommt auch in die Hölle. Ernsthaft.

1. Du wachst morgens auf und siehst, dass neben dir im Bett eine fette Tussi liegt. Was machst du?

a) Irgendwie überrede ich das Wollmammut dazu, aus dem Schlafzimmerfenster zu klettern, damit niemand es beim Hinausgehen sieht. Dann entferne ich die drahtigen Haare aus meinen Zähnen und erzähle diese Begebenheit mein Leben lang keiner Menschenseele.

b) Ich lasse sie vorne rausgehen, und wenn meine Kumpels sich über mich lustig machen, erfinde ich Ausreden: etwa dass ich zu betrunken war, um überhaupt einen hochzukriegen.

c) Ich gehe mit ihr frühstücken und zucke gleichgültig mit den Schultern, wenn meine Kumpels mich schief ansehen. Ich gehe nicht so weit, dass ich ihr nach dem Frühstück noch den Ahornsirup von den Lippen schlecke, aber ich lächle sie an und behandle sie mit Respekt.

d) Ich danke ihr dafür, dass sie mich entjungfert hat, und frage sie nervös nach ihrer Telefonnummer.

e) Ich wecke sie gar nicht erst auf. Ich verlasse einfach meine Wohnung und kehre nie mehr zurück.

Auswertung

a) 0 Punkte. Ganz einfache Rechnung. Mit einer fetten Tussi zu schlafen ergibt 5 Minuspunkte, aber die dunklen Momente eures Lebens nach guter alter Veteranenart zu verdecken ist auf jeden Fall männlich und bringt 5 Pluspunkte. Wenn ihr jemals in eine solche Lage geratet und wie beschrieben reagiert, könnt ihr euren Platz auf der Männlichkeitsskala behalten.

b) -10 Punkte. Bei diesem Szenario bekommt ihr 5 Minuspunkte für den Sex mit einer Dicken und noch mal 5 für das Gejammer.

c) +5 Punkte. Wenn ein echter Mann auf einem Haufen Hundescheiße ausrutscht und in einen Haufen Schweinescheiße fällt, dann aber herauskriecht, um anschließend von einer Kuh vollgeschissen zu werden, steht er trotz allem voller Stolz wieder auf. Mit einer Dicken zu schlafen und den Kopf hoch zu tragen ist im Prinzip das Gleiche: Man braucht dazu Eier wie Stahlkugeln sowie ein unzerstörbares Selbstbewusstsein und erhält 10 sauer verdiente Männlichkeits-Pluspunkte. Minus 5 Punkte für den Fehltritt an sich, und man kommt auf +5.

d) 0 Punkte. Bei dieser Antwort gebe ich nur deswegen keine Minuspunkte, weil ich euch in aller Höflichkeit auffordern muss, diesen Test jetzt abzubrechen. Alle echten Männer verlieren ihre Jungfräulichkeit bei Prostituierten. Sollte die fragliche Dicke tatsächlich vom Gewerbe sein, belasse ich es bei null Punkten und einer Verwarnung.

e) -15 Punkte. Ihr seid Feiglinge, und Feiglinge sind nicht männlich.

2. Was rasierst du häufiger, dein Gesicht oder die Genitalien?

a) Das Gesicht.

b) Die Genitalien.

c) Beides nie.

d) Beides gleich häufig und gleichzeitig.

1) Erst das Gesicht, dann die Genitalien.

2) Erst die Genitalien, dann das Gesicht.

Auswertung

a) 0 Punkte. Wer sein Gesicht rasiert, ist ein Mann, aber nicht männlich.

b) –5 Punkte. Widerlich. Eigentlich müsste ich 10 Punkte abziehen.

c) +10 Punkte. Wahrscheinlich lebt ihr im Wald und tötet euer Essen, was beides ultramännlich ist. Wenn ihr auch noch ein wildes Tier, etwa einen Dachs oder ein Wombat, als Haustier haltet, könnt ihr euch 5 Extra-Pluspunkte geben. Habt ihr trotz allem eine Freundin (muss eine Frau sein, Dachs oder Wombat zählen nicht), gibt es noch mal 5 dazu.

d) 0 Punkte. Wenn ihr einen Rasierer mit unter die Dusche nehmt, um Kinn und Sack in einem Aufwasch zu erledigen, seid ihr weder männlich noch unmännlich. Allerdings ist die Reihenfolge beim Rasieren sehr, sehr wichtig. Wenn ihr zuerst das Gesicht und dann die Eier rasiert, könnt ihr euch, vorausgesetzt, ihr schmeißt den Rasierer nachher weg, 5 Pluspunkte geben. Wenn ihr erst die Eier und dann das Gesicht rasiert, gefällt euch offenbar der Sackgeruch, und ihr seid auf keinen Fall echte Männer. Tatsächlich fangt ihr euch damit ganze 15 Minuspunkte ein.

3. Wie viel kostet deine Lieblingsjeans?

a) Mehr als 150 Euro.

b) Zwischen 75 und 150 Euro.

c) Zwischen 40 und 75 Euro.

d) Unter 40 Euro.

Auswertung

a) –15 Punkte. Echte Männer müssen nicht mal für eine Waschmaschine oder eine Nutte so viel hinblättern.

b) -10 Punkte. Für 100 Euro bekommt man eine nagelneue Kettensäge.

c) -5 Punkte. Echte Männer sind sparsam. Sie saufen billig und essen billig. Wie kommt ihr nur auf die Schwachsinnsidee, so viel für eine Jeans auszugeben?

d) +10 Punkte. 5 Extra-Pluspunkte gibt es, wenn die Jeans einen Ölfleck hat.

4. Deine Freunde laden dich an deinem 13. Geburtstag zu einem All-you-can-eat-Büfett ein und überraschen dich danach mit einem Bungee-Jumping-Gutschein. Du bist noch sehr jung und weißt nicht, dass Bungee-Jumping nach einer Fressorgie unerwünschte Nebenwirkungen haben kann. Du denkst daran, dass du vielleicht kotzen musst, stattdessen kackst du dich ein. Vergiss nicht, du bist noch sehr jung. Wie gehst du mit der Situation um? Raus mit der Sprache, ich will's wissen.

a) Ich springe ins nächstgelegene Schwimmbecken.

b) Ich tue so, als ob nichts passiert wäre, und lasse den Dingen ihren Lauf.

c) Ich gehe zur öffentlichen Toilette, ziehe meine vollgeschissenen Boxershorts aus und werfe sie in den Müll. Dann ziehe ich die Socken aus, feuchte sie im Waschbecken an und wische damit alles weg, was nicht in der Unterhose gelandet ist. Anschließend werfe ich die Socken weg. Wenn ich nach Hause komme und meine Mutter fragt, was mit meinen Socken passiert ist, sage ich der alten Kontroll-Else, dass sie sich um ihren eigenen Kram kümmern soll. Dann gehe ich in mein Zimmer und weine mich in den Schlaf.

Auswertung

a) +5 Punkte. Echte Männer reißen andere nicht mit hinab, wenn ihr Schiff sinkt, aber sie lösen Probleme schnell. Wenn das Schwimmbecken nur ein paar Meter von dem Ort eures Einschisses entfernt ist, gibt es 5 Extrapunkte. Wer aber nach Hause geht und noch schnell in Nachbars Pool hüpft, bekommt 5 Minuspunkte ... Es sei denn, der Nachbar ist ein Arschloch und lädt euch nie zum Schwimmen ein.

b) +5 Punkte. Wie gesagt, echte Männer behalten den Kopf immer oben. Wenn sie die Hose voll haben, haben sie eben die Hose voll. Ist doch nicht ihr Problem.

c) 0 Punkte. Bei dieser Reaktion gebe ich deshalb keine Minuspunkte, weil es schlimm genug ist, sich an seinem 13. Geburtstag beim Bungee-Jumping einzukacken. Kein Kind sollte jemals diese tragische Erfahrung machen müssen. Es ist absolut entsetzlich. Eure Freunde werden euch ewig damit aufziehen, und erst später im Leben, wenn ihr ein Kampfsportler oder so was in der Art geworden seid, könnt ihr bei ihnen wieder ein Fitzelchen Respekt zurückgewinnen. Egal, ob es männlich ist oder nicht – jeder 13-Jährige, der sich beim Bungee-Jumping einkackt und dann jahrelang mit den furchtbaren Spätfolgen leben muss, ist hiermit begnadigt.

5. Du bist soeben übelst k.o. geschlagen worden. Ein Fernsehreporter kommt an und fragt, wie das passiert ist. Was erwiderst du?

a) Ich suche sofort nach Ausreden und verkünde, dass meine Hand von Anfang an verletzt war, dass meine Frau mich verlassen hat, dass ich erkältet bin ... Ich rassle einfach jede noch so schwachsinnige Erklärung für den K.o. herunter, die mir einfällt.

b) Ich sage nichts, weil ich mit Weinen beschäftigt bin.

c) Ich sage: »Lief alles super, und dann bin ich einfach übelst k.o. geschlagen worden.«

Auswertung

a) –10 Punkte. Echte Männer brauchen keine Ausreden, auch nicht, wenn diese gerechtfertigt wären.

b) –5 Punkte. Ich habe nicht mehr Minuspunkte vergeben, weil ... ihr wisst schon, warum.

c) +10 Punkte. Auf diese Weise sollte man jede Niederlage wegstecken. So gewinnt man Fans und kommt sich nachher nicht wie ein Esel vor.

6. Bei einer Tombola hast du ein riesiges Wichserauto gewonnen, einen Range Rover, Hummer oder sonstigen Offroader. Was machst du damit?

a) Ich fahre damit in unbefestigtem Gelände, ohne mich um Kratzer oder Beulen zu kümmern.

b) Ich spende das Teil für einen guten Zweck.

c) Ich überliste mein Schicksal, indem ich das Ding mithilfe von edlen Zierleisten in ein Straßenfahrzeug verwandle.

d) Ich transportiere damit Werkzeug und Baumaterial zur Arbeit.

Auswertung

a) +5 Punkte. Fahren im Gelände ist nur dann wirklich männlich, wenn man es mit einem Fahrzeug tut, das nicht für Schlammschlachten gebaut ist, z. B. mit einem Honda Civic. Aber die Tatsache, dass ihr euch nicht um das Aussehen eures Autos schert, sichert euch 5 Pluspunkte.

b) +10 Punkte. Im Ernst, wer braucht schon einen Hummer?

c) –75 Punkte. Muss ich das erklären?

d) +10 Punkte. Richtige Männer machen richtige Männerarbeit, und dazu braucht man manchmal ein großes Auto. Gartengeräte zählen nicht, ihr müsst großes Werkzeug transportieren, etwa Drehmaschinen oder Oberfräsen oder Holzspalter ... nö, keine Ahnung, was eine Oberfräse ist.

Wenn ihr den Test mit der erforderlichen Punktzahl absolviert habt, dürft ihr die nun folgenden Weisheiten auf euch wirken lassen. Wenn ihr den Test nicht bestanden habt, tut ihr mir echt leid. Aber weil ich so ein netter Kerl bin, gebe ich euch ein paar Tipps, wie ihr eure Männlichkeit erhöhen könnt. Sobald ihr diese Tipps auswendig gelernt habt, müsst ihr das Buch weglegen und sie in die Tat umsetzen. Nach zwei Jahren und neun Tagen dürft ihr das Buch wieder zur Hand nehmen und den Test erneut versuchen. Viel Glück (ihr armen Würste)!

Letzte Anweisung, bevor es losgeht: Ihr *müsst* eure Männlichkeit steigern

Die meisten Leute haben völlig falsche Vorstellungen davon, was einen richtigen Mann ausmacht. Wenn ihr euch vorgenommen habt, Männlichkeit höheren Grades zu erreichen, und euch jemand mit falschen Informationen geimpft hat (z. B. eure Freundin oder Mutter), müsst ihr euch an die im Folgenden aufgestellten Richtlinien halten. Ich bin selbst ein *man's man*. Dies betone ich deshalb, weil mir schon mehrfach klar gesagt wurde, dass ich keinesfalls ein *ladies' man* bin.

Checkliste für echte Männer

Handwerk: Ein männlicher Mann kann alle möglichen Sachen reparieren. Wenn die Heizung streikt, weiß er, wie man sie auseinandernimmt und wieder zusammenbaut. Je mehr man beim Reparieren flucht, desto männlicher wird man. Außerdem sollte man dabei mindestens eine Handbreit Arschfalte zeigen und hin und wieder furzen.

Kfz-Technik: Die meisten männlichen Männer können Autos reparieren, dies ist aber nicht unbedingt erforderlich. Allerdings sollte man ungefähr wissen, was unter der Haube vor sich geht. Wenn ihr einen Kumpel habt, der behauptet, ein Mann zu sein, aber nicht weiß, wie eine Lichtmaschine funktioniert und wo sie sich befindet, ist er kein Mann.

Bier: Alle echten Männer trinken billiges Bier einer bestimmten Marke. Als ich klein war, trank mein Stiefvater – der männlichste Mann auf diesem Planeten – immer »Schlitz« aus großen Dosen. Weil der Kühlschrank proppenvoll war, ließ er das Bier einfach auf der Anrichte stehen und trank es warm. Einmal fragte ich ihn, warum er Schlitz trinke, und er sagte: »Es kostet nur 3,1 Cent pro Unze. Bier ist etwas für Kenner, und darum lernt man doch am besten gleich billiges Bier kennen.« Das ist verdammt männlich.

Kochen: Viele meinen, echte Männer sollten das Kochen den Frauen überlassen, doch das ist Quatsch. Echte Männer kochen ständig, aber nach ganz bestimmten, strengen Regeln. Erstens: Alles Essen muss auf einem Grill zubereitet werden, auch im Winter. *Besonders* im Winter. Zweitens: Man darf nichts Ausgefallenes kochen. Nur Fleisch. Drittens: Man darf nicht zu raffiniert würzen oder gar wissen, wie die Gewürze heißen. Wenn jemand euch fragt, wie ihr das Hähnchen gewürzt habt, müsst ihr sagen: »Keine Ahnung, irgend so 'n Fertigscheiß.«

Intelligenz: Echte Männer brauchen keine besonders gute Allgemeinbildung, aber sie wissen über Jungssachen Bescheid. Vor allem müssen sie die militärischen Dienstgrade draufhaben – Feldwebel, Leutnant, Hauptmann usw. Ich würde vorschlagen, dass ihr euch die Dienstgrade aufschreibt, aber echte Männer schreiben nicht. (Anmerkung: Ich bin ein Mann, weil ich meine eigene harte Regel gebrochen habe, indem ich dieses Buch schreibe, das euch Ärsche davon abrät, jemals irgendwas zu schreiben … irgendwie unsinnig, oder?)

Jagd: Um ein richtiger Mann zu werden, müsst ihr nicht als Holzfäller im Wald leben. Ihr müsst euer Essen auch nicht mit bloßen Händen erlegen (obwohl das ganz bestimmt hilft). Aber mindestens einmal im Leben sollte jeder echte Mann irgendetwas töten, ausweiden und am selben Tag noch verzehren. Einen Hirsch zu schießen, um ihn dann im Wald zu verlieren oder ihn ausstopfen zu lassen, gilt nicht. Ihr müsst ihn töten, ausweiden und essen. Es gibt nichts, was dem fleischigen Geruch eines dampfenden, frisch ausgenommenen toten Tiers gleichkommt.

Wie man seine Männlichkeit verringert

Enthaarung: Wenn ihr euch die Brust oder – um Gottes willen – auch andere Körperteile öfter rasiert als das Gesicht, seid ihr unmännlich. Reinlich, aber unmännlich. Allerdings muss ich zugeben (und dass ich das einmal zugeben würde, hätte ich nie gedacht), dass mir auf der Matte rasierte Gegner tatsächlich lieber sind, weil ich dann nachher weniger Haare im Mund habe. Trotzdem verachte ich sie. Man ist auch kein Mann, wenn man sich enthaaren lässt. Und egal, wie stark tätowiert ihr seid, männlich werdet ihr dadurch nicht. Ihr rasiert euch die Brust, um Frauen rumzukriegen, und meint, dass ihr damit bei mir durchkommt? Irrtum. Wie zum

Teufel kommt ihr auf so was? Echte Männer richten sich nie nach Frauen.

Solarium: Wenn ihr eine Abo-Karte fürs Solarium habt, seid ihr alles andere als echte Männer. Ich erwähne das, weil Männer auf der Sonnenbank meistens ihren Schwanz in eine Socke packen oder mit einem Waschlappen bedecken. Das ist nicht männlich, sondern krank.

Ratgeberliteratur: Das Lesen solcher Bücher ist an und für sich ein weibischer Akt (es sei denn, beim Autor handelt es sich um Forrest Griffin, denn *der* hat den Durchblick). Ein solches Buch querzulesen, zu überfliegen oder seine Lektüre vorzutäuschen kann jedoch ein akzeptables Mittel zur Konfliktvermeidung sein, wenn man es mit einer hartnäckig nervenden Frau oder Freundin zu tun hat. Wer aber ein solches Buch tatsächlich durchliest, ist entweder ein dem Willen seiner Herrin untergeordnetes Weichei oder hat irgendwo ein Testosteronleck. So oder so seid ihr hiermit verwarnt.

Echte Männer – einige Beispiele

Brett Favre ist zurzeit mein liebster echter Mann. Er macht in einem Levi's-Werbespot mit, und das ist eine verdammt männliche Sache.

Ernest Hemingway war ein echter Mann und hat sich umgebracht, was seine Männlichkeit noch gesteigert hat. Verstanden, Speichellecker?

David Caruso aus *CSI Miami* ist ein echter Mann, und ich sage euch auch, warum. Der Kerl hat eigentlich absolut nichts, was für ihn spricht. Er ist ein dünner, hässlicher, rothaariger Typ, der aussieht, als ob er beim ersten Schlag auseinanderfällt, aber die Art, wie er geht, zeigt, dass er sich vor nichts und niemandem fürchtet. Dieser Gang macht ihn zu einem echten Mann.

Clint Eastwood ist ganz klar der Inbegriff eines echten Mannes. Wenn ihr glaubt, echte Männer zu sein, und euch an ihm messen wollt, habt ihr schon verloren.

Chuck Norris war einmal ein echter Mann. Ich kann nicht genau sagen, was mit seiner Männlichkeit passiert ist – vielleicht liegt es an den zwei künstlichen Hüftgelenken und daran, dass er seine Haare färbt.

1. KAPITEL

Das Physische

Der Teufel trägt eine Hornbrille

Der toughste Kerl der Welt kämpft nicht bei der UFC oder irgendeinem anderen MMA-Verband. So, wie der aussah, betreibt er gar keinen Kampfsport, spritzt sich bestimmt keine Steroide in die Arschbacken und fasst auch keinen Sandsack an. Ich habe zwar nie erfahren, wer er eigentlich war, und weiß auch nicht, was er in den letzten sechs Jahren getrieben hat, aber sein Gesicht werde ich nie vergessen.

Damals versuchte ich mich als Footballspieler für die University of Georgia und ließ mich hin und wieder von einigen Spacken, die sich ebenfalls als Footballspieler versuchten, im Auto mitnehmen. Eines Nachmittags fuhren wir zu viert in einem offenen Jeep durch die Gegend, als einer auf die tolle Idee kam, die klugen Köpfe an der Informatik-Fakultät zu ärgern. Und so cruisten wir, knapp eine halbe Tonne Muskelmasse, Fett und Übermut, über den Campus. Mir war erst nicht ganz klar, was meine Sportsfreunde vorhatten, bis einer von ihnen plötzlich aus dem fahrenden Jeep sprang und auf den einzigen Menschen weit und breit zulief. Die Zielperson war zufälligerweise der größte Streber, den ich je gesehen hatte. Und mit dieser Bezeichnung meine ich nicht die Tatsache, dass er mehr Hirn hatte als wir alle zusammen und im Gegensatz zu uns tatsächlich studierte. Nein, er war 1,75 Meter groß, wog bestenfalls 55 Kilo und trug ein Button-down-Hemd mit einem Plastikfutteral in der Brusttasche, in dem ein halbes Dutzend Stifte steckte. Und das war noch nicht alles. Er hatte eine Hornbrille auf der Nase und einen Bücherstapel im Arm, den er wie ein Schulmädchen an seine Brust presste. Im Ernst, er war der armseligste Typ, den man sich denken kann.

Und was machte der Holzkopf, der aus dem Jeep gesprungen war? Er ging auf das Kerlchen zu, schlug ihm die Bücher aus der Hand und fing an, ihn auszulachen und zu beschimpfen. »Schwachmat, Wichser, Spasti« – er gab dem Kleinen Saures. Ziemlich bald riet ich zum Abhauen, und um unseren Abgang zu beschleunigen, warf ich ein, dass sicher bald die Bullen auftauchen würden. Ich rechnete damit, dass dieser kleine, schmächtige Kerl jaulend und Haken schlagend wegrennen würde, was meinen dämlichen Kumpel dazu verleitet hätte, ihm nachzujagen. Es wäre ein entsetzlicher (wenn auch irre komischer) Anblick gewesen: ein 110 Kilo schwerer Footballer auf der Jagd nach einem halb so schweren Jüngelchen, herumfliegende Kugelschreiber und so weiter. Aber unser Bücherwurm wollte es anders. Aus heiterem Himmel stürmte er auf Kollege Vollpfosten los und schlug auf ihn ein.

Ich dachte, ich sehe nicht richtig. Der Footballspieler war ein derartiger Schrank, dass man selbst mit zehn Mann Rückendeckung zweimal darüber nachgedacht hätte, ihn anzugreifen. Und dieser Kleine war ganz allein; seine Fäustchen schwirrten durch die Luft wie lästige Mücken. Bevor er auch nur einen Treffer landen konnte, fing er sich eine ein und ging zu Boden. Ich dachte, das wär's gewesen. Der Kleine hatte wahrscheinlich zu viele Kung-Fu-Filme gesehen und hielt sich deshalb für einen Helden. Karate Kid oder so. Wir alle dachten, dass er nach diesem Schlag ins Gesicht das Weite suchen würde. Aber es kam anders. Der Treffer hatte ihn offenbar erst richtig in seiner Ehre gekränkt. Wie ein Stehaufmännchen sprang er auf und griff erneut an.

Inzwischen war noch einer der Jungs aus dem Jeep gesprungen. Er packte den Kleinen am Hals, zerrte ihn zu einem grasbewachsenen Abhang und stieß ihn hinab. Der Streber purzelte Hals über Kopf hinunter, blieb aber nicht wie erwartet als Häufchen Elend unten liegen. Nein, er kam den Hang heraufgestürmt. Oben angekommen, hielt er kurz inne, nahm beiläufig die Brille ab, legte sie ins Gras und ließ seinen Blick zwischen den beiden Angreifern hin- und herwandern. Die fünf Worte, die er dann hervorzischte, haben sich auf ewig in mein Gedächtnis eingebrannt:

»ICH BIN BEREIT ZU STERBEN!«

Dann setzte er zum Angriff auf 220 Kilo Muskelmasse an. Er rannte frontal gegen einen der beiden und rammte ihn mit dem Rücken gegen den Jeep, was eine ordentliche Beule hinterließ. Da wurde der Fahrer natürlich sauer und stieg aus, um ebenfalls an der Keilerei mitzumischen. Zu dritt machten sie sich nun daran, dem Streber die Scheiße aus dem

Arsch zu prügeln. Immer wieder warfen sie ihn zu Boden und traten von allen Seiten zu, aber jedes Mal, wenn sie von ihm ablassen wollten, sprang der Kleine wieder auf und kam hinter ihnen her. Dann prügelten sie erneut auf ihn ein. Der Kleine schlug ununterbrochen mit aller Kraft um sich und wehrte sich mit allen Mitteln. Ich drängte die Idioten indessen dazu, endlich die Biege zu machen.

Allmählich sah ich in den Augen meiner Möchtegern-Footballer Angst aufkeimen. Nicht etwa davor, dass dieser Schwächling ihnen mit seinen Fäusten Schaden zufügen könnte, nein – sie erschraken vor seiner Tapferkeit. Diesen Schlaumeiern dämmerte auf einmal, dass sie an einen geraten waren, mit dem sie so wenig fertig werden würden wie mit einer Zehn-Kilo-Pizza. Der Streber wollte tatsächlich lieber sterben als aufgeben. Und solange sie nicht so weit gehen würden, ihn wirklich zu *töten*, konnten sie diesen Kampf nicht gewinnen. Schließlich hoben sie den Kleinen zu dritt hoch und warfen ihn erneut den Abhang hinunter. Kaum hatten sie seinen dürren Körper losgelassen, stürzten sie auf den Jeep zu, um außer Reichweite zu sein, bevor der Wicht heraufkrabbeln und sie erneut angreifen konnte.

Sie hechteten alle drei in den Wagen, als flüchteten sie sich vor einem furchtbaren Gemetzel. Der Fahrer schmiss den Motor an und gab Gas. Als wir davonbrausten, warf ich einen Blick zurück. Ich sah den Kleinen hinter der Hügelkuppe auftauchen, und mir lief ein Schauer über den Rücken. Sein Gesicht war blutverschmiert, sein Hemd zerrissen und voller Grasflecken, aber in seinem Blick war nicht die Spur einer Emotion. Anstatt sofort zur Polizei zu rennen, klopfte er sich den Dreck ab, setzte seine Brille wieder auf, nahm seine Bücher und ging einfach fort, vermutlich nach Gryffindor oder Hogwarts oder wohin auch immer. In diesem Augenblick wurde mir klar, dass dieses Kerlchen nicht nur der coolste Typ der Welt war, sondern auch der härteste und zäheste Fighter, den die Welt je gesehen hatte.

Mit Zähigkeit kann man es weit bringen, besonders beim Kämpfen. Auch meine Schläge und Submissions sind bestimmt nicht die besten der

Welt. Der Grund, warum ich die meisten meiner Kämpfe gewonnen habe, ist, dass ich zu dumm zum Nachgeben bin. So war ich schon immer. Als ich klein war, ging meine Mutter zur Abendschule und überließ mich deshalb am Nachmittag einer Gruppe älterer Jungen, mit denen ich spielen sollte. Als sie mich aber eines Tages abholen kam, sah sie, wie mich die anderen immer wieder ins Gebüsch schubsten. Wie jede gute Mutter stürmte sie auf die Jungen zu und fragte, was das solle.

»Er ist doch noch klein!«, rief sie.

Sofort gingen alle in die Defensive. »Das verstehen Sie falsch. Wir spielen *king of the hill* [1], und er hört nicht auf anzugreifen.«

Ich behaupte nicht, dass Menschen, die nie aufgeben, anderen Menschen überlegen sind. Im Gegenteil, in bestimmten Situationen kann das durchaus schädlich sein. Aber beim Kämpfen ist eine solche Einstellung ein entscheidender Vorteil. Wenn einem der Gegner 15 heftige Schläge ins Gesicht verpasst und man lächelt, als ob das Ganze ein Spaß wäre, macht ihn das kirre im Kopf. Schließlich besitzen die allermeisten Menschen einen leicht erreichbaren Hebel im Hirn, mit dem man ihr System von »Kampfmodus« auf »Fluchtmodus« umschalten kann. Jeder weiß, wie der Fluchtmodus im Oktagon aussieht – er äußert sich beispielsweise in hektischen Rückzugsbewegungen, Sich-am-Gegner-Festklammern in Bodenlage oder sogar darin, dass man dem Gegner einen Arm anbietet, damit er dem Kampf mit einer schnellen Submission ein Ende macht. Wenn man aber wüste Prügel einsteckt und sich trotzdem weigert, in den Fluchtmodus umzuschalten, wird der Gegner irgendwann Zweifel daran bekommen, ob man überhaupt einen Fluchtmodus hat. Dann wirkt man eher wie ein wütendes wildes Tier als wie ein Mensch. Und die meisten von uns fürchten wütende Wildtiere, weil diese keine Vernunft besitzen. Ich würde gerne einmal mit einem Bären oder einem Pavian kämpfen, wenn ich wüsste, dass wir an einem gewissen Punkt einvernehmlich sagen könnten: »Okay, das reicht, hier machen wir Schluss und gehen nach Hause.«

---

[1] *Kinderspiel, bei dem ein »Hügel« durch Herunterschubsen des »Königs« erobert werden muss.*

Aber wütende wilde Tiere tun das nicht. Sie kämpfen nicht einfach so; sie kämpfen immer bis zum bitteren Ende. Und wenn man dann tot im Dreck liegt, gehen sie noch einen Schritt weiter, indem sie einem die Genitalien abreißen und auffressen.

Wenn man einen solchen Gegner vor sich hat, kann man den Kampf nicht mehr als Sport sehen – man sieht ihn dann als Überlebenskampf, und darauf sind viele Kampfsportler nicht gefasst. Sie zerbrechen daran mental. Wanderlei Silva ist das perfekte Beispiel für ein wildes Tier im Ring. Egal, wie oft und wie heftig er getroffen wird – solange er nicht bewusstlos ist, attackiert er mit allen Mitteln. Der Typ kämpft wie ein Neandertaler, und das ist verdammt einschüchternd, denn um ihn zu stoppen, muss man ihn fast umbringen.

Die faszinierendsten Kämpfe sind die, bei denen zwei Gegner mit der gleichen Alles-oder-nichts-Einstellung aufeinandertreffen. Ein gutes Beispiel dafür ist der Kampf zwischen Diego Sanchez und Karo Parisyan bei der *UFC Fight Night 6*. Beide Kontrahenten gingen mit der Strategie in den Kampf, alles zu geben, bis der andere aufgibt, und hielten alle drei Runden durch. Ich war schon vom Zuschauen völlig fertig. Ein anderes Beispiel ist mein Kampf gegen Stephan Bonnar. Der ganze Kampf fand in unseren Köpfen statt. Drei Runden lang hagelte es ununterbrochen Schläge und Tritte. Nur der Gedanke daran, den anderen allein durch Zähigkeit brechen zu können, ließ uns weitermachen. Ich habe inzwischen mit ihm über den Kampf gesprochen und festgestellt, dass wir witzigerweise den gleichen Gedanken hatten: *Ich erwische ihn mit ein paar guten Treffern, und das wird ihm irgendwann zu viel. Er muss nachgeben.* Aber wir waren beide zu dumm zum Nachgeben.

Wie ihr diese Toughness entwickeln könnt? Die Antwort ist einfach: Ihr müsst etwas tun, bei dem Körper und Geist danach schreien aufzuhören – und dann trotzdem weitermachen (Psycho-Fritzen nennen das kognitive Verhaltenstherapie oder so). Ich selbst trainiere das mit dem Laufband. Alle zwei Tage lasse ich das Gerät mit 20 km/h laufen und absolviere drei Fünf-Minuten-Intervalle. Dieses Tempo so lange zu halten ist nicht leicht – es ist entsetzlich, absolut grauenhaft. Aber indem ihr euch über eure Schmerzgrenze hinausbewegt, härtet ihr euch ab. Ihr beweist euch selbst, dass Schmerz nichts weiter ist als eben Schmerz. Mit jeder solchen Übung überschreitet ihr eine Grenze, an der die meisten Leute sich eher wie ein Embryo zusammenkrümmen und zu beten beginnen würden. Wenn ihr nicht so fit seid, müssen es auch nicht 20 km/h sein. Ihr könnt auch mit 13 km/h laufen, es ist nur wichtig, dass ihr euch ein hohes Ziel setzt. Wenn 13 km/h zu einfach werden, steigert ihr auch auf 15 km/h. Das Wichtigste ist, dass ihr ein schnelleres Tempo wählt, als ihr halten zu können glaubt. Ohne festgelegtes Tempo hat die Übung keinen Sinn. Ich laufe deshalb auf dem Laufband und nicht draußen, weil meine Beine auf der Aschenbahn unwillkürlich langsamer werden, wenn der Schmerz einsetzt. Auf dem Laufband ist das ausgeschlossen.

Diese Willensstärke solltet ihr entwickeln, BEVOR ihr mit dem Kämpfen anfangt, denn schließlich wollt ihr nicht zu denen gehören, die im Ring aufgeben – das ist unverzeihlich. Trotzdem müsst ihr, wenn der Gegner euren Arm hat und euch die Chance zur Kapitulation gibt, um Gottes willen abschlagen, bevor er euch den Arm bricht, denn ihr wollt ja am nächsten Tag vielleicht auch noch kämpfen können. Ich habe mir bei einem Kampf in Brasilien einmal den Arm gebrochen, doch hätte ich die Chance gehabt abzuschlagen, ich hätte es verdammt noch mal sofort getan. Aber wenn ihr aufgebt, weil ihr es nicht mehr aushaltet, könnt ihr euren Kater auch gleich Pussy nennen. Wenn ihr Männer sein wollt, müsst ihr einstecken bis zum K.o. Meine Meinung zum K.o. ist: Ich werde dabei bewusstlos, also kann es mir egal sein.

Gastwichser: Big John

Von Forrest kann man eine Menge über mentale Stärke lernen, aber er vergaß zu erwähnen, dass man eigentlich wahnsinnig sein muss, um so übermenschlich zäh wie er zu werden. Er ist mein bester Freund, und deshalb möchte ich ihn in gutem Licht darstellen, aber er hat auch Seiten, die man lieber nicht kennenlernt. Nicht die abgedreht-lustige Art, die man an ihm im Fernsehen sieht – sondern jene, die er zeigt, wenn man ihn nervt. Beim Sparring mit Forrest merke ich immer, dass er deshalb der bessere Kämpfer ist, weil er sich in Bereiche vorwagt, in die ich mich niemals begeben würde, ja in die sich 99,9 Prozent aller Menschen nicht begeben würden. Gerade deshalb ist er so erfolgreich – er taucht geistig und seelisch in eine blutüberströmte Welt ein, wo teuflische Wesen sich an Kinderfleisch weiden. Angeblich soll der MMA-Kämpfer Herschel Walker ja eine multiple Persönlichkeitsstörung haben; auch wenn ich nur ein paar Psychologieseminare besucht habe, würde ich dennoch diagnostizieren, dass Forrest auch an einer solchen Störung leidet. Wenn er kämpft oder wütend wird, ist er ein anderer: einer, der keine Grenzen kennt und keinen Schmerz verspürt.

Ich kann das anhand eines Beispiels verdeutlichen. In der Zeit, als Forrest sich bei einem Kampf in Brasilien den Arm gebrochen hatte, wohnte ich gerade mit einem Polizeikollegen zusammen. Der Typ war ein absoluter Armleuchter. Mädels gegenüber behauptete er immer, Undercover-Agent beim Drogendezernat zu sein, und er laberte ohne Ende. Eines Abends wollten Forrest und ich ausgehen, und wir nahmen diesen Typen als Fahrer mit. Unterwegs redete er stundenlang davon, wie gefährlich seine Arbeit und was für ein harter Cop er doch sei. Damit begann er Forrest richtig auf die Nerven zu gehen, und er hörte auch nicht auf zu quasseln, als wir längst wieder zu Hause waren und uns einen Film anschauen wollten. Da rastete Forrest aus. Aber anstatt vor Wut zu explodieren, verwandelte sich der weithin als Frohnatur bekannte Forrest unvermutet in einen Finsterling.

»Gibst du mir mal das Feuerzeug da?«, fragte er meinen dämlichen Mitbewohner.

»Klar doch«, meinte der Typ und gab es ihm.

Forrest starrte ihm in die Augen, hielt sich das Feuerzeug direkt unter den Arm und zündete es an. Nachdem er es etwa vier Sekunden so gehalten hatte, sagte er: »Mein Rekord liegt bei 16 Sekunden. Soll ich ihn brechen?«

Nach drei weiteren Sekunden stank es im Zimmer nach brennendem Fleisch. Ich hielt es nicht mehr aus und schlug ihm das Feuerzeug aus der Hand. Forrest grinste und wandte sich völlig unberührt wieder dem Film zu. Sein Arm war voller Blut und Brandblasen, aber er versorgte die Wunde nicht einmal. Keine Ahnung, warum er sich das antat, aber es erfüllte seinen Zweck. Mein Mitbewohner war starr vor Schreck und brachte den ganzen Abend kein Wort mehr über die Lippen. Er saß nur noch da und starrte Forrest an. Seinem Gesichtsausdruck nach zu urteilen, hatte er dabei Angst um sein Leben.

Ich habe schon eine Menge erlebt, aber solche Schmerzen auszuhalten ist nicht normal. Wer sonst würde sich mit einer Verbrennung dritten Grades in aller Ruhe einen Film anschauen? So hartgesotten wird man nicht durch Training. Dafür muss man wahnsinnig sein. Das mag nicht der ideale Geisteszustand sein, um im Alltag zu bestehen, aber es ist genau richtig zum Kämpfen. Es überrascht mich nicht, dass Forrest es so weit gebracht hat. Überrascht hat mich nur, dass es nicht noch schneller gegangen ist.

Hörner abstoßen

Die erste Kampfveranstaltung, an der ich teilnahm, war ein Toughman-Wettbewerb. Ob ich mich in einem achtwöchigen, knochenharten Trainingscamp darauf vorbereitet habe? Nein, ganz bestimmt nicht. Ich war ein zwanzigjähriger Polizeischüler in Athens, Georgia, und meldete mich für die Veranstaltung an, weil ich ein bisschen mit einem Bekannten trainiert hatte, Robert Fox. Er praktizierte selbst MMA (oder NHB, *no holds barred*, wie es damals - 1999 - noch hieß), aber da ich über keinerlei nennenswerte Technik verfügte, gingen wir schrittweise vor. Bis zu diesem Zeitpunkt hatten wir nur an meinen Boxfähigkeiten gearbeitet. Ich hatte ein paar gute Kombinationen drauf und einen harten Schlag, aber sonst nichts. Trotzdem meldete ich mich an, aber nicht etwa, weil ich gewinnen und in Richtung Toughman-Olymp durchstarten wollte. Ich wollte einfach nur jemandem eins auf die Nase geben.

Gastwichser: Luke

White men can't jump - »Weiße Jungs können nicht springen«, so lautet ein alter Basketballerspruch. Aber sie können fies drängeln. Wer Zähigkeit entwickeln will, sollte so Basketball spielen wie Forrest. Ich würde ihn durchaus als guten Spieler bezeichnen, aber was er auf dem Feld treibt, ist eigentlich kein Basketball. Er kann zwar Körbe werfen und verteufelt gut dribbeln, aber wenn er sich über jemanden aufregt, läuft er einfach hin und versucht, ihm ins Gesicht zu schlagen. So kamen einige seiner berüchtigten Prügeleien zustande. Als er Frankie Dickenson schlagen wollte, weil dieser einen kleineren Spieler gepiesackt hatte, schlug Frankie ihn windelweich. Ich habe es immer gesagt und wiederhole es gern noch mal: Nie wieder wird Forrest den Arsch so voll kriegen wie an diesem Tag. Sein Gesicht war buchstäblich platt geschlagen. Ich weiß noch, dass der Trainer die beiden nach dem Kampf zu einer Extraschicht in der Schulcafeteria verdonnerte. Forrest trat seinen Dienst blutüberströmt an, sein Gesicht sah aus wie das von Sloth im Film *Goonies*. Aber er war nicht niedergeschlagen, wie es die meisten anderen Jungs gewesen wären, sondern grinste so breit, als habe es ihm Spaß gemacht, Prügel zu beziehen. Ein anderes Mal hatten wir gerade den Film *White Men Can't Jump* (deutscher Filmtitel: *Weiße Jungs bringen's nicht*) gesehen und den genialen Plan gefasst, mit anderen Jungs um Geld zu spielen. Alles lief prima, bis wir ein paar ältere Kerle besiegten. Sie wollten das Geld nicht herausrücken, also legte sich Forrest mit ihnen an. Die Diskussion wurde immer hitziger, und plötzlich schlug einer von ihnen Forrest heftig ins Gesicht. Aber anstatt wegzulaufen oder sich zur Wehr zu setzen, lachte Forrest nur. Da bekamen die älteren Jungs Schiss und liefen weg. Ich treffe ein paar von ihnen heute noch hin und wieder in der Stadt, und jedes Mal fordere ich unsere Knete.

Ich bin davon überzeugt, dass Forrests Zähigkeit zumindest teilweise von seinen Basketballerfahrungen herrührt. Um derart zäh zu werden, muss man nicht gut Basketball spielen. Im Gegenteil: Je schlechter man ist, desto eher verliert man die Nerven oder verärgert einen gegnerischen Spieler. Es kann schwierig sein, in der Schule oder beim Abhängen eine Prügelei anzuzetteln, denn ein Kampf beginnt immer im Kopf. Bei einer Sportart wie Basketball ist der Adrenalinspiegel aber von vornherein hoch, man lässt Emotionen raus und die Fäuste fliegen, bevor man darüber nachdenken kann. So ist es auch beim Fußball, Baseball oder sogar beim Tennis. Forrest hat bei fast allen Sportarten mitgemischt, die an unserer Schule angeboten wurden, und überall geriet er in Prügeleien. Es kommt nur darauf an, aggressiv zu spielen. Ich weiß noch, wie Forrest beim Fußball einmal im Tor stand und ein anderer Junge mit dem Ball auf ihn zustürmte. Anstatt den Ball zu sichern, griff er nach dem Jungen und warf ihn zu Boden. Während er auf ihm saß und versuchte, ihn irgendwie zum Aufgeben zu zwingen, rollte der Ball ganz langsam ins Tor. Und die schönste Prügelei entstand.

Am Tag der Show machte ich auf der Wache früher Schluss, holte Robert mit meiner Schrottkarre ab und fuhr mit ihm den zwei Stunden langen Weg nach Athens. Die Show fand in dem berüchtigten Club 40 Watt statt, in dem R.E.M., die B-52s und einige andere Bands ihre Karriere begonnen hatten. Wir betraten den Laden und trafen dort nicht auf durchtrainierte Athleten, sondern auf eine Gruppe Biker in Lederwesten und mit fiesen Tattoos. Das Ganze sah nach einer zwielichtigen Veranstaltung aus, und diese Vermutung bestätigte sich, als ich den Ring erblickte. Der Veranstalter war so professionell gewesen, einen richtigen Boxring anzumieten, aber das Budget hatte wohl nur für ein Sonderangebot gereicht, denn es fehlte das unterste Seil. Damit die Kämpfer nicht aus dem Ring und auf die zahnlosen Weiber in der ersten Reihe fallen konnten, hatte man anstelle des Seils eine Eisenkette gespannt. Für alle, die das jetzt überlesen haben, wiederhole ich es noch einmal: *Anstelle des Seils hatte man eine Eisenkette gespannt.* Ich bin nun wirklich nicht pingelig, wenn es um Regeln und Richtlinien geht, aber jetzt mal im Ernst: eine Kette? Wie bitte? Stacheldraht wäre vielleicht noch schlimmer gewesen, aber auch nur ein bisschen. Die komplette Szenerie hätte einem Van-Damme-Film entnommen sein können. Rückblickend muss ich sagen, es war schon verdammt cool.

Als ich an der Reihe war, zog ich mir zwei 18-Unzen-Boxhandschuhe über, die so groß waren wie Tito Ortiz' Kopf, und stieg in den Ring. Ich wog damals knapp 110 Kilo, und als Gegner bekam ich einen großen, fetten, jungen Kerl. In der ersten Runde droschen wir mit wilden, weit ausladenden Schwüngen aufeinander ein. Das hielten wir immerhin länger durch als die Biker, denen größtenteils nach zwölf Sekunden die Luft ausging, aber in der zweiten Runde hatten wir beide keine Reserven mehr. Meine Energie war verpufft, also stieß ich meinen Gegner in die Seile und lehnte mich dann mit meinem ganzen Gewicht gegen seinen fetten Bauch. Er war so damit beschäftigt, heftig nach Luft zu japsen, dass er seine Angriffspläne weitestgehend aufgegeben hatte. Ich musste nur noch mit gelegentlichen Körpertreffern rechnen.

Keine Ahnung, was der Junge sich dabei dachte, vielleicht wollte er aus dem Ring fliehen, jedenfalls stieg er plötzlich mit einem Fuß über das untere Seil, das ja durch eine Eisenkette ersetzt worden war. Im gleichen Moment kratzte ich das letzte bisschen Kraft zusammen und landete einen Treffer, der ihn zu Fall brachte. Irgendwie verhedderte sich dabei sein Bein in der Kette, und als sein Körper zu Boden sank, brach die Kette ihm das Schienbein. Da er mit einem gebrochenen Bein nicht weiterkämpfen konnte, wurde ich zum Sieger durch technisches K.o. erklärt. Super, oder?

Nachdem ich meine Sachen gepackt hatte, wollte ich mich von dem Kerl noch verabschieden, aber anstatt ihn irgendwo auf einer Trage unter ärztlicher Behandlung anzutreffen, fand ich ihn bei den Mülltonnen, wo er auf dem Pflaster lag. Ohne Scheiß – man hatte den armen Kerl zum Hinterausgang hinausgeschleppt und ihn neben den Mülltonnen auf dem schmierigen Bürgersteig abgelegt. Noch schlimmer hätte es nicht kommen können, aber trotzdem weckte dieses Erlebnis in mir das Verlangen nach mehr.

Als Sieger des ersten Kampfes wurde ich zum Halbfinale eingeladen, und auch diesen Fight bestritt ich, wie es jeder 110 Kilo schwere Kerl getan hätte, der es gewohnt war, Straßenprügeleien zu gewinnen: Ich ging rein und schlug drauflos. Ich war genauso schnell aus der Puste wie beim ersten Mal – ziemlich erbärmlich, wenn man bedenkt, dass die Runden nur drei Minuten dauerten. Aber es reichte für einen weiteren Sieg. So kam ich ins Finale, doch der Titelkampf lief nicht so gut. Diesmal stand ich keinem Raufbold gegenüber, sondern einem Kommilitonen von der University of Georgia. Er war größer als ich und hatte eine gute Gerade, nur wenn ich nah an ihn rankam, konnte ich ihn erledigen. Das Problem war, dass ich ihn gar nicht erledigen wollte. Einmal trat ich ihm versehentlich auf den Fuß und brachte ihn ins Stolpern, aber anstatt seine missliche Lage auszunutzen, ließ ich ihn wieder hochkommen. Etwas später hatte ich ihn im Schwitzkasten, und sein Kopfschutz war verrutscht, sodass er nichts sah. Doch anstatt auf seinen Kopf einzudreschen wie auf einen Punchingball, zog ich mich zurück, damit er seinen Kopfschutz richten konnte. Infolgedessen konnte er seine größere Reichweite strategisch ausnutzen und mich mit Geraden eindecken. Diesen Kampf verlor ich.

Als ich in meine Ecke zurückkehrte, schaute Robert mich verächtlich an und sagte: »Na, du wolltest wohl heute nicht gewinnen.«

»Wie meinst du denn das?«, fragte ich.

»Du hättest ihn schlagen sollen. Wenn du eine Chance hast, deinen Gegner zu schlagen, schlägst du ihn. Solche Gelegenheiten lässt man nicht einfach verstreichen.«

Da wurde mir klar, dass ich zu nett gewesen war, und nette Jungs haben im Ring nichts zu suchen. Ich wollte eine Revanche. Ich wusste, dass ich ihn besiegen konnte, wenn ich mit ganzem Herzen kämpfte und meine Kräfte besser einteilte. Also hielt ich Ausschau nach weiteren

Toughman-Veranstaltungen in der Gegend, bei denen er mitmachen könnte. Diesen Plan verfolgte ich so lange, bis ich Mixed Martial Arts für mich entdeckte.

MMA

Eines Tages lief ich beim Einkaufen einem Typen über den Weg, den ich vom Kampftraining am sportpädagogischen Institut der Uni kannte. Wir kamen ins Gespräch, und er sagte mir, dass es auf dem Campus einen MMA-Club gebe und dass ich dort mal vorbeischauen solle. Ein paar Tage später holte ich mir im Institutsgebäude eine Broschüre dieses Clubs, fand die Trainingszeiten heraus und ging dort vorbei.

Als ich reinkam, saßen Adam und Rory Singer auf den Matten, und ich mochte die beiden sofort. Statt Designer-Muskelshirts wie die anderen Wichser im Club trugen sie olle Sweatshirts, die sie auf links gewendet hatten, damit man den dämlichen Werbeaufdruck für Bobs Staubsaugerreparaturservice oder was auch immer nicht sehen konnte. Sie hatten keine zurückgegelten Haare und rochen auch nicht nach Parfüm. Im Gegenteil, sie sahen wie Straßenköter aus, denn es ging ihnen beim Training nicht darum, das andere Geschlecht zu beeindrucken. Sie wollten nur Gewichte stemmen und kämpfen.

Um einen Fuß in die Tür zu bekommen, erzählte ich ihnen Märchen über meine bisherige Trainingserfahrung. Dieses Lügengebäude fiel allerdings sofort in sich zusammen, als sie beim ersten Jiu-Jitsu-Training mit mir den Boden wischten wie mit einem Putzlappen. Aber da waren wir schon Freunde geworden. Also begann ich, dienstags und donnerstags Jiu-Jitsu zu trainieren. Zunächst übten wir nur mit Trainingsanzug (Gi). Nicht, dass wir glaubten, man müsse mit Gi trainieren, um gut in MMA zu werden. Der Grund war einfach, dass die Luftfeuchtigkeit in Georgia so beschissen hoch ist, selbst im Winter. Wenn man dort ohne Pyjama kämpft, wird die Matte schnell sehr glitschig, und Submissions sind dann unmöglich. Die Anzüge sorgten für etwas mehr Reibung. Der einzige

Nachteil war, dass sie überall am Körper Striemen hinterließen. Beim derzeitigen MMA-Boom kann man die großen Rötungen schnell mit Grappling-Training erklären, aber damals wusste noch niemand, was Grappling ist. Wenn ich morgens mit einem blauen Auge und roten Flecken im Gesicht in der Polizeischule auftauchte, schauten mich meine Vorgesetzten an, als wäre ich ein Irrer. Sie dachten, ich wäre Mitglied in einer Art geheimem Fight Club, über den man nicht sprechen darf. Ich weiß noch, wie der Lieutenant mich einmal beiseitenahm.

»Was für 'n Scheiß hast du denn mit deinem Hals angestellt?«, fragte er.

»Ach, das sind Striemen«, sagte ich. »Ich war im Würgegriff.«

Angewidert verzog er das Gesicht. »Moment, Moment«, sagte er. »Ihr würgt euch mit Seilen? Das verstehe ich nicht – ihr versucht euch mit Seilen zu erwürgen? Und auf so was stehst du, Junge? Ist das so 'ne Art autoerotische Selbststrangulation?«

Ich versuchte es ihm genauer zu erklären, aber er wollte nicht zuhören. So kam ich mir vor wie ein Ausgestoßener, aber das hinderte mich nicht daran, weiterhin dienstags und donnerstags zum Jiu-Jitsu-Training zu gehen. Anfangs ging ich auch noch am Freitag hin, aber da war es mir doch zu abgefahren. Freitags wurde in Eishockeyausrüstung Stockkampf geübt. Und um nur ja nichts auszulassen, kämpften sie auch noch mit Messerattrappen. An beidem hatte ich keinerlei Interesse. Auf die Frage, warum ich nicht mitmachen wollte, antwortete ich einfach: »Ich trage eine Knarre, deshalb muss ich nicht mit Stock oder Messer kämpfen. Nur zur Information: Nie im Leben werde ich mit einer Messerattrappe kämpfen!« Komischerweise interessiere ich mich jetzt, zehn Jahre später, doch für den Messerkampf und fürs Messerwerfen. Aber ich habe nach wie vor immer eine Schusswaffe bei mir.

Jeden Montag und Mittwoch gingen wir zum Boxtraining in ein Studio, das Donald Kempner gehörte. Wir nannten ihn Doc, und obwohl er zu den weltweit führenden Therapeuten auf dem Gebiet der Essstörungen zählte und mehrere Millionen Dollar besaß, war er doch ein verrückter Hurensohn. Was dieser Kerl für Geschichten erzählen konnte – es war nicht zu fassen. Ich weiß noch, dass er eines Tages spät ins Studio kam und zu uns sagte: »Hey, wenn die Bullen fragen – ich war den ganzen Tag hier.« Und tatsächlich tauchte kurz darauf die Polizei auf und stellte Fragen.

»Ja, der war hier«, log ich, und das war keineswegs selbstverständlich, denn ich war immer noch auf der Polizeischule. »Hat die ganze Zeit da hinten rumgeräumt. Worum geht's?«

Die Bullen wollten mir nichts sagen, aber später erfuhr ich alles von Doc selbst. Offenbar hatte ihn ein Fahrradfahrer geschnitten, als er im Auto unterwegs war. Anstatt mit den Schultern zu zucken, hielt Doc an. Er hatte immer zwei Dinge im Auto dabei: ein riesiges Tonbandgerät und die Straßenverkehrsordnung. Letztere war dazu da, Polizisten zu ärgern, wenn sie ihn anhielten, und mit dem Tonbandgerät konnte er juristisch Verwertbares aufnehmen, falls die Polizisten auf seine wütenden Litaneien reagieren sollten. Aufgebracht über das Verhalten des Radlers, schnappte er sich den Rekorder, sprang aus dem Auto und zog dem Radfahrer das Gerät über den Schädel. Und da ihm das noch nicht genug war, warf er das Rad auf die Fahrbahn und überrollte es mehrfach mit seinem Auto. Ich weiß nicht, welche Konsequenzen dieser Vorfall für ihn noch hatte, jedenfalls glaube ich, dass er später dann wirklich alles verlor, nachdem er einer Patientin einen Fausthieb verpasst hatte. Kurz danach erzählte er seine Geschichte im Fernsehen, zog nach Mexiko und ließ nie wieder etwas von sich hören.

Nachdem ich etwa sechs Monate mit diesem bunten Haufen trainiert hatte, meldete ich mich bei einer MMA-Veranstaltung an. Wie bei meinem ersten Toughman-Wettkampf waren mir Sieg oder Niederlage scheißegal, ich wollte einfach nur kämpfen. Etwa eine Viertelstunde vor meinem Einsatz begann ich mich mit meinem Kumpel John Grantham aufzuwärmen. Wir fingen im Clinch mit leichten Kniestößen und Faustschlägen an, aber nach ein paar Minuten gingen wir immer härter zur Sache. Ich steigerte mich mental immer mehr in den bevorstehenden Kampf hinein, und auf einmal hatten wir volles Tempo drauf. Und dann traf mich John mit einem brutalen Kniestoß genau am Brustbein.

»Ach du Scheiße!«, keuchte ich. Es fühlte sich an, als hätte er mir den Brustkorb eingetreten. Ich wurde wütend und versuchte, ihn umzustoßen, aber er war zu groß und zu schwer, was mich noch wütender machte. Ich war immer noch dabei, mich von dem verheerenden Tritt zu erholen, als mein Name aufgerufen wurde. Da ich es nicht einsah, einen Kampf wegen etwas so Nichtigem wie einem gebrochenen Brustbein abzusagen, machte ich mich auf den Weg zum Käfig.

Der Kampf war nichts, wofür ich mich rühmen könnte. Ein paar Sekunden nach dem Beginn versuchte ich, meinen Gegner mit dem Knie am Kopf zu rammen, er fiel hin, und ich fiel auf ihn. Der Typ hatte seinen Arm zur Seite ausgestreckt, also setzte ich einen Armhebel an und erledigte ihn. Mein zweiter Kampf an diesem Abend verlief ähnlich. Ich ging schnell auf meinen Gegner zu und versuchte, ihm einen Tritt gegen den Kopf zu verpassen, obwohl ich bisher noch keine Headkicks trainiert hatte. Zu der Zeit trainierten wir nur Streetfight-Techniken, und im Gym waren wir uns einig, dass Tritte gegen den Kopf in einer Schlägerei keine besonders gute Idee waren. Man kann dabei schnell das Gleichgewicht verlieren und stürzen, oder der Gegner packt dein Bein. Ich weiß also nicht, warum ich es tat, aber es funktionierte. Mein Gegner fiel hin, ich warf mich auf ihn und zwang ihn mit einem weiteren Armhebel zum Abklopfen.

Ob ich viel aus meinen Toughman-Auftritten und aus meinen ersten beiden MMA-Kämpfen gelernt habe? Jedenfalls dieses: dass ich so ziemlich alles falsch gemacht habe. Ich hatte meine Kräfte nicht richtig eingeteilt und mich sogar kurz vor dem ersten MMA-Kampf verletzt (Ken Shamrock wäre stolz darauf). Aber es wäre ja witzlos, wenn man von Anfang an alles richtig machen würde. Das Tolle an diesem facettenreichen Sport ist, dass er einem Möglichkeiten zur Verbesserung bietet. Aus meinen Fehlern habe ich gelernt, dass ich mit meinen Kräften haushalten muss und dass man in den Minuten, bevor man in den Ring gerufen wird, kein hitziges Sparring mehr machen darf. Stattdessen sollte man leichtes Pratzentraining absolvieren und noch einmal üben, wie man aus ungünstigen Positionen entkommt und Abläufe miteinander verbindet. Wenn der Aufwärmpartner grob wird, lässt man ihn stehen und sucht sich jemand anderen, der beim Aufwärmen hilft. So etwas lernt man mit der Zeit. Ich hatte jedenfalls das Glück, meine ersten Kämpfe zu gewinnen, das macht es wesentlich leichter, bei der Stange zu bleiben. Aus diesem Grund kann ich nur empfehlen, sich anfangs nicht mehr vorzunehmen, als man bewältigen kann. Wenn euch also ein Promoter einen Gegner vorsetzen will, der schon zwanzig Kämpfe hinter sich (und nicht 19 davon verloren) hat, dann sucht euch lieber jemanden in eurer Leistungsklasse. Meine Empfehlung ist: Kämpft gegen jemanden mit einem Handicap, das ihr nutzen könnt. Aber kämpft nicht gegen geistig Behinderte. Sie haben abnorme Kräfte und geben nie auf.

Kämpfen ist Kopfsache

Jeder kluge Börsenmakler weiß, dass die Vergangenheit kein guter Indikator für die Zukunft ist, aber sie ist nun mal der einzige Indikator, den wir haben. Das gilt auch für das Kämpfen, und deshalb ist die Analyse von Videoaufnahmen früherer Kämpfe eures Gegners so wichtig. Auch wenn es monoton und langweilig sein kann, gehört das für euch und eure Trainer vor jedem neuen Kampf dazu. Und ihr solltet die Videos nicht einfach nur anschauen. Ihr müsst sie mit wissenschaftlicher Genauigkeit analysieren, um Muster zu entdecken. Wenn ihr es richtig macht, kennt ihr die Stärken und Schwächen eures Gegners schon vor dem Kampf. Das ist, als ob ihr einen Cheat für ein Computerspiel bekommt.

Ich achte dabei hauptsächlich auf Angewohnheiten. Bei der Videoanalyse vor meinem Kampf mit Quinton Jackson um den UFC-Halbschwergewichtstitel konnte ich einige seiner Muster entdecken. Seine Lieblingskombinationen waren linker Haken, rechter Aufwärtshaken oder linker Haken, rechter Haken. Außerdem erkannte ich, dass er sehr schwer zu treffen war. Da er die Ellbogen eng am Körper hielt und dabei trotzdem entspannt blieb, war er ein Meister im Abblocken geworden. In seinen bisherigen Kämpfen hatten ihm diese beiden Angewohnheiten entscheidende Vorteile verschafft. Meistens wartete er darauf, von seinem Gegner mit einer Kombination angegriffen zu werden, blockte die Schläge und reagierte mit einer seiner Lieblingskombinationen. Da der Gegner nach diesem Schlagabtausch meist seine Deckung aufgab, konnte Quinton mit seiner starken Rechten erheblichen Schaden anrichten.

Dieses Wissen hatte ich im Hinterkopf, als ich mit meinen Trainern eine Strategie ausarbeitete. Dazu gehörte, dass ich ihm kontinuierlich mit links gegen den Kopf treten sollte. Ich wusste zwar, dass er die meisten Tritte blocken würde, aber es ging mir darum, seinen rechten Arm möglichst stark zu beschädigen und so zu schwächen. Um seine Angriffe zu verlangsamen und Takedowns zu verhindern, wollte ich ihm immer wieder gegen die Beine treten. Und um seine bravouröse Deckung zu durchdringen, würde ich ihn mit Kniestößen gegen den Körper traktieren. Aber den vermutlich größten Nutzen aus der Videoanalyse zog ich im Hinblick darauf, wie ich mich im Käfig bewege. Anstatt ihn anzugreifen, dann stehen zu bleiben und ihm Angriffsfläche zu bieten, übte ich mich darin, nach einer Kombination sofort die Position zu wechseln.

Tatsächlich konnte ich diese Strategie im Kampf größtenteils umsetzen. Ich landete ein paar gute Tritte gegen seine Beine, die ihm Beweglichkeit und Kraft raubten und seine sonst sehr schnellen Konter behinderten. Wenn er zurückschlug, konnte ich oft ganz gut ausweichen, da ich wie besessen gearbeitet hatte, ständig in Bewegung zu bleiben. Es war ein guter Kampf, bei dem wir abwechselnd in Führung lagen. Am Ende konnte ich ihn jedoch für mich entscheiden, weil ich in der Vorbereitung an meinen schlechten Angewohnheiten gearbeitet und aus seinen gelernt hatte. Trotzdem hatte ich meine Strategie nicht perfekt umgesetzt. Es ist eine wichtige Lektion, dass kein Kampf exakt nach Plan verläuft. Schließlich hat sich auch euer Gegner seit seinem letzten Kampf verbessert. Und wenn er schlau ist, hat er eure Kämpfe auf Video gesehen und eine eigene Strategie entwickelt, um eure Schwächen auszunutzen. Um den Kampf zu gewinnen, müsst ihr eurem Gegner überlegen sein. Und mit überlegen meine ich, dass ihr euch nachhaltiger verbessert haben müsst als er.

Jeder von uns hat schlechte Angewohnheiten, in die er in Stresssituationen zurückfällt. Unser Ziel ist es, den Gegner dazu zu zwingen, in seine schlechten Angewohnheiten zurückzufallen, bevor euch das passiert. Nehmen wir einmal an, ihr kämpft gegen einen Gegner, dessen schlechte Angewohnheit es ist, in die Guard zu springen. (Für die fünf ernsthaft interessierten Leser, die sich nicht mit der Jiu-Jitsu-Terminologie auskennen: In die Guard heißt, einen Gegner anzuspringen, ihn mit den Beinen zu umschlingen und rücklings zu Boden zu ziehen. Wozu das gut sein soll? Keine Ahnung.) Aber für den Kampf gegen euch hat er daran gearbeitet und versucht, diesen Fehler zu vermeiden. Wenn ihr nun eure Strategie durchzieht und eigene Fehler vermeidet (auf die er sich vorbereitet hat), könnt ihr ihn so frustrieren, dass er in die Guard springt. Diese Kampfstrategie bringt meistens gute Ergebnisse, aber dafür müsst ihr nicht nur in den Wochen vor einem Kampf, sondern über Monate und Jahre hinweg an euren Schwächen arbeiten.

Was man vor einem Kampf lieber nicht analysieren sollte

1. Analysiert lieber nicht, wie groß der Tiefschutz eures Gegners ist; es könnte euch Angst machen. Kazushi Sakuraba beispielsweise trägt den riesigsten Tiefschutz, den die Menschheit je gesehen hat. Bin ich der Einzige, dem das aufgefallen ist? Er macht das wahrscheinlich zur Einschüchterung, so wie die amerikanische Armee riesige Kondome über Vietnam abgeworfen hat, um die Asiaten mit unserer Penisgröße zu verunsichern. Und irgendwie wirkt es tatsächlich. Schaut euch Sakurabas Tiefschutz doch mal an, ist wirklich gruselig.
2. Analysiert lieber keine Rituale, mit denen sich euer Gegner auf den Kampf einstimmt. Rashad Evans beispielsweise soll sich angeblich vor seinen Kämpfen ständig in die Brustwarzen zwicken. Das macht einem doch Sorgen.

Untenrum waschen

Ich werde nun ein wenig abschweifen, aber es geht um etwas Wichtiges ... Wenn ihr euch seit vier Tagen den Sack nicht mehr gewaschen habt und eure Füße so stinken, als hättet ihr sie eine halbe Stunde lang in Hundescheiße mariniert, bitte, bitte kommt nicht zum Grappling-Training. Ich meine das ernst – geht am besten gar nicht vor die Tür. Es gibt nichts Schlimmeres, als mit jemandem über die Matte zu rollen, der nach Rosie O'Donnells fettiger Arschspalte riecht. Wer wie ich ein paar Jahre in verschiedenen Studios trainiert hat, weiß genau, was ich meine. Und vor allem, *wen* ich meine. Schließt eure Augen, dann seht ihr diesen schlaksigen Typen mit Pisseflecken auf den Skatershorts vor euch und spürt wieder, wie sein siffiger Schweiß in eure Ohren und sonstigen Körperöffnungen rinnt. Die Damen mögen mir den geschmacklosen Vergleich verzeihen, aber ich stelle mir vor, dass es ganz ähnlich ist, wie vergewaltigt zu werden. Nach einem solchen Vorfall fährt man mit leerem Blick nach Hause und kommt erst unter der Dusche wieder zu sich, nachdem man sich die Haut mit der Drahtbürste wund geschrubbt hat. Es ist eine furchtbare Erfahrung, von der sich viele von uns nie wieder ganz erholen, und deshalb habe ich für die Verursacher solcher heimtückischen Übergriffe keinen Funken Verständnis übrig. Wenn ihr zu diesen Sumpfkreaturen gehört, die keinen Respekt vor sich selbst, geschweige denn vor ihrer Umgebung haben, könnt ihr das Duschen oder Wäschewechseln gleich ganz sein lassen. Dafür ist es zu spät – ihr habt eure Mitmenschen bereits traumatisiert. Sucht euch einfach den nächstbesten massiven Gegenstand, und rammt euer Gesicht so lange dagegen, bis euch die Lichter ausgehen. Ihr seid Bazillenschleudern in Menschenform und habt kein Recht auf menschliche Gesellschaft.

Ich schlage einen so harten Ton an, weil ich schon mehrfach Opfer mangelnder Hygiene geworden bin. Bei einer dieser Attacken trug ich einen fiesen Staphylokokkeninfekt davon. Ich erspare euch die genaue medizinische Definition (zu faul, um den Mist nachzuschlagen), ihr müsst auch eigentlich nur wissen, dass es eine Riesenscheiße ist. Man übersieht es wahnsinnig leicht. Wenn die Haut an einer Stelle infiziert ist, wird sie rot, schwillt an und tut weh. Aber bei regelmäßigem Grappling hat man ständig irgendwelche Blessuren. Es ist nicht einfach, zwischen normalem Verschleiß und einem ekligen Staph-Infekt zu unterscheiden, der unbehandelt schlimme Folgen nach sich ziehen kann, bis hin zu Lähmung und Tod. Da ich meinen Körper regelmäßiger Dresche aussetze, ist mir genau das passiert. Ich habe mich bei einem verkeimten Idioten mit reinrassigen Staphylokokken angesteckt und nichts bemerkt und bin dann nach Georgia geflogen, um im Hardcore-Gym zu trainieren. Am ersten Tag machten wir Ausdauertraining, was ich eigentlich gut kann, doch trotzdem waren alle viel besser als ich. Ich war erschöpft wie ein zwergwüchsiger Schauspieler nach einem Ewok-Fantreffen. Ob ich mir im Flugzeug eine Grippe eingefangen hatte? Ich wartete ab, fühlte mich aber von Tag zu Tag schwächer. Schließlich suchte ich eine Ambulanzpraxis in Athens auf. Offenbar kennen die Ärzte in solchen Einrichtungen den Unterschied zwischen einem Staphylokokken-Infekt und ihrem eigenen Hinterteil nicht, denn dieser verschrieb mir Antibiotika für eine Nebenhöhlenentzündung. Er meinte, ich solle abwarten, und das versuchte ich. Nach ein paar Tagen glaubte ich wirklich, ich würde sterben.

Dann flog ich nach Las Vegas zurück und ging zu einem richtigen Arzt. Inzwischen hatte sich auf meinem Knie eine juckende, rötliche Stelle gebildet. Der Arzt diagnostizierte sie als Staphylokokken-Infektion, drückte ein wenig Eiter heraus und verschrieb mir ein Antibiotikum. Ich war mehr als erleichtert, die Ursache meines Elends gefunden zu haben, da mir ein Kampf in England gegen Lyoto Machida bevorstand. Ich musste meine vier Buchstaben wieder ins Training kriegen, aber es sollte nicht sein. Obwohl ich die verschriebenen Pillen schluckte, wurde es immer schlimmer. Als die Schmerzen unerträglich wurden und mein allgemeiner Gesundheitszustand sich weiter verschlechterte, ging ich zu einem anderen Arzt. Er machte ein paar Tests und stellte fest, dass ich Staphylokokken im Blut hatte. Ganz große Scheiße. Am Ende war ich fünf Wochen auf Antibiotika und musste meinen Kampf gegen Machida absagen.

Verzeiht mir die langwierige Geschichte. Ich hoffe, ich habe euch damit einen gehörigen Schrecken eingejagt. Staphylokokken sind furchtbar, genau wie alle anderen Bakterien und Pilze, die man sich von dreckigen Matten und ungewaschenen Trainingspartnern holen kann. Um euer Risiko so gering wie möglich zu halten, solltet ihr auf saubere Matten in eurem Studio achten. Sprecht den Studioinhaber an, und fragt ihn nach der Reinigungsmethode. Ihr wirkt dann zwar wie ein analfixiertes Arschloch (nein, das ist nicht redundant - ich meine anal im übertragenen Sinne), aber das ist besser, als sich in blindem Vertrauen eine fiese Krankheit einzufangen. Wenn seine Antwort in Richtung »Die Matten müssen gereinigt werden? Echt?« geht, solltet ihr ihm Folgendes beibringen:

1. Die Matten sollten zweimal täglich mit desinfizierendem Reinigungsmittel gereinigt werden, und zwar zwei Stunden vor jedem Ringtraining. Am besten verwendet man 100 ml Reiniger auf 10 l Wasser.
2. Straßenschuhe sollten auf den Matten verboten sein. Hunde und andere Tiere sind Überträger aller möglichen Bakterien, und sie kacken und wälzen sich überall herum. Wer in einen Hundehaufen tritt und dann auf die Matte spaziert, spendiert seinen Trainingspartnern unter Umständen eine Runde Mattenbrand.
3. Die gesamte Trainingsausrüstung, also Boxhandschuhe, Schienbeinschoner, Bauch- und Kopfschutz sollten regelmäßig mit Desinfektionsmittel eingesprüht werden.

In einem sauberen Studio zu trainieren verringert sicherlich die Ansteckungsgefahr, aber völlig ausschließen lässt sie sich dadurch nicht. Seid auf der Hut, wenn unter euren Trainingspartnern irgendein Bazillus oder ein Pilz grassiert. Ich habe mal eine Folge von *Akte X* gesehen, in der sich Mulder und Scully nackt ausziehen, um sich gegenseitig nach Infektionen abzusuchen. So weit muss man nicht gehen, denn das wäre euren Trainingspartnern sicherlich unangenehm, besonders wenn ihr ihnen unter der Dusche auf den Leib rückt. Aber es kann nicht schaden, ihren Oberkörper einmal rundum zu inspizieren, nur um auf der sicheren Seite zu sein. Im Folgenden beschreibe ich einige Bakterien- und Pilzinfektionen, die einem auffallen sollten:

Ringelflechte

Bei der Ringelflechte, auch Mattenbrand oder Mattenpilz genannt, handelt es sich um eine Pilzinfektion. Sie macht sich als gerötete, raue Stelle auf der Haut bemerkbar, die in der Mitte hart ist und zu den Rändern hin spannt. Wenn die Wunde aussieht, als wäre sie durch Würmer verursacht worden, ist es wahrscheinlich Ringelflechte. Sie tritt in vielen Variationen auf - am Körper, auf der Kopfhaut, an den Nägeln und im Intimbereich (habe ich selber noch nicht gehabt, kann mir aber vorstellen, wie ätzend das ist). Meistens wird die Ringelflechte durch Hautkontakt übertragen. Manchmal verschwindet sie von selbst wieder, aber in den meisten Fällen sollte sie medikamentös behandelt werden.

Staphylokokken (Staph)

Wenn man einen Staph-Infekt hat, bilden sich eitrige Bläschen direkt unter der Haut. Unbehandelt werden diese Bläschen irgendwann so prall, dass sie aufplatzen und andere Körperteile mit Eiter beschmieren und so infizieren. Die Staphylokokken können auch in die Blutbahn gelangen und sich so im ganzen Körper verteilen, wie es bei mir der Fall war. Das nennt man dann einen invasiven Staph-Infekt, und der kann der Lunge, den Nieren, dem Gehirn und dem Herzen übel mitspielen. Wenn ihr einen Verdacht auf eine Staphylokokken-Infektion habt, müsst ihr euch sofort von einem Arzt behandeln lassen.

Eiterflechte (Impetigo)

Es gibt zwei Arten von Eiterflechte, und beide sind hoch ansteckend. Bullöse (großblasige) Eiterflechte erscheint auf der Haut als große Beule mit einer Spitze, die eine klare Flüssigkeit enthält. Rötung und Schmerzen treten gewöhnlich nicht auf, aber ein Juckreiz vom Feinsten. Bei epidemischer oder kleinblasiger Eiterflechte entsteht ebenfalls ein mit Flüssigkeit gefülltes Bläschen, das jedoch von einem roten Ring umgeben ist. Beide Varianten lassen sich in der Regel gut mit Antibiotika behandeln; unbehandelt können sie aber zu schweren Krankheiten führen, etwa zu einer Knocheninfektion.

Herpes

Dass Herpes ein Geschenk fürs Leben ist, weiß jeder. Was die meisten nicht wissen, ist, dass er nicht nur bei Schweinereien mit dreckigen Nutten übertragen wird. Auf der Liste der Hautkrankheiten, die man sich beim Ringen zuziehen kann, steht er ganz weit oben. Wenn ein Virusträger einen Herpesausbruch hat, bekommt er kleine Knubbel, die sich rasch in flüssigkeitsgefüllte Bläschen verwandeln. Das Virus wird meistens durch Hautkontakt übertragen. Während eines akuten Ausbruchs sind die Infizierten besonders ansteckend, doch sie können das Virus auch in der Latenzphase weitergeben. Es gibt zurzeit keine Therapie gegen Herpes, aber mit antiviralen Mitteln lassen sich die Ausbrüche eindämmen.

Krätze (Skabies)

Die Krätze ist besonders widerlich, da sie durch winzige Insekten verursacht wird, nämlich durch Milben. Es gibt männliche und weibliche Milben, wobei die männlichen in Ordnung sind. Wie immer und überall machen die Weibchen den ganzen Ärger. Wenn sie ihre Tage haben, buddeln sie sich in die Haut ein und legen dort ihre Eier. Nach kurzer Zeit schlüpfen aus den Eiern eine Menge Milbenbabys, die total triebgesteuert sind. Sie verzichten auf Romantik und Vorspiel und beginnen sofort, sich zu vermehren (Inzucht macht den kleinen Miststücken nichts aus), das heißt, sie legen noch mehr Eier in die Haut ihres Wirts oder in die jenes armen Schweins, mit dem der Wirt gerade trainiert. Anders als die meisten Hautkrankheiten ist die Krätze manchmal schwer zu erkennen. Achtet auf leicht erhabene graue Striche auf der Haut – das sind die Gänge, die sich die Milben graben. Das Hauptsymptom ist ein nervender Juckreiz, der durch die körpereigene Abwehrreaktion auf den Milbenkot entsteht. Kratzen ist empfehlenswert, denn dadurch werden die kleinen Viecher oft aus ihren inzestuösen Liebesnestern geschmissen, aber bitte kratzt euch nicht, wenn ihr gerade auf eurem Trainingspartner liegt. Wenn das Kratzen nicht hilft, wird euch der Arzt irgendeine Salbe verschreiben. Schmiert die Tierchen ordentlich damit ein, dann hat sich der Fall.

Grappling-Partner, die man meiden sollte

Menschen mit unkontrolliertem Schließmuskel

Jeder Mensch auf dieser Welt lässt hin und wieder einen fahren. Ich furze, ihr furzt, und auch dem superscharfen Mädel mit dem geilen Körper entweicht ab und zu ein Superstinker. Allerdings haben die meisten von uns ihre Winde mehr oder weniger im Griff. Wenn ich einen voll besetzten Aufzug betrete, furze ich eher nicht. Ich warte mit dem Ablassen übler Verdauungsgase bis kurz vor dem Aussteigen. Wenn ich früher zum ersten Mal mit einem Mädchen ausging, wäre es mir nie in den Sinn gekommen, einen loszulassen. Ich wartete immer das zweite oder dritte Date ab, bevor ich sie mit meinen Pheromonen vertraut machte. Ihr wisst, was ich meine - man muss nur den Hinterausgang fest zuklemmen, dann bleiben die Giftgase drinnen. Wenn es eine Situation gibt, in der man sie unbedingt bei sich behalten muss, dann ist das beim Grappling-Training. Ich habe Verständnis für gewisse Notfälle, aber meist sieht man diese Notfälle kommen und sollte dann die Höflichkeit besitzen, seine Submission aufzugeben und sich zu entfernen, bevor man sich erleichtert. Aber es gibt Typen, die haben einfach keine Darmkontrolle. Solche Typen furzen nicht nur neben einem, sie stinken dich sogar direkt an. Neil Melanson, der bei Xtreme Couture Grappling-Unterricht gibt, kann eine solche Horrorstory erzählen. An jenem Schicksalstag unterwies er seinen Schüler Crazy Jimmy in der Nord-Süd-Position. Falls ihr diese Position nicht kennt: Der obere Kämpfer hat dabei seinen Hintern direkt über dem Gesicht des am Boden Liegenden. Neil war unten. Er lag also am Boden und ließ seinen Schüler Submissions ausprobieren, als Jimmy entsetzlich furzte. Auf diesem direkten Weg von Arsch zu Mund gab es für das Reizgas keine Möglichkeit, sich zu verflüchtigen. Neil musste also buchstäblich Scheiße schlucken. Er hat sich von diesem Vorfall noch immer nicht erholt und wird weiterhin psychologisch betreut. Meiner Meinung nach gibt es für so was keine Entschuldigung. Die meisten von uns werden mit Schließmuskeln geboren, und es ist unsere Pflicht, sie zu benutzen. Wenn jemand in eurem Studio diesen kulturellen Kodex nicht beachtet, solltet ihr unter keinen Umständen mit ihm ringen.

Extremschwitzer

Wenn irgend möglich, solltet ihr es vermeiden, mit Leuten zu ringen, die stark schwitzen. Mir ist bewusst, dass sie nichts dafür können, aber es ist widerlich. Sind sie in Oberlage, tropft dir ihr Schweiß in Ohren, Mund und Nase, und du wirst dich in jeder Hinsicht eklig fühlen.

Marathonringer

Manche Typen gehen zu zwei oder drei Grappling-Kursen hintereinander, aber aus irgendeinem Grund halten sie es nicht für nötig, für jeden Kurs ein frisches T-Shirt mitzubringen. Zwar werdet ihr im Laufe der Stunde sehr wahrscheinlich selbst kräftig schwitzen, aber es ist absolut widerlich, wenn ihr noch frisch seid und dann auf einen Trainingspartner mit klammer Haut und klitschnassem T-Shirt trefft. Das fühlt sich an, als müsste man mit einem Fisch kämpfen.

Krallenjungs

Krallenjungs nenne ich alle, die sich vor dem Training nicht die Finger- und Fußnägel schneiden. Wenn ihr schon Grappling-Erfahrung habt, wundert ihr euch vielleicht, warum ich mich über so eine Kleinigkeit aufrege, schließlich ist MMA doch ziemlich brutal. Aber lasst euch gesagt sein, ein Kerl mit ungeschnittenen Nägeln ist bewaffnet, und zwar mit zwanzig winzigen Dolchen. Nach fünf Minuten Ringen mit einem dieser Schweine seid ihr blutverschmiert. Ihr habt am ganzen Oberschenkel oder noch häufiger am Nacken Kratzer. Um nach dem Training nicht wie ein Überlebender eines vietnamesischen Kriegsgefangenenlagers auszusehen, solltet ihr immer eine Nagelschere mitbringen.

Schattenmänner

Die meisten Männer rasieren sich morgens nach dem Aufstehen, aber das Jiu-Jitsu-Training findet oft erst am Abend statt. Wenn ihr zu den Männern gehört, deren Gesichtsbehaarung unheimlich schnell wächst, solltet ihr euch bitte vor dem Training noch einmal rasieren. Bärte sind absolut in Ordnung, aber Trainingspartner mit Bartschatten sind ätzend. Diese millimeterkurzen Stoppeln, die ihr so cool findet, wirken wie Schmirgelpapier und schaben die Haut eures Gegners ab. Falls in eurem Studio so ein Don-Johnson-artiger Schnösel herumhängt, solltet ihr ihn meiden wie die Pest, solange er sich nicht die Visage mäht.

Pflasterkönige

Pflaster sind in jedem Arzneischrank vorrätig und werden gerne benutzt. Man kann mit ihnen fiese Pickel vor der Außenwelt verbergen oder kleine Wunden vor einer Infektion schützen. Im Alltagsleben ist es sicherlich sinnvoll, Pflaster zu verwenden. Beim Grappling ist es ernsthaft gestört. Ich verstehe, dass man dem Gegner eine offene Wunde nicht ins Gesicht halten möchte, aber man muss schon irre sein, wenn man glaubt, dass das bisschen Klebeband, mit dem ein Pflaster fixiert ist, einem hitzigen Ringkampf standhält. Leider fällt das Pflaster in den meisten Fällen nicht einfach herunter – es wird von Haut zu Haut übertragen. Manchmal bekommt man diesen Transfer gar nicht mit, bevor man zu Hause ist und die Freundin mit schiefem Blick meint: »Du hast da was am Hals kleben.« Sie reißt es ab, und voilà: Da ist ja das Pflaster des Grappling-Partners, das während des Trainings auf mysteriöse Art verschwunden ist. Um solche Szenen zu vermeiden, solltet ihr sämtliche Wunden lieber mit einem festen Tape verbinden.

Warzenschweine

Ihr solltet das Grappling mit warzenverseuchten Typen aus demselben Grund vermeiden, aus dem ihr auch Pflasterkönige meidet – die Warzen reißen ab und kleben plötzlich an eurer Wange.

Ein Kämpferherz bedeutet mehr als Mut

Wenn ihr eure Kondition beim Kämpfen verbessern wollt, müsst ihr sportartspezifisches Ausdauertraining betreiben. Laufen und plyometrisches Training sind tolle Methoden, aber sie sollten eher das Tüpfelchen auf dem I sein. Ich selbst gestalte mein Ausdauertraining nach dem Pyramidenmodell (ähnlich der altbewährten Ernährungspyramide), wobei der größte Teil, das Fundament, aus Sparring besteht. Beim Positions-Sparring beispielsweise liege ich drei einminütige Runden lang auf dem Rücken. Für jede Runde kommt ein neuer, ausgeruhter Kämpfer dazu und geht in die Oberlage. Auch für ihn ist das ein gutes Training, denn er ist fit und ausgeruht und kann eine Minute lang konzentriert Ground-and-Pound, Submissions und Passes üben. Für den Kämpfer am Boden liegt der Vorteil darin, dass er drei Runden mit ausgeruhten Kämpfern durchstehen muss. Dabei entwickelt man nicht nur Ausdauer, sondern lernt auch zu entspannen. Floyd Mayweather jr. hat deshalb so blitzschnelle Hände, weil er immer ruhig und entspannt bleibt. Selbst in Bewegung erholt er sich und wird deshalb nie müde. Genauso ist es bei Anderson Silva.

Es sollte einem auch immer ganz klar sein, was man mit seinem Training bezwecken möchte. Ich beginne zum Beispiel oft an den Pratzen. Dabei geht es mir nicht darum, Ausdauer zu entwickeln, sondern an Technik und Schnelligkeit zu arbeiten. Ich achte darauf, dass jeder Schlag perfekt und knackig ausgeführt ist. Ich halte die Hände oben und mache exakte und kontrollierte Bewegungen. Am Ende des Trainings komme ich auf die Pratzen zurück, nur geht es dann nicht mehr um Technik, sondern um die Ausdauer. Zwar halte ich immer noch die Hände oben und das

Kinn unten, aber die Schläge dürfen jetzt ungenauer sein, weil ich mit der Übung einen anderen Zweck verfolge. Ich trainiere bis an den Rand der Erschöpfung, wie in einem richtigen Kampf. Falls ich trotzdem noch letzte Reserven habe, gehe ich laufen. Wanderlei rät: »Man muss sich im Kampftraining quälen, nicht auf der Hantelbank.« Schließlich hilft euch im Ring kein Kreuzheben, und mit Bankdrücken entkommt ihr nicht aus dem Schwitzkasten. Im Kampf müsst ihr meistens boxen und ringen, und darauf sollte auch euer Ausdauertraining abgestimmt sein. Ein Bekannter von mir trainiert ständig Plyometrie und Seilchenspringen, er läuft drei Meilen in 19 Minuten. Nachdem er in einem Kampf völlig aus der Puste geraten war, fragte er mich, warum. Meine Antwort war einfach: »Du Schwachkopf machst ja kaum Sparring.«

Ich will damit nicht sagen, dass ihr nicht laufen gehen sollt, denn dadurch wird die Lunge gekräftigt und der Körper gestählt. Aber ich würde empfehlen, erst laufen zu gehen, wenn ihr euer sportartspezifisches Ausdauertraining erledigt habt.

Vor dem Kampf noch schnell einen Rächer zeugen

Manche von euch haben dieses Buch nur gekauft, um zu erfahren, was ich über Sex vor dem Kampf denke, und das finde ich widerlich. Aber da ihr es jetzt lest, werde ich euch meine Meinung verraten. Ich gehe einfach mal davon aus, dass ihr das Buch zur Steigerung eurer Kampfkraft lest und nicht, um euch meine Latte am Abend vor dem Kampf vorzustellen.

Ich finde, abends vor dem Wiegen solltet ihr *unbedingt* Sex haben. Ihr könnt dabei ein wenig Nervosität abbauen und kommt ordentlich ins Schwitzen. Ein, zwei Pfund gehen dabei sicherlich runter – und das kann das Zünglein an der Waage sein und über Triumph oder Peinlichkeit entscheiden, ihr Fettwanste. Was jedoch Sex vor dem Kampf angeht, solltet ihr Folgendes bedenken: Sex bringt den Kreislauf auf Trab, und das ist gut fürs Kämpfen. Es geht euch ja nichts an (ach, ihr Schweine wollt es ja wissen), aber um ehrlich zu sein, habe ich selten Sex vor einem Kampf. Nicht weil ich glaube, dass dabei mein Chi flöten geht. Ich bin nur meistens so übertrainiert, dass ich zu schlapp zum Bumsen bin. Ich krieg dann einfach keinen hoch. Aber wenn ihr Sex haben wollt, macht es nicht zu wild. Eurer neuen Freundin wollt ihr natürlich zeigen, was ihr für Hengste seid. Aber Vorsicht: Falls ihr richtig loslegt und länger als fünf Minuten durchhaltet, könntet ihr euch den Penis wund reiben, und das verschlimmert sich im Kampf zehnfach durch den Tiefschutz. Das Risiko ist natürlich geringer, wenn es euch gelingt, die Frau feucht werden zu lassen, aber wer kümmert sich schon darum?

Wenn ihr rammelt wie ein Bauarbeiter, könnt ihr euch sogar ernsthaft verletzen. Bei einem unglücklichen Zusammenstoß mit dem Beckenknochen eures Mädels wird euer Schwanz gewaltsam in die eine oder andere Richtung verbogen. Die Blutgefäße im Schaft zerreißen, und es kommt zum sogenannten Penisbruch. Die sicherste Methode zur Verhütung eines solchen Missgeschicks vor dem Kampf besteht darin, eure Freundin höflich darum zu bitten, euch einen zu blasen (beziehungsweise - sehr verehrte Kämpferinnen - euren Kerl höflich darum zu bitten, ähm ... den Sekt aus dem Keller zu holen). Wenn sie euch wirklich liebt, wird sie es ohne Zögern tun. Niemand wird verletzt, niemand wird enttäuscht. Also: Lasst es ruhig geschehen, aber übertreibt es nicht.

Tretet ihm das Bein weg

Wenn ihr den Film *Karate Kid* gesehen habt, erinnert ihr euch sicher an die finale Kampfszene zwischen Daniel-san und dem fiesen Johnny vom superbösen Cobra-Kai-Dojo. Es ist der ultimative Kampf zwischen Gut und Böse - die spannendste Kampfszene der Filmgeschichte. Karate Kid hält ein Bein unglaublich weit hochgezogen und humpelt über die Punktsparring-Matte. Johnny, in seinem ärmellosen, schwarzen, vom Punktsparring durchgeschwitzten Gi, ist ganz aufgekratzt. Die Weiber im Publikum schreien im Blutrausch den Namen ihres Helden und machen einen Lärm, der das Gebrüll der Barbaren auf den Rängen des Kolosseums im alten Rom übertönt hätte. Wer wird diese historische Schlacht gewinnen? Der Ausgang ist ungewiss – zu ungewiss. Bevor die Kämpfer einander zum letzten Schlagabtausch gegenübertreten, nimmt Johnnys Sensei seinen Schüler beiseite und spricht jene ruchlosen Worte: »SWEEP THE LEG« – »Tritt ihm das Bein weg.« Da bekommt Johnnys raue Schale für einen Moment einen Riss und zeigt ein Mitgefühl, das in den verborgensten Tiefen seines Wesens schlummert, doch dieses Gefühl erstirbt so rasch, wie es entstand, und die Macht, die der heimtückische Trainer über sein Bewusstsein hat, nimmt wieder überhand. *Ja*, denkt Johnny mit abgründigem Schimmern im Auge. *Ja, ich werde Daniel-sans verletztes Bein wegfegen. Ich werde seine schwache Stelle angreifen und mich dann in seinen Innereien suhlen!*

Ich weiß, was ihr jetzt denkt: *Forrest, du hast es verbockt. Es war noch VIEL spannender.* Ich weiß ja. Aber ich musste diese Szene nacherzählen, weil ich euch eine Frage stellen will. Was meint ihr: Findet ihr es falsch von dem bösen Sensei, Johnny den Angriff auf Daniel-sans verletztes Bein zu empfehlen? Wenn ihr diesen Ratschlag widerlich findet, wenn ihr meint, er hätte seinen Schüler anweisen müssen, das Bein zu ignorieren und den Sieg stattdessen durch Attacken auf Daniel-sans starke Seiten zu erringen, dann dürft ihr euch Kampfkünstler nennen. Wenn ihr jedoch die Anweisung goldrichtig findet und meint, er hätte noch hinzufügen können: »Prügel den angeknacksten Pfeifenreiniger durch, und mach Miyagis Muttersöhnchen endgültig fertig«, dann und *nur* dann dürft ihr euch Kämpfer nennen.

Wenn ihr jetzt kopfnickend dasitzt und denkt: *Jawohl, ich bin Kampfkünstler und stolz darauf,* habt ihr keine Ahnung vom Kämpfen. Ihr glaubt, ihr hättet Ahnung davon, aber ihr habt keine. Wahrscheinlich seid ihr übergewichtige Typen mittleren Alters, die zweimal die Woche einen Pyjama anziehen und davon schwafeln, wie effektiv Dim Mak ist und dass sie damit einen MMA-Kämpfer mit einer einzigen Berührung umbringen könnten. Ich will euch nicht zu nahe treten. Wenn euch dieses Trugbild glücklich macht, bitte sehr. Ich möchte nur den Unterschied zwischen

Kämpfern und (den meisten) Kampfkünstlern klären. Zum Mitschreiben: Kämpfer sind die, die sich in echten Kämpfen aneinander messen. Ihre Sparring-Ausrüstung ist nicht aus billigem, dünnem Plastik, weil sie einander tatsächlich schlagen. Ihre Faustschläge kommen auch nicht aus der Hüfte, weil ihnen die unbedingte Notwendigkeit, das Gesicht zu schützen, klar ist. Sie wissen, dass die ihnen beigebrachten Techniken funktionieren, weil sie sie täglich im Studio und im Ring auf ihre Tauglichkeit prüfen. Sie haben andere zusammengeschlagen und sind selbst zusammengeschlagen worden, und das hat sie nicht nur körperlich und mental gestählt, sondern auch gelehrt, dass Kämpfen gnadenlos ist. Wenn euer Gegner ein verletztes Bein hat und es ungeschützt lässt, dann schnappt ihr euch das Ding und fangt mit der Submission an. Er kann ja abklopfen, und es ist nicht euer Fehler, wenn er dazu nicht schnell oder nicht klug genug ist. Ihr solltet eurem Gegner zwar nicht mit Absicht das Bein brechen, aber was passiert, passiert. Wer Angst davor hat, seinen Gegner zu verletzen, bekommt garantiert die Hucke voll.

Soweit ich weiß, nennt man sich in der MMA-Szene Kämpfer. Leute, die nur übers Kämpfen reden, sind Kampfkünstler. Andererseits bezeichnet sich auch Georges St-Pierre als *martial artist*. Um meine schöne Theorie nicht kaputt zu machen, soll er gefälligst einige Kilo zunehmen, mit dem Gutaussehen aufhören und mit Punktsparring anfangen. Aber genug davon.

Mach ihn fertig!

Wenn ihr gute Grappler werden wollt, müsst ihr so oft wie möglich Computer spielen. Ich selbst bin superschlecht darin, und deshalb ist mein Jiu-Jitsu auch nicht überragend. Jeremy Horn, Mike Pyle, die ganzen Jiu-Jitsu-Genies spielen abartig viele Videospiele. Das trainiert die Hand-Auge-Koordination oder so was. Soweit ich weiß, verordnet Mark Lamen seinen Schülern Computerspiele sogar als Trainingseinheit.

Gastwichser: Luke

Was ihr über Forrest lieber nicht wissen wollt

1) Als Kind hegte Forrest ein unstillbares Verlangen nach einer schwarzen Lederhose.

2) In der Highschoolzeit spielten wir manchmal das Saufspiel »Quarters«. Wenn Forrest dran war, trank er nicht nur das Bier aus, sondern schluckte auch den Vierteldollar am Boden des Glases. Bei einer Gelegenheit schluckte er sogar 1,50 Dollar.

3) Als Forrest in seiner Schulzeit einmal wegen einer Prügelei vor Gericht musste, fragte ihn der Richter, ob er etwas dazu zu sagen habe. Forrest erwiderte: »Ja, ich könnte was dazu sagen, aber ich will nicht, dass es gegen mich verwendet wird.« Der Richter schüttelte den Kopf und meinte: »Junge, du bist vor Gericht. Hier wird alles gegen dich verwendet.«

4) Forrests Lieblings-Basketballteam waren damals die San Antonio Spurs, und sein Lieblingsspieler war Dennis Rodman. Zwar ist Forrest selbst nicht tätowiert, aber er hatte immer was übrig für Zuhältertypen und überhaupt für Menschen, die sich so geben, wie sie sind.

5) Forrest ist mit den meisten von denen, die ihn in der Schule immer verprügelt haben, gut befreundet.

6) Forrest hat einmal versehentlich eine geladene Waffe in die Sicherheitskontrolle am Flughafen mitgenommen. Er wurde verhaftet, aber das Verfahren wurde später eingestellt.

7) Forrest hat die schlechte Angewohnheit, sich ständig am Pimmel zu begrabschen und zu befummeln. In der Schule kamen oft Mädchen zu mir und sagten: »Wir finden deinen Freund Forrest ja irgendwie süß, aber warum fummelt er immer an seinem Schwanz rum?« Forrest rechtfertigt sich damit, dass er einmal wegen Leistenbruchs operiert wurde und seitdem sicherstellen will, dass alles noch da ist.

8) Als Unterstufenschüler war Forrest besessen von der Angst, dass man ihn für schwul halten könnte. Wenn zwei Jungs miteinander ins Kino gehen, lassen sie normalerweise einen Sitz zwischen sich frei. Dieser Sitz wird dann »Schwulensitz« genannt. Forrest dagegen bestand auf einem ganzen »Schwulengang«. Er rief mir dann über den Gang hinweg zu: »He, glaubst du, jemand könnte uns für schwul halten?« Ich meinte dazu: »Bestimmt glaubt keiner, dass wir uns überhaupt kennen.«

9) Wenn Forrest weggetreten ist, und man schüttet ihm Bier ins Gesicht, wacht er auf und nimmt einen in den Triangle-Choke, bis man ohnmächtig wird. Echt wahr.

10) Als Schüler hatte Forrest in der ersten Reihe eines Lords-of-Acid-Konzerts Sex mit seiner Freundin.

11) Wenn Forrest auf der Straße Zeuge einer Prügelei wird, trennt er die Streithähne sofort. Aber anstatt sie nach Hause zu schicken, gibt er ihnen ein kurzes Coaching und stellt sich als Ringrichter zur Verfügung.

12) Forrests zweiter Vorname lautet Estergall, aber er hat vor Kurzem 45 Dollar hingeblättert, um ihn ändern zu lassen.

13) Forrest und ich waren beim Training und Sparring oft betrunken. Wir gingen davon aus, dass wir, wenn wir in eine Prügelei gerieten, höchstwahrscheinlich besoffen sein würden, und darauf wollten wir vorbereitet sein.

Abspecken
(oder: Sumo war gestern, Dicker)

Abnehmen kann zwar brutal hart sein, aber es ist ein wesentlicher Teil des Kampfsports - wer zu viel wiegt, darf nicht kämpfen. Als Faustregel gilt, dass man in der Gewichtsklasse unterhalb seines Normalgewichts antreten sollte. Wer 77 Kilo wiegt, gehört also in die Klasse bis 70 Kilo. Wer wie ich mit 100 Kilo herumläuft, sollte in der Halbschwergewichtsklasse bis 93 Kilo kämpfen. Kurz vor dem Wiegen nimmt man dann ab und legt das Gewicht anschließend schnell wieder zu, damit man im Kampf einen Gewichtsvorteil hat. Jeder Kampfsportler hat eine andere Methode, um die Extrapfunde vor dem Kampf loszuwerden. Welche die beste ist, kann man nicht sagen, denn das Abnehmen läuft bei jedem anders. Hauptsache, ihr findet eine Methode, die bei euch funktioniert. Als Orientierungshilfe beschreibe ich euch meine eigene Strategie.

Ich beginne eine Woche vor dem Kampf mit dem Abkochen. Wenn das Wiegen am Freitag stattfindet, reduziere ich am Montag und Dienstag nach und nach meine Nahrungsaufnahme und beginne am Mittwoch mit der Hardcore-Diät. Statt richtiger Mahlzeiten esse ich den ganzen Tag lang nur Kleinigkeiten - gerade so viel, dass ich nicht umkippe. Den größten Teil meiner Kalorienzufuhr machen Haferflocken und andere gesunde Nahrungsmittel aus. Um zu entschlacken, trinke ich um die elf Liter destilliertes Wasser. Das gleiche Programm am Donnerstag: kleine Snacks zwischendurch und elf Liter destilliertes Wasser. Am Donnerstagabend steige ich in den Schwitzanzug, laufe, springe Seil und mache ein leichtes Pratzentraining. Mein Ziel liegt bei gut vier Kilo über Kampfgewicht. Viele Kampfsportler versuchen, schon bis zum Vorabend das ganze Gewicht zu verlieren, aber dann muss man dieses Gewicht die nächsten 24 Stunden halten, und das kostet Energie und kann Unwohlsein hervorrufen. Andere Kämpfer behalten noch mehr Pfunde drauf, die sie dann am nächsten Tag noch verlieren wollen. Es kann aber gefährlich sein, so schnell fünf oder noch mehr Kilo abzunehmen. Für mich sind 4,5 Kilo der goldene Mittelweg. Hauptsache, man macht sich keinen Stress. Vor dem Schlafengehen stelle ich mir dann noch eine kleine Flasche Wasser ans Bett, um die Lippen zu benetzen, aber sonst ist auch Wasser ab jetzt tabu.

Am Freitagmorgen stehe ich auf und nehme die restlichen Pfunde ab, indem ich im Schwitzanzug spazieren gehe oder auf dem Laufband laufe. Wenn das noch nicht reicht, lasse ich den Schwitzanzug zum Schlafen an.

Sobald man das Wiegen hinter sich gebracht hat, muss man sich unbedingt wieder rehydrieren. Ich vermische dazu ein Elektrolytpulver wie z. B. Oralpädon mit Mineralwasser, nicht mit destilliertem Wasser. Trinkt bloß keine Getränke mit hohem Zucker- oder Kaliumgehalt, denn sonst würdet ihr euch im Ring wahrscheinlich in die Hose scheißen. Dagegen kann ich euch leider keine Tipps geben, denn das ist bei mir Gott sei Dank noch nie vorgekommen. Soweit ich weiß, ist es Tim Sylvia beim Kampf gegen Assueiro Silva passiert und ebenso Kevin Randleman beim Kampf gegen Renato Sobral. Die beiden können euch wahrscheinlich bessere Ratschläge geben, aber ich vermute, dass man dadurch sogar im Vorteil ist, solange der Kampf nicht abgebrochen wird – es ist sicherlich äußerst unangenehm, von jemandem mit vollgekackter Hose in den Triangle-Choke genommen zu werden. Wahrscheinlich wäre es wichtiger, Tipps von der anderen Seite einzuholen, also herauszufinden, was zu tun ist, wenn man angeschissen wurde.

Neben der Rehydrierung solltet ihr auch wieder an Gewicht zulegen. Ich selbst versuche immer, wieder mein Normalgewicht von 100 Kilo zu erreichen. Dazu esse ich Süßkartoffeln, Weizenbrot und leicht verdauliches Hühnerfleisch. Lasst lieber die Finger von fettigem, schwer verdaulichem Essen wie Hamburgern und Pommes. Bis hierher habt ihr es ohne geschafft, da kommt es auf einen Tag doch auch nicht mehr an.

Am Kampftag habt ihr wahrscheinlich wenig Appetit. Trotzdem solltet ihr nach dem Aufstehen unbedingt etwas Gesundes essen, wie Eier, Haferflocken oder noch mehr von den verfluchten Süßkartoffeln. Überfressen sollt ihr euch aber nicht. Bevor ich gegen Elvis Sinosic kämpfte, musste ich ziemlich viel Gewicht abkochen, was auch gut geklappt hat.

Danach fühlte ich mich aber absolut mies. Ich war schwach und erschöpft, und um wieder auf die Beine zu kommen, versuchte ich, das Gewicht schnell wieder zuzulegen. Ich aß, bis mir schlecht wurde, und legte mich dann hin. Sobald ich genug Kraft zum Aufstehen hatte, aß ich weiter. So gelang es mir zwar, meine Kraft zurückzugewinnen und sogar fast 102 Kilo zu erreichen, aber die Sache hatte einen Haken. Ich ging mit dem Gefühl in den Kampf, eine Kanonenkugel im Magen zu haben. Ich schwöre, es war, als schwämmen Goldfische in meinem Magen herum. Ich hätte lieber etwas leichter in den Kampf gehen sollen.

Furchtbar daneben ging meine Abnehmstrategie auch, als ich in Irland gegen Hector Ramirez kämpfen sollte. Ich kam drei Tage vor dem Wiegen an und hatte 102 Kilo drauf. Normalerweise wäre es ein Leichtes (Vorsicht, Wortspiel!) gewesen, die Extrapfunde abzunehmen, aber in Irland gab es kein destilliertes Wasser. Außerdem war das Essen dort durchweg fettig. Wenn ich Rührei ohne Dotter bestellte, brachte man es mir in Öl schwimmend. Bestellte ich Porridge, kam so ein glatt pürierter Brei mit Sahne. Es schmeckte zwar köstlich, entsprach aber keiner mir bekannten Diät. Hätte ich Salat bestellt, wäre er sicherlich eine halbe Stunde lang in einem Eimer Schmalz mariniert worden. Wenn ihr also abnehmen wollt, müsst ihr alle äußeren Umstände in euren Plan mit einbeziehen und auch auf Details achten. Nicht alles, was mit Salatgarnitur daherkommt, ist automatisch gesund, ihr Stümper.

Am besten probiert ihr eine neue Diät schon drei oder vier Monate vor einem Kampf aus. Solltet ihr vor dem Wiegen trotzdem unsicher sein, dann hungert lieber noch etwas mehr. Eure Fans blättern ihr sauer verdientes Geld hin, um euch kämpfen zu sehen, da wollt ihr doch nicht schon auf der Waage versagen!

Profikarriere? Koffer packen!

Immer wieder wird man euch dazu raten, in möglichst vielen Studios mit möglichst vielen verschiedenen Kämpfern zu trainieren, und dem kann ich bis zu einem gewissen Punkt nur beipflichten. Es ist immer gut, mit unterschiedlichen Leuten zu trainieren und neue Ideen aufzunehmen. Ich wohne in Las Vegas, bin aber auch nach L.A. gereist, um dort im AKA-Studio zu trainieren. Sobald ihr den Kampfsport zu eurem Beruf gemacht habt, wird das jedoch immer schwieriger. Wenn ich heutzutage unterwegs bin, habe ich meinen Krafttrainer nicht bei mir, gerate aus dem Trainingsplan und kann nicht mit all den Jungs arbeiten, die mich sonst auf meine Kämpfe vorbereiten. Und nach dem Schlamassel mit dem fettigen Essen in Irland – das mir das Abnehmen sehr erschwert hat – reise ich auch nicht mehr gern zu Kämpfen. Zu viel Ablenkung. Die Vorteile wiegen die Nachteile einfach nicht auf. Kampfsportler wie Randy Couture oder Chuck Liddell sind praktisch ununterbrochen auf Reisen und schaffen das auch, aber beide sind auch seit mehr als zehn Jahren im Geschäft und viel männlicher als ich. Ich kann euch nur empfehlen, Städte mit großer MMA-Szene wie Los Angeles, San Diego oder Las Vegas nicht nur zu bereisen, sondern gleich dorthin zu ziehen. In Vegas könnt ihr innerhalb von zehn Minuten in fünf verschiedenen Studios sein. Ihr habt hier das Beste aus beiden Welten – ihr könnt euren Tagesablauf beibehalten und dennoch auf neue Leute und Gedanken stoßen. Wenn ihr nicht bereit seid, euren Heimatort zu verlassen oder euren Job aufzugeben, um das nötige Training zu bekommen, solltet ihr MMA lieber als Hobby betreiben und nicht zum Beruf machen. Das Kämpfen verlangt leider in jeder Hinsicht völlige Hingabe, basta.

Gastwichser: Adam Singer

Tipps für fette, *unglaublich* unfitte Kampfsportler, die absolut nicht in den Ring gehören

Es gibt unzählige Leute, die sich mit der Aura eines Kämpfers schmücken wollen, ohne viel dafür zu tun. Solltest du zu dieser Kategorie gehören, werden dir die folgenden Tipps dabei helfen, MMA-Kämpfe zu überstehen und vielleicht sogar zu gewinnen.

- Aussehen ist alles. Ein kahl rasierter Schädel und ein Ziegenbart schüchtern jeden Gegner ein. Dazu noch ein Tribal-Tattoo, und der Sieg ist dir beinahe sicher.
- Schläge am besten mit der Stirn abblocken. Treffer ins Gesicht tun weh und machen hässlich. Der Kopf ist viel härter als das Gesicht.
- Nonstop rechte Gerade abfeuern, und zwar mit geschlossenen Augen. Es ist schnuppe, wohin du schlägst, und auch nicht nötig, ein Ziel anzuvisieren. Einfach immer feste draufhauen. Wenn du den Ringrichter erwischst, sagst du ihm, dass er selber schuld ist, wenn er so dämlich im Weg steht.
- Steroide bis zum Abwinken. Dieser Zaubertrank ersetzt jede Art von Training und lässt dich noch schauerlicher aussehen.
- Kämpfe nur in deinem Heimatort. Warum? Deine Fans werden so laut jubeln, dass selbst ein intelligenter Ringrichter glaubt, du hättest den Kampf schon gewonnen. Sollte der Ringrichter die Begeisterung der Menge ignorieren und den Gegner zum Sieger küren, kann dabei ein herrlicher Tumult herausspringen.
- Sollten die obigen Tipps keinen Erfolg bringen: einfach Embryonalhaltung einnehmen und um Gnade betteln.
- Nach dem Kampf solltest du dich nicht erst im Backstage-Bereich medizinisch versorgen lassen, sondern ein Bad in der Menge nehmen. Um bei den Weibern den besten Eindruck zu machen, solltest du außer mit Boxershorts nur mit deinem eigenen Blut bedeckt sein. Ein paar Wochen danach kannst du herumerzählen, dass du jetzt UFC-Fighter bist.

- Forrest und Big John waren beim Training und Sparring ziemlich oft betrunken. Sie dachten sich, dass sie höchstwahrscheinlich betrunken sein würden, wenn sie in eine Straßenschlägerei gerieten, und darauf wollten sie vorbereitet sein.

Ein ernstes Wort zur Ernährung

Gebt nie eine Dose Thunfisch zu den Eiweißen in eurer Pfanne, denn davon stinkt eure Wohnung noch wochenlang nach totem Fisch. Eure Katze wird kirre, Besucher wundern sich, und eure Freundin ist angepisst. Lasst es also lieber bleiben.

Im Käfig zu Hause

Als MMA-Kämpfer müsst ihr natürlich Kampftechniken lernen, die ihr im Käfig anwenden könnt. Weniger naheliegend, aber *fast* genauso wichtig ist es, den Käfig so zu nutzen, dass ihr während des Kampfes im Vorteil seid.

Am wichtigsten ist es, die Orientierung zu behalten. Anders als quadratische Boxringe sind die meisten MMA-Käfige rund, und man weiß schnell nicht mehr, wo man sich befindet. Anstatt den schwer zu fixierenden Maschendraht anzuvisieren, achte ich lieber auf die schwarze Linie auf dem Boden vor dem Zaun. Wenn ich zur Käfigmitte blicke und die Linie genau unter meinen Füßen ist, weiß ich, dass gleich hinter mir der Zaun ist. Ist die Linie unter den Füßen meines Gegners, weiß ich, dass der Zaun gleich hinter seinem Rücken ist. Diese Information ist sehr wertvoll, denn der Käfig kann für oder gegen einen arbeiten.

Steht man erst mal mit dem Rücken zum Zaun, ist ein möglicher Fluchtweg abgeschnitten, und man ist den Attacken des Gegners umso mehr ausgeliefert. Umgekehrt ist der Gegner angreifbarer, wenn er mit dem Rücken zum Zaun steht. Es geht also immer darum, dem Gegner durch gute Beinarbeit so den Weg abzuschneiden, dass er hinter die schwarze Linie ausweichen muss. Das klingt einfacher, als es ist. Es gelingt nur, wenn man die Bewegung des Gegners vorausahnt und reagiert, bevor er es tut. Wer dies beherrscht, kann den Gegner nach Belieben ausmanövrieren.

Steht der Gegner erst einmal mit dem Rücken zum Maschendraht, kann es ohne rechtwinklige Ecken schwierig sein, ihn an einer Stelle festzuhalten. Deshalb sollte man den Moment nutzen und eine Kombination loslassen oder ihn im Clinch gegen den Zaun drücken. Letzteres eröffnet allerlei offensive Möglichkeiten; beispielsweise kann man sich bücken und seine Beine packen oder Schlagkombinationen aus der kurzen Distanz abfeuern. Wenn der Gegner nicht nach hinten ausweichen kann, sind all diese Kampftechniken noch viel effektiver.

Auch im Bodenkampf kann man den Käfig zu seinem Vorteil nutzen. Ist man in der Oberlage, lässt sich der Bewegungsspielraum des Gegners erheblich einschränken, indem man ihn zum Käfigrand zerrt und seinen Kopf im Maschendraht einkeilt. Früher wurden sehr viele MMA-Kämpfe auf diese Weise gewonnen, doch in den letzten Jahren sind die Kämpfer wahre Meister darin geworden, sich mit dem Rücken gegen den Zaun zu stemmen und wieder auf die Beine zu kommen. Diese Technik müsst ihr unbedingt lernen, aber seid vorsichtig damit. Als ich sie in meinem Kampf gegen Hector Ramirez anwenden wollte, traf mich seine Faust seitlich im Gesicht, und mein Ohr verfing sich auf dem Weg nach oben im Maschendraht. Das tat irre weh. Daher mein Tipp: Segelohren einklappen.

Neben den Offensivtechniken, die ihr anwenden könnt, wenn der Gegner mit dem Rücken zum Zaun steht, braucht ihr natürlich auch Defensivtechniken für den Fall, dass er euch gegen den Zaun drückt. Versucht, eure Arme unter seinen Achseln hindurchzubekommen, bevor er das bei euch machen kann. Gelingt euch das nicht, und er schafft doppelte Underhooks und schließt die Hände hinter eurem Rücken, dann hat er euch im Body Lock und kann die übelsten Sachen mit euch anstellen. Zum Beispiel kann er euch hochheben und auf den Kopf stürzen lassen. In den Body Lock zu geraten sollte man unbedingt vermeiden, aber dennoch muss man auf den Fall der Fälle vorbereitet sein.

Wenn ich mich mit dem Rücken zum Zaun im Body Lock befinde, wende ich eine Technik an, die Tito Ortiz einmal meinem früheren Trainer Rory Singer gezeigt hat. Sie nennt sich *back scratch*, »Rückenkratzen«: Man reibt den Rücken am Maschendraht hoch und runter. Da der Gegner seine Hände im unteren Rücken verschränkt hält, reiben seine Knöchel schmerzhaft am Maschendraht entlang, und er muss seinen Griff lockern. Falls das nicht funktioniert und der Gegner euch für einen Takedown hochhebt, gibt es noch zwei Möglichkeiten: 1) Man lässt ihn gewähren und arbeitet sich am Zaun wieder auf die Beine oder gewinnt mit einem Sweep die Oberhand. 2) Man klammert sich am Maschendraht fest und verhindert so den Takedown. Das ist zwar laut MMA-Reglement nicht erlaubt, aber wenn ihr im Bodenkampf keine Chance habt, ist es manchmal die einzige Möglichkeit. Der Ringrichter wird euch wegen des Regelverstoßes wahrscheinlich einen Punkt abziehen. So erging es jedenfalls Tito, als er sich im Kampf gegen Rashad Evans an den Zaun klammerte, um von Evans nicht zu Fall gebracht zu werden. Nach dem Kampf meinte Tito zu diesem Manöver: »Wenn du nicht mogelst, gibst du nicht alles.« Da würde ich ihm zustimmen. Lieber bin ich Schummler als Verlierer. Ich hasse es abgrundtief zu verlieren. Wenn man mich vor die Wahl stellen würde, an einer Aufgabe zu scheitern oder die Eier mit einem Hammer geplättet zu bekommen, würde ich wahrscheinlich den Hammer nehmen … Ich hätte es jedenfalls genauso gemacht wie Tito Ortiz.

Back to Basics

(oder: Spart euch die Headkicks für die Disco, ihr Angeber)

Ein paar Jahre lang habe ich mit einem Personal Trainer trainiert, der mir alle möglichen neumodischen Trainingsmethoden nahegebracht hat: Core-Training, Kettlebells, Krafttraining mit Gummibändern. Obwohl ich bei jedem dieser Workouts etwas gelernt habe, kam ich letztlich zu dem Schluss, dass zu viele Gimmicks einen nicht weiterbringen. Sich auf die Basics zu konzentrieren ist viel nützlicher. Man sollte sich erst mal eine solide Grundfitness mit dem guten alten Krafttraining erarbeiten und höchstens ergänzend mit Kettlebell oder Gummiband trainieren. Das Gleiche gilt fürs Kämpfen. Wenn ihr nur einen Spinning-Headkick oder ähnliche Angebertechniken übt, werdet ihr im Ring nicht weit kommen. Habt ihr also die Wahl, solltet ihr euch immer für die grundlegende Technik entscheiden. Eine gute rechte Gerade bringt euch im Oktagon weiter als ein Crescent-Kick, ebenso hilft eine saubere Grundposition mehr als allerlei raffinierte Submissions. Auf dieser Basis könnt ihr euren Kampfstil immer noch mit irgendwelchen extravaganten Moves verfeinern. Baut euren Stil nur nicht auf solchen Bruce-Lee-artigen Kampftechniken auf.

Bitte nachsprechen: Ich bin unbesiegbar

Wenn der Gegner euch richtig heftig auf die Fresse haut, dürft ihr keinesfalls den Kopf schütteln, um wieder klar zu werden. Ihr seid hier nicht beim Tennis oder beim Golf, wo man sich gehen lassen kann. Scheißegal, wie sehr euch die Ohren klingeln – wenn ihr den Kopf schüttelt, sagt ihr dem Gegner: »Das tat weh, schlag doch bitte gleich noch mal zu.« Mit dem Kopf nicken solltet ihr auch nicht; das ist eine schlechte Angewohnheit, die man sich aneignet, wenn man mit Freunden Sparring macht. Ich habe es früher ständig getan, aber es bestätigt den Gegner nur in dem, was er tut. Ihr dürft euch nie anmerken lassen, wie weh es tut. Wanderlei Silva ist das perfekte Beispiel für einen absolut undurchschaubaren Kämpfer (denkt bloß nicht, dass ich auf Wandy abfahre – okay, okay, vielleicht doch). Selbst wenn man ihn mit einem Müllwagen überfahren hätte, würde er sich aufrappeln und rufen: »Wie, mehr hast du nicht drauf? Weichei!« Noch besser ist aber Fedor Emelianenkos Gesichtsausdruck, denn er wirkt immer, als wüsste er gar nicht, dass er gerade kämpft.

»Forrest, Forrest …«

Im Käfig hat man zwei Möglichkeiten, das Publikum für sich zu gewinnen. Die erste besteht darin, einer der besten Kampfsportler der Welt zu sein. Ein guter Kämpfer zu sein reicht nicht, ich spreche von Weltklassekämpfern wie Anderson Silva. Man muss beim Kämpfen so gut aussehen, dass es für alle völlig mühelos wirkt, so, als wäre man noch zu viel mehr fähig, wenn man nur wollte, doch würde man erst mal richtig loslegen, gäbe es reihenweise Tote. Die Leute verehren solche Kampfsportler, wie einst Chuck Liddell einer war; leider vergessen die Zuschauer aber auch schnell wieder.

Falls ihr nicht zu den herausragenden Helden mit makellosem, ausgefuchstem, ja beinahe katzengleichem Kampfstil gehört, solltet ihr lieber auf Technik statt Ästhetik setzen. Macht es lieber so wie ich, und präsentiert euch als einen, der immer alles gibt. Zeigt in jeder einzelnen Bewegung Einsatz und Mühe. Die Zuschauer sind schnell auf der Seite von Kampfsportlern dieses Typs, weil sie wie Rocky Balboa »Männer des Volkes« sind. Versucht also, bei *jedem* Kampf als Underdog aufzutreten. Stellt euch in den Interviews vor dem Kampf nicht als großen Kampfsportler dar, sondern bringt die Leute durch eure umgängliche Art dazu, Emotionen in euch zu investieren. Wo immer ihr auch seid, erzählt den Leuten, dass sie die schönsten Frauen der Welt haben. Und beachtet die örtlichen Moralvorstellungen und Bräuche: Seid ihr zum Beispiel in Alabama, dann solltet ihr euch Witze über Inzucht verkneifen. Das nehmen die dort sehr persönlich.

Wie man das Publikum *nicht* für sich gewinnt

1. indem man es bespuckt, bepinkelt oder sonst wie besudelt. (Glaubt es mir einfach.)
2. indem man das örtliche Wetter, die Frauen der Gegend oder das landesübliche Essen verunglimpft. Wenn es euch jedoch gelingt, alle drei in nur einem Satz zu schlechtzumachen, gibt es Bonus-

punkte. Ihr könntet zum Beispiel sagen: »Bei dem Scheißwetter und dem üblen Fraß wachsen hier offenbar echt hässliche Weiber, ich hab nämlich in diesem Kaff schon einige Bratzen rumlaufen sehen.« Wenn es sich bei dem Kaff um eine Provinzhauptstadt handelt, gibt es noch mal Extrapunkte. Zwar gewinnt ihr so nicht das Publikum, aber dafür meine Hochachtung und vielleicht sogar ein paar Karten für meinen nächsten Kampf.

3. indem ihr gegen einen ausländischen Kampfsportler in seinem Land antretet. Wenn ihr gegen Georges St-Pierre in Montreal gebucht werdet oder gegen Michael Bisping in England, dann gebt ihr euch am besten gleich als Geisteskranker aus.
4. indem ihr euren Tiefschutz in die Menge werft, als handelte es sich dabei um ein begehrtes Souvenir. Tut ihr es trotzdem, und dem Publikum gefällt es, streicht diese Stadt von der Liste eurer »100 potenziellen Urlaubsziele«.

Gewalt ist keine Lösung
(aber eine nette Art, Leute kennenzulernen)

Eine Schlägerei auf der Straße - egal, ob es um Geld, Territorium oder ein Auto geht (ihr Autonarren) - ist etwas völlig anderes als ein professioneller Kampf im Ring oder im Käfig. Auf der Straße gibt es schlicht und einfach keine Regeln. Euer Gegner kann euch in die Eier treten, euch die Nase abbeißen, die Ohren abreißen oder euch mit seinem Unflat bewerfen wie ein wütender Brüllaffe. Wenn ihr dagegen wie ein Gentleman kämpft und nach dem Queensberry-Reglement boxt, könntet ihr am Ende die Klöten im Hals stecken haben. Deshalb hier mein Ratschlag für Straßenschlachten: Kopf einziehen, Hände vors Gesicht und dann so schnell wie möglich Faustschläge austeilen. Dabei nie zurückweichen - immer vorrücken! Wenn der Abstand dafür zu kurz wird, könnt ihr die Ellbogen einsetzen. Falls es dafür zu eng ist, macht mit Kopfstößen weiter. Blindwütige Aggression ist das beste Mittel, um eine Schlägerei zu gewinnen, das kann ich aus eigener Erfahrung sagen. .... Moment mal! Ich selbst habe haufenweise Schlägereien verloren!

Wichtig ist auch, nicht zu zögern. Wenn eure Sozialkompetenz nicht völlig gestört ist, merkt ihr ja, wenn eine Schlägerei in der Luft liegt. Ich rede nicht von dem Fall, dass jemand euch anpöbelt, denn das kommt ständig vor und führt selten zu Handgreiflichkeiten. Ich meine den Fall, dass ein Typ die Hände hebt, den Kopf einzieht und mit entschlossenem Blick auf euch zukommt. Instinktiv wissen wir doch alle, was das bedeutet. Trotzdem habe ich unzählige Male mitansehen müssen, wie der Angegriffene den ersten Schlag tatenlos eingesteckt hat. In so einer Situation hat man nur zwei Möglichkeiten – Kampf oder Flucht. Entscheidet man sich fürs Kämpfen, sollte man schnell, heftig und ohne Gnade zuschlagen. Ich habe in Schlägereien schon mehrmals nur *halbherzig* gekämpft, was einfach nur dumm ist, und zwar aus zwei Gründen: Erstens gibt man so dem Angreifer die Möglichkeit zu treffen, und zweitens zögert man den Kampf nur hinaus und erhöht damit das Risiko, verhaftet zu werden. Wenn es losgeht, geht's los. Schlagt schnell zu, schlagt hart zu, und dann macht euch vom Acker.

Habt ihr wie die meisten Menschen eine tiefe Abneigung gegen Gewalt, dann prügelt euch hier und da ein bisschen. Natürlich sollt ihr jetzt nicht einfach irgendeinen Kerl auf der Straße ohrfeigen, der gerade mit seiner Familie essen gehen will – das wäre echt krank. Aber ihr werdet überrascht sein, wie leicht ihr bereitwillige Mitspieler findet, wenn ihr in Prügellaune seid. Neulich beispielsweise saß ich in einer Bar in Athens, Georgia, als ein junger Kerl zu mir rüberkam und mich schräg anschaute.

»Hey, ich würd mich gern mit dir prügeln«, sagte er.

»Echt?«

»Echt.«

»Cool«, meinte ich. »Wir treffen uns in fünf Minuten auf dem Klo.« Für die anderen Barbesucher klang das wahrscheinlich ziemlich schwul (ich meine homosexuell schwul).

Nach ein paar Minuten gehe ich also zum Klo, und tatsächlich wartet er dort auf mich. Ich gehe zum Waschbecken, nehme meine Uhr ab, lege sie in meine Mütze und die Mütze ins Waschbecken. Ich schüttele meine

Arme aus in der Erwartung, dass der Junge Schiss bekommt und so etwas sagt wie: »Hey, war nur 'n Gag.« Schließlich ist er eher schmal gebaut und sieht aus, als hätte er nicht viel zu bieten. Ich warte erst mal ab und sehe plötzlich, wie er die Hände hochnimmt und zu tänzeln beginnt. Mist, denke ich, *der Junge hat Ahnung vom Boxen. Er weiß offenbar, was er tut.* Ohne zu zögern greife ich ihn an. Dabei habe ich gar nicht bemerkt, dass mein Kumpel Vern am Pissoir steht und sich gerade erleichtert. Wir krachen gegen ihn, sodass die Pisse nur so umherspritzt. Um Vern nicht weiter zu stören, ziehe ich den Jungen in den Clinch, er drückt mich gegen die Wand, und ich bearbeite seinen Körper, so hart ich kann, mit beiden Fäusten. Schließlich lande ich einen guten Treffer, er stößt ein Murmeln aus und sinkt zusammengekrümmt zu Boden. Ich gehe zum Waschbecken, ziehe Uhr und Mütze wieder an und gehe zurück zur Bar.

Dort erzählte ich meinem Freund Rory von meinem Erlebnis, aber er wollte es nicht glauben. »Du bist doch kein Depp, der Prügeleien auf dem Kneipenklo anfängt«, sagte er. »So dumm kannst du gar nicht sein.«

»Doch, bin ich«, erwiderte ich.

Nach ein paar Minuten kam der Junge auf mich zu und reichte mir ein Bier: »Ich hab gesehen, dass du New Castle trinkst, und möchte dir eins ausgeben.«

»Das ist der Junge, mit dem ich gerade gekämpft habe«, erklärte ich Rory.

»Einfach so?«, fragte Rory den Jungen.

»Klar doch.«

Das alles hatte etwas sehr Lässiges. Niemand war ernsthaft verletzt worden, und keiner musste sich schlecht fühlen. Das Ganze war so gut verlaufen, dass ich später an jenem Abend, als mich ein betrunkener Student in einer anderen Bar zum Ringkampf herausforderte, auch dieses Angebot annahm. Der Witz an der Sache: Als ich ein Jahr später wieder in Athens war und im Hardcore-MMA-Studio vorbeischaute, sah ich beide Typen dort trainieren. Ich bin mir ziemlich sicher, dass sie sich nach unserer Begegnung angemeldet haben; eigentlich hätte ich von dem Studio

Provision verlangen sollen. Die Moral von der Geschichte ist jedenfalls, dass Schlägereien keine große Sache sind. Angst sollte euch also nicht daran hindern, euch selbstbewusst im Nachtleben zu bewegen. Wenn ihr Dresche bezieht, na und? Ein blaues Auge verschwindet wieder, und eine gebrochene Nase lässt sich richten. Angst ist etwas Gutes, denn sie kann euch das Leben retten, aber wenn sie übermächtig wird, dann müsst ihr euch der Angst stellen ... Und übrigens: Solltet ihr mal verlieren oder einen Messerstich abbekommen, behaupte ich einfach, ich hätte euch gesagt, dass Schlägereien total doof sind.

Selbstverteidigungstipp für die Damen
(und für angehende Häftlinge)

Eines der schönsten Erlebnisse meines Lebens war, als ich einen Selbstverteidigungskurs für Jurastudentinnen an der University of Georgia abhalten durfte. Ich hatte es mit etwa 30 scharfen Mädels in Trainingsklamotten zu tun, die so tun sollten, als ob sie einander vergewaltigen wollten. Ich feuerte sie an: »Schön weiter vergewaltigen, meine Damen!« Aber mal im Ernst: Es ist wichtig, dass Frauen ein Minimum an Selbstverteidigung lernen, um sich vor den sabbernden Perverslingen dieser Welt zu schützen. Für die drei Frauen unter den Käufern dieses Buchs beschreibe ich im Technikteil die Aufsteh-Methode (siehe Seite 193 und 197), mit der man sich aus der Rückenlage befreien kann (Und auch die Jungs, die meinen Rat, ihre Ängste durch Schlägereien zu überwinden, beherzigt haben und deshalb jetzt in den Knast wandern, sollten diese Technik erlernen, um die unausweichliche männliche Zuneigung, die ihnen dort zuteilwerden wird, abzuwenden oder wenigstens *hinauszuzögern.*)

Trainieren, bis der Arzt kommt?

Wenn euch das Kämpfen wirklich am Herzen liegt, werdet ihr alles tun, um euch auf einen wichtigen Kampf vorzubereiten. Möglicherweise steht eure Karriere, für die ihr jahrelang hart gearbeitet habt, auf dem Spiel; da ist die Versuchung groß, drei- oder viermal am Tag zu trainieren. Das kann manchmal sinnvoll sein, aber es ist wichtig zu erkennen, wann es zu viel wird. Wenn ihr die Signale eures Körpers ignoriert und euch über die Maßen quält, richtet ihr nämlich mehr Schaden als Nutzen an.

Einige Symptome von Übertraining

1. Ihr fühlt euch schwächer als je zuvor.
2. Ihr schlaft schlecht.
3. Ihr habt wenig Appetit.
4. Ihr nehmt ungewöhnlich viel ab.
5. starke Muskelschmerzen und -krämpfe.
6. deutlicher Leistungsabfall.
7. außergewöhnlich hoher Ruhepuls beim Aufwachen. (Um eine auffallend hohe Herzfrequenz zu bemerken, braucht ihr einen Vergleichswert, den ihr im normalen Trainingsalltag gemessen habt.)
8. verringerter Sexualtrieb.

Selbst wenn nur einige dieser Punkte auf euch zutreffen, seid ihr entweder übertrainiert, oder eure besten Freunde heißen Ben und Jerry, und ihr trefft euch mit ihnen am liebsten auf dem Sofa (bah, ist das fies). Aber da ich keine Ahnung habe, wie man fette Menschen dazu bringt, ihre Orangenhautärsche vom Sofa wegzukriegen, diagnostiziere ich einfach mal »übertrainiert«, denn darüber weiß ich Bescheid, seit sich einmal »ein Bekannter von mir« in dieser misslichen Lage befand …

Ganz mit dem Training aufzuhören ist nicht der richtige Weg zur Wiederherstellung eurer Manneskraft, meine Herren. Stattdessen solltet ihr eine Pause einlegen und die anstrengendsten Übungen eures Trainingsplans reduzieren und durch Regeneration ersetzen. Wenn die Erschöpfung oder der Muskelkater den ganzen Körper betrifft, solltet ihr Ganzkörpertraining auf dem Crosstrainer oder Versaclimber, das sowohl Arme als auch Beine fordert, vorziehen. Die ideale Herzfrequenz liegt dabei zwischen 100 und 120 Schlägen pro Minute und sollte über längere Zeit hinweg eingehalten werden. Auf diese Weise wird die Durchblutung der Gliedmaßen angeregt. Die Trainingsintensität bemisst sich an der Herzfrequenz, und bei Werten bis zu 120 Schlägen pro Minute wird der Körper nur leicht beansprucht. Bei höherer Herzfrequenz ändert sich der Energieumsatz. Oberhalb der restaurativen Trainingszone wird die Herzleistungsfähigkeit trainiert. Wird auch dieser Pulsbereich überschritten, beginnt das aerobe System zu arbeiten, und bei extrem hoher Herzfrequenz wird das Training anaerob. Normalerweise ist es für ein effektives Trainieren wichtig, die Herzfrequenz immer wieder hochzutreiben, aber *bis euer Erschöpfungszustand überwunden ist, solltet ihr in der restaurativen Zone bleiben.*

Wenn die Ermüdung nur einen bestimmten Muskel betrifft, wählt eine Übung mit der gleichen Bewegung, die den Muskelkater verursacht hat, und führt sehr viele Wiederholungen aus (das gilt nicht fürs Wichsen, ihr Schweine). Genau wie beim Ganzkörpertraining sollte die Herzfrequenz dabei zwischen 100 und 120 liegen. Durch dieses kontinuierliche, aber wenig intensive Training wird die Durchblutung des betroffenen Gewebes angeregt. Bei Muskelkater in den Brust- oder Armmuskeln solltet ihr beispielsweise Bankdrücken nur mit der Hantelstange ausführen. Das eingesetzte Gewicht richtet sich natürlich nach eurer Kraft. Allerhöchstens sollte es 30 Prozent eurer Maximalleistung betragen, sodass der Muskel zwar angeregt, aber nicht übermäßig beansprucht wird. Wenn ihr euch daran haltet, könnt ihr ziemlich bald wieder zum Hardcore-Training zurückkehren.

Zusätzlich zum restaurativen Training solltet ihr euren Körper verwöhnen, wenn ihr übertrainiert seid. Ich selbst befolge die RICE-Methode. Das Kürzel bedeutet *rest, ice, compression, elevation* – also Ruhe, Eis, Druck, Hochlagern – das Credo eines jeden Footballtrainers. Kommt man mit einem gebrochenen Fuß zu einem Footballtrainer, sagt er nur: *»Rice it, baby!«* Wenn mir die Gelenke wehtun, mache ich mir oft ein Eisbad, denn dadurch ziehen sich die Muskeln zusammen, und das Laktat wird abtransportiert. Wenn ihr in eine Badewanne voller Eis steigt, schrumpfen euch Schwanz und Eier (in meinem Fall Schwanz und Ei – ja, ich habe nur eins) zu einem soliden Klümpchen kaltem Putenaufschnitt zusammen, aber anschließend fühlt ihr euch erfrischt. Ich nehme zudem Wechselbäder, indem ich zwischen kalter Wanne und heißer Dusche hin- und herwechsle.

Egal, ob ihr euch für eine Profikarriere entschieden habt, lieber Amateurkämpfer bleibt oder einfach nur einen Waschbrettbauch haben wollt, wo jetzt ein Haufen Keksteig schwabbelt, ihr müsst euch um euren Körper kümmern. Das mag zeitraubend und oft unbequem sein, aber es ist absolut unerlässlich. Ach, und ihr Möchtegern-Profikämpfer, wenn ihr in eurem halben Hirn von Ruhm und Ehre träumt, wenn ihr in den Kampf zieht, habt ihr den falschen Beruf erwischt.

Training ist wie ein flotter Dreier
(Am besten hat's der in der Mitte)

Mich macht die Vorstellung von zwei Mädels und einem Forrest genauso an wie euch, Alex, Andreas, Benny und Boris. (Woher ich eure Namen weiß? Wahrscheinlich hattet ihr Eltern, die sich nur die erste Seite des Babynamenbuches leisten konnten, da gibt's nicht viel zu raten.) Aber in diesem Abschnitt geht es nicht im Entferntesten um Sex, und wenn ihr das nicht kapiert, habt ihr wohl mal wieder die Schmuddelecke der Bahnhofsbuchhandlung mit der Ratgeberabteilung verwechselt.

Für einen erfolgreichen MMA-Kämpfer ist es extrem wichtig, mit den richtigen Jungs zu trainieren. Ihr solltet weder der Beste noch der Schwächste in der Gruppe sein. Wenn ihr der Beste seid, habt ihr niemanden, der euch fordert, und ihr kommt nur langsam voran. Unter Umständen sogar gar nicht. Andererseits solltet ihr auch nicht der Schwächste im Studio sein, denn dann erlebt ihr eine Demütigung nach der anderen. Das entmutigt und führt dazu, dass euer Kampfstil nur aus Defensivtechniken besteht. Im Idealfall liegt ihr genau in der Mitte. Bei Xtreme Couture tue ich das. Ich trainiere dort Positionen und Submissions mit weniger erfahrenen Jungs, ringe aber auch mit Robert Drysdale, einem Jiu-Jitsu-Kämpfer von Weltniveau. Ich koste kleine Siege aus und bleibe dadurch motiviert, erlebe aber auch Niederlagen, die mich so ärgern, dass ich mich im Training noch mehr fordere.

Irgendwann seid ihr vielleicht der Leitwolf im Studio, und diesen Wachwechsel dürft ihr nicht verschlafen. Wenn das passiert, müsst ihr Trainingspartner finden, die besser sind als ihr. Wenn Randy Couture für einen Kampf trainiert, holt er sich Kämpfer, die ihm in bestimmten Aspekten überlegen sind. Falls ihr in eurer Umgebung niemanden findet, besteht die zweitbeste Methode darin, rundenweise frische Kämpfer einzuwechseln. Wenn ihr außer Atem seid, kann euch auch ein halb so guter Kämpfer plattmachen, was euch wiederum stärkt. Ich weiß, wie gut es tut, der beste Kämpfer einer Gruppe zu werden, denn das ist der Lohn für all die Mühen, die ihr investiert habt. Aber wenn ihr Profikämpfer seid, zählen nur Siege im Ring. Im Training geht es darum, zu lernen und zu wachsen. Ihr müsst euch dazu zwingen, an eure Grenzen zu gehen und nie aufzugeben. Und das gelingt nur, wenn ihr oft genug fertiggemacht werdet.

An den Schwachstellen arbeiten

Die meiste Willenskraft erfordert die Arbeit an den Schwachstellen eures Kampfstils. Was mich angeht, ist Ringen der Teil von MMA, in dem ich am schlechtesten bin. Anders als die meisten Kampfsportler habe ich nicht schon im Alter von zwei Jahren mit dem Ringen angefangen, deshalb sind meine Muskeln nicht so beweglich, und ich bin beim Ringen furchtbar schnell erledigt. Ich habe es daher lange gemieden, als wäre es die Krätze.

Als ich den Kampfsport zu meinem Beruf machte, wurde mir schnell klar, wie wichtig es ist, an seinen Schwachstellen zu arbeiten. So zwang ich mich dazu, regelmäßig zu ringen. In den letzten drei Jahren habe ich deutliche Fortschritte gemacht. Allerdings wären mir viel größere Erfolge gelungen, wenn ich nicht jahrelang Ausflüchte dafür gefunden hätte, um mich vor dieser nutzbringenden Arbeit zu drücken. Die Ausflüchte kamen in Form von Verletzungen. Wenn mir mein Ellbogen Ärger bereitete, ließ ich als Erstes das Ringtraining sausen. Klar, dass ich mich durch das Box- und Jiu-Jitsu-Training quälte, aber wenn es ans Ringen ging, tat mir der Ellbogen plötzlich furchtbar weh. »*Verdammt*«, dachte ich, »die Verletzung braucht Ruhe. Kann ja mit dem Ringen weitermachen, wenn es wieder besser geht.«

Das Problem dabei ist, dass man als MMA-Profi ständig verletzt ist und deshalb immer eine Ausrede hat, um die unangenehmsten Teile des Trainings zu schwänzen. Ich bin nicht der Einzige, der das macht - ich erlebe es auch ständig bei anderen Kämpfern. Als Kale Yarbrough bei *Ultimate Fighter* mitgemacht hat, war sein Knie verletzt. Er ist vor allem Boxer, und an den Tagen, an denen wir den Kampf im Stehen trainierten, war er trotz Schmerzen voll dabei. An den Jiu-Jitsu-Tagen machte er Pause und kümmerte sich um seine Knie.

Wenn euer nächster Kampf erst in vier oder fünf Monaten stattfindet, ist dies der falsche Ansatz. Die kampffreie Zeit solltet ihr nutzen, um eure Schwächen auszubessern. Etwa zwei Monate vor einem Kampf solltet ihr eure Schwächen aber Schwächen sein lassen und euch stattdessen auf kampfspezifische Techniken konzentrieren. Wenn mir zum Beispiel ein Kampf gegen einen Ringer bevorsteht, arbeite ich zwei Monate vorher nur daran, durch Sprawling aus dem Takedown zu entkommen und wieder aufzustehen. Ich nehme mir Ringer als Sparringspartner und übe mich darin, sie zu schlagen, wenn sie näher kommen, und sie zu treten, wenn sie sich zurückziehen. Aber mit Ringen beschäftige ich mich nicht, denn das möchte ich ja im Kampf um jeden Preis vermeiden.

Man muss Opfer bringen, um voranzukommen. Wenn bei euch auch das Ringen die größte Schwachstelle ist, geht zum Ringtraining und lasst das Boxtraining sausen. Wenn ihr schlecht im Kickboxen seid, müsst ihr eben zum Kickboxen gehen und dafür beim Ringen aussetzen. Ich habe mir diese Strategie zu eigen gemacht, und auch wenn sie manchmal schwer durchzuhalten ist, habe ich meine Schwächen dadurch deutlich verbessern können.

2. KAPITEL

Das Mentale

Wir sterben vor lauter Nachdenken.
Anthony Hopkins

Wer zu spät kommt, ist ein Volldepp.
geklaut von jemandem, den Forrest einmal verprügelt hat (höchstwahrscheinlich)

Wenn man zu lange und zu viel über eine Sache nachdenkt, verbockt man sie mit Sicherheit. Nehmen wir beispielsweise an, das Mädel, in das ihr seit der zweiten Klasse verknallt seid, torkelt während einer Party auf euch zu und flüstert euch ins Ohr: »Kannst du mich bitte vögeln, bis ich Sterne sehe?« Was macht ihr? Ihr geht mit ihr an ein ruhiges Örtchen und nehmt die Kleine richtig ran. Sie bekommt alles, was ihr zu bieten habt, und nachher fühlt ihr euch königlich. Jetzt gehen wir aber mal davon aus, dass das Mädel an einem Montagnachmittag zu euch kommt und sagt: »Kannst du mich auf der Weihnachtsfeier am Wochenende bitte ficken, bis der Arzt kommt?« Wenn ihr wie die meisten Männer seid, lächelt ihr sie an, tätschelt sie souverän am Hintern und beginnt augenblicklich damit, einen Plan auszuhecken, wie ihr sie glücklich machen könnt. Nur leider wird euch ziemlich sicher keine brauchbare Strategie einfallen, und ihr lasst das Pläneschmieden deshalb wieder sein. Spontaneität könnte ja auch zielführend sein. Doch nein, das wäre ja viel zu einfach, und so spielt ihr das Szenario in Gedanken wieder und wieder durch, vielleicht entwerft ihr sogar Diagramme. Bis zum Freitagnachmittag werdet ihr die Szene so oft durchgegangen sein, dass ihr schon ganz wirr im Kopf seid. Ihr werdet euch fragen, ob ihr sie überhaupt befriedigen könnt. Wenn es dann endlich Zeit zum Vollzug ist, haben euch eure Versagensängste längst zur Strecke gebracht. Zwischen ihren Beinen wartet plötzlich eine düstere, fremde Welt, die ihr auf der Suche nach dem G-Punkt blindlings durchstolpert. Das Mädel erlebt euch an eurem absoluten Tiefpunkt, und ihr fühlt euch nachher wie ein bescheuerter Schlappschwanz.

Das Gleiche kann passieren, wenn man einen Kampf zu sehr überdenkt. Als kleiner Junge gewann ich meine allererste Prügelei, weil ich gar nicht dazu kam, analytisch zu denken. Der übelste Schlägertyp der Schule kam auf mich zu und schlug mir ins Gesicht. Ich reagierte, indem ich ihn ansprang und zu Boden warf. Damals hatte ich noch keine Ahnung von der Mount-Position, in der ich mich plötzlich befand. Dann gab ich ihm ein paar heftige Kopfstöße ins Gesicht, bis er blutete und in Tränen ausbrach. Die Lehrer zerrten mich von ihm weg, schienen aber nicht böse auf mich zu sein. Dazu waren sie zu verblüfft. Ich war eigentlich ein stiller, sanftmütiger Junge und hatte soeben den Schulhoftyrannen windelweich geschlagen. Sogar die Direktorin war erschrocken; sie sagte nur: »Mach das nicht noch mal.«

Ich tat es auch nicht noch einmal, aber nicht deshalb, weil ich es falsch fand zu kämpfen. Ich war der einzige hellhäutige Schüler in Monosana, einer ansonsten komplett farbigen Schule. (Ich weiß, das ist ziemlich ausgelutscht. Sollte ich Eminem je treffen, kriegt er eine rein, weil er mir meine »Einziger Weißer«-Geschichte versaut hat.) Wäre ich eine Kampfmaschine gewesen, hätte ich mir eine Menge Ärger erspart. Ich habe nur deshalb nicht mehr ausgeteilt, weil mir einfach niemand mehr mit geballten Fäusten entgegengetreten ist. Sie sind mir immer nur mit dummen Sprüchen gekommen, etwa: »Ich hau dir 'n Loch ins Gesicht, du Schwachkopf.« Anstatt mir zu überlegen, ob so etwas überhaupt möglich ist, glaubte ich den Unsinn jedes Mal. Ich dachte: *Herrjeh, der haut mir gleich ein Loch ins Gesicht.* Dabei tat es nichts zur Sache, ob derjenige nur halb so groß war wie ich und noch dazu ein Schwächling. Ich gab einfach immer nach. Wenn derselbe Junge mich angegriffen hätte, hätte ich wahrscheinlich Hackfleisch aus ihm gemacht, aber mit den dummen Sprüchen brachte er mich dazu, über alle möglichen Konsequenzen nachzudenken. Wer will denn schon ein Loch im Gesicht? Noch schlimmer war es, wenn mich jemand schon morgens herausforderte, denn dann saß ich vier Stunden lang im Unterricht und grübelte darüber nach. Bis Schulschluss hatte die Versagensangst einen armseligen Schlappschwanz aus mir gemacht.

Damit euch so etwas nicht passiert, dürft ihr vor einem Kampf nie über mögliche Folgen nachdenken. Schmeißt euren Verstand einfach über Bord. Das ist natürlich meistens schwieriger, als es klingt. Als ich bei der UFC anfing, hatte ich zwar bereits ein paar Kämpfe hinter mir, dennoch dachte ich zu viel über meine ersten UFC-Kämpfe nach. Schließlich war ich nun bei der UFC angekommen und würde hoffentlich vor Millionen von Zuschauern kämpfen. Wenn ich den Arsch voll bekäme, würde es nicht mehr reichen, die fünf im Umlauf befindlichen Videobänder aufzutreiben und zu vernichten, um die Sache aus der Welt zu schaffen. Jede verdammte Niederlage würde mich für immer verfolgen. Ich überdachte jedes kleinste Detail, ging alle Wenn und Aber hundertmal durch, was zur Folge hatte, dass ich nie voll konzentriert war. Ein gutes Beispiel ist mein Kampf gegen Tito Ortiz – ein Kampf, über den ich mir im Vorfeld den Kopf zerbrochen hatte. Das soll nicht heißen, dass ihr euch keine Strategie für einen Kampf zurechtlegen sollt. Ihr müsst eure Hausaufgaben machen, täglich wie ein Besessener trainieren und zäh sein. Solange ihr euch auf diese drei Säulen verlassen könnt, solltet ihr den bevorstehenden Kampf vergessen und euch auf die tägliche Arbeit konzentrieren. Ein Kampf ist nur ein Kampf, also macht ihn mental nicht zu etwas Größerem. Und denkt dran: Euer Leben ist klein und unbedeutend.

Abschottung = Seelenfrieden

(Wie man festen Stuhl bewahrt)

Mixed-Martial-Arts-Kämpfer zu sein gilt bei vielen nicht als richtiger Beruf, und ich muss ihnen zustimmen. Wenn es nämlich einer wäre, würde es mir nur halb so viel Spaß machen. Was aber nicht heißen soll, dass man dabei keinen richtigen Stress hat. Als Anfänger verdient man, wenn überhaupt, 500 Dollar pro Kampf, und wenn man gewinnt, kommen noch mal 500 dazu. Es ist zwar möglich, mehrere Kämpfe im Monat zu absolvieren, aber nur, wenn man sich nicht verletzt. Und bleibt man immer unversehrt, hat man wahrscheinlich stets aufgegeben, sobald es gefährlich wurde. Auf diese Weise ist es fast unmöglich, jemals 1000 Dollar oder mehr pro Kampf zu verdienen. Hat man sich erst mal einen Namen gemacht und bei einer der größeren Shows mitgemischt, wird der Verdienst zwar etwas besser, aber es kommen auch Verpflichtungen wie Autogrammstunden oder Fotoshootings für den Sponsor dazu, und man muss für die Kämpfe im ganzen Land herumreisen. Ganz zu schweigen vom zunehmenden Druck – zwei Niederlagen hintereinander, und schon steckt man wieder in irgendeiner Unterliga.

Zu viel Stress kann eine ganze Reihe von katastrophalen Nebenwirkungen auslösen. Zu den unangenehmsten zählen Gewichtszunahme, Immunschwäche, verringerte Schmerztoleranz, Verstopfung, Ausschlag, Blähungen und gravierende Hodenschrumpfung. Sieht euer Job keinerlei Kontakt mit Menschen vor, sind diese Nebenwirkungen womöglich zu verschmerzen. Aber wenn ihr für Geld in den Ring steigt, ist es denkbar ungünstig, ein fetter, kränklicher Jammerlappen zu sein, der die Hosen voll hat, sich ständig kratzen muss und seine Trainingspartner beim Ringen anfurzt. Wer dann auch noch einen kleinen Willi hat, kann sich gleich die Kugel geben, möglichst mehrfach.

Wenn ihr den Stress an euch heranlasst, könnt ihr nicht richtig trainieren, und wenn das Training schon schlecht läuft, kriegt ihr beim nächsten Kampf erst recht die Hucke voll. Eine Niederlage wiederum erhöht den Druck, und schon bald findet ihr euch als Kirmesboxer in einem Indianerreservat im hintersten Kalifornien wieder. Um dieser Negativspirale zu entrinnen, nutze ich eine Art mentaler Abschottungstechnik. Wenn ich beispielsweise kurz vor dem Training noch mit allerhand unerledigtem Kram beschäftigt bin, schreibe ich alles in einen Planer, den ich auf meinem Büroschreibtisch liegen lasse (der eigentlich mein Esstisch ist). Da ich es aufgeschrieben habe, weiß ich, dass es immer noch da sein wird, wenn ich wiederkomme, und so kann ich alles Notierte im Geiste beiseitelegen. Wenn ihr eure To-do-Liste im Kopf führt, lauft ihr nicht nur Gefahr, wichtige Sachen zu vergessen, sondern schleppt die Liste zudem immer mit euch herum, *auch* beim Training – und vorbei ist es mit der Fähigkeit, sich auf anstehende Aufgaben zu konzentrieren.

Abschottungstechniken setze ich auch ein, um mit der richtigen Einstellung ans Kämpfen, Trainieren und an den Umgang mit Menschen heranzugehen. Sobald ich das Studio betrete, lasse ich den lustigen, netten Forrest draußen und verwandele mich in einen Unsympathen. Wenn dann jemand mit mir über etwas anderes als über das anstehende Training reden will, zeige ich ihm die kalte Schulter. Egal, ob es ein Fan ist, der ein Autogramm möchte, oder mein engster Freund. Wer aufdringlich wird, bekommt die sehr bestimmte Antwort: »Tut mir leid, ich kann jetzt nicht, ich bin nämlich bei der Arbeit. Wir können gerne später reden.« Ich persönlich finde das nicht unhöflich. Wenn ich jemanden bei der Arbeit stören würde, bekäme ich wahrscheinlich die gleiche Antwort. Man könnte einwenden, dass ich als Quasiprominenter auf die Unterstützung meiner Fans angewiesen bin und deshalb andere Bedingungen gelten. Dieser Einwand hat eine gewisse Berechtigung. Wenn mich jemand auf der Straße anspricht, bleibe ich fast immer stehen, um ein paar Worte mit ihm zu wechseln. Ich nehme mir sogar Zeit für eine kleine Plauderei, wenn ich mit Dingen beschäftigt bin, die den meisten Leuten wichtig sind, zum Beispiel ... sagen wir mal ... mit dem Kauf eines Eherings. Wenn ich nicht gerade trainiere, bin ich der umgänglichste Mensch der Welt. Es ist zugegebenermaßen ein krasser Gegensatz, im einen Moment der intensiv konzentrierte Kämpfer zu sein und im nächsten zwanglos Konversation zu betreiben. Ich bewerkstellige dies mit einer Technik namens Verbaljudo. Meine Vorgesetzten bei der Polizei in Georgia haben mir diese Technik beigebracht – für den Fall, dass irgendwelche Idioten während des Protokollschreibens nervtötende Fragen stellen wie: »Ist die Pistole echt?« Verbaljudo besteht im Prinzip darin, dass man ein Wort laut oder nur in Gedanken ausspricht, mit dessen Hilfe man schnell zwischen unterschiedlichen Situationen umschalten kann, ohne dass einem der Kragen platzt. (Es sollte ein friedvolles Wort oder Geräusch sein, zum Beispiel »Wuuuuusaaaaa«. Auf keinen Fall darf es etwas Aggressives sein wie: »Ich hack dir gleich dein Auge aus!«) Ich bemühe mich jedenfalls, in der Öffentlichkeit umgänglich zu sein, aber beim Training blende ich die Außenwelt möglichst aus. Wenn ihr im Kampfsport Erfolg haben wollt, muss das Studio euer Allerheiligstes sein, es muss der Ort sein, an dem ihr euren inneren Mann rauslasst. Und mit dem »inneren Mann« meine ich jetzt nicht euren Penis. Ich meine den bösen Geist, der in euch wohnt.

Diese Art von Abschottung funktioniert auch umgekehrt. Wenn ich nach dem Ende des Trainingstages aus dem Studio komme, lasse ich gedanklich alles, was mit dem Kampfsport zu tun hat, hinter mir. Psychologen raten ja häufig dazu, im Bett nichts anderes zu tun, als zu ficken und zu schlafen, und da kann ich nur aus vollem Herzen zustimmen. Ich gehöre nicht zu den Leuten, die ihre Wohnung mit UFC-Souvenirs dekorieren. Außerhalb des Studios trage ich keine Trainingsklamotten und rede mit meinen Freunden auch nicht übers Kämpfen. So, wie ich vor dem Training eine Liste mit allen offenen Rechnungen erstelle und auf dem Schreibtisch liegen lasse, notiere ich alles, was ich noch zur Vorbereitung für den nächsten Kampf tun muss, in einem Plan, den ich im Studio aufbewahre. Auf diese Weise kann ich mich auf meinen Alltag konzentrieren und dadurch Stress reduzieren. Wenn ich an mein Zuhause denke, kommen mir meine Katzen in den Sinn, meine Freundin, gutes Essen und Spielfilme. Ich schaue mir noch nicht einmal die Videomitschnitte der Kämpfe meiner Gegner zu Hause an – das mache ich im Studio zwischen den Trainingseinheiten. Vom ganzen Tag ist mir die Stunde vor dem Schlafengehen die liebste. Dann liege ich mit meiner Freundin herum, schaue fern und esse Junkfood. Da macht es nichts, wenn ich das mieseste Training aller Zeiten hinter mir habe. In dieser Stunde existiert der Kampfsport nicht.

Wenn ihr diese Art der Abschottung praktiziert, heißt das nicht, dass ihr eure Identität verleugnet. Steht der Kampfsport in eurem Leben an erster Stelle, bestimmt er natürlich große Teile eurer Persönlichkeit. Es ist wie bei den Polizisten: Man verbringt seine Freizeit höchstwahrscheinlich mit anderen Polizisten, erzählt Polizistengeschichten und geht ein- oder zweimal die Woche schießen. Aber nur weil man Polizist ist, muss man doch seine Polizistenuniform nicht außerhalb des Dienstes tragen. Man muss zu Hause keine Fahndungsfotos aufhängen und abends auch keine Polizeiserien gucken. Ich bin der festen Überzeugung, dass man, um beruflich Außerordentliches zu leisten, eine außerberufliche Identität braucht. Anders kann man den Stress nicht abbauen. Ein schönes Beispiel dafür ist mein Kampf gegen Keizh Jardine. Ich verlor diesen Kampf, und wie man an meinen noch im Ring reichlich fließenden Tränen unschwer erkennen konnte, war ich davon ziemlich erschüttert (ein unmännlicher Ausbruch, so leid es mir tut). Aber bei Gott, als ich zwanzig Minuten später aus der Arena ging, war ich wieder obenauf. Ich lächelte und blödelte mit meinen Kumpels herum. Wenn ich im Abschotten nicht so geübt gewesen wäre oder außerhalb des Sports keine Identität gehabt hätte, wäre ich viel länger am Boden geblieben als nur die wenigen Minuten, in denen ich meinen armen, zerschlagenen Kopf in den Händen hielt. Und es wäre auch viel schwieriger geworden, wieder aufzustehen.

Gastwichser: Big John

Visualisierungstechniken setzt Forrest nicht nur ein, um sich auf Kämpfe vorzubereiten – er benutzt sie auch als Mittel gegen Langeweile. Im Jahr 2000 jobbte er als Türsteher und versuchte zugleich, den Abschluss in zwei Hauptfächern an der University of Georgia zu schaffen. Da er gerade genug für das Allernötigste verdiente, bewohnte er ein Einzimmer-Dreckloch. Und mit Dreckloch meine ich Dreckloch. Der Vormieter war ein Junkie gewesen, der die Wohnung als eine Art Crack-Höhle hinterlassen hatte. Weil der Vermieter die Sauerei nicht beseitigen wollte, bot er Forrest an, ihm die Kaution zu erlassen, wenn er die Wohnung »in unrenoviertem Zustand« bezöge. Forrest ging darauf ein, was sich als gute Entscheidung erwies, denn in dem ganzen Müll fand er eine braune Lederjacke, die er noch heute trägt.

Um seiner Behausung eine persönliche Note zu verleihen, stellte Forrest einen 70er-Jahre-Fernseher auf, dazu kam eine Matratze von Adam Singer. Ich weiß, was ihr jetzt denkt – wie nett das von Adam war, einem bedürftigen Freund zu helfen. Nein, nett war das nicht. Die Matratze war acht Jahre alt und stammte noch aus Adams Junggesellenzeit. Da sie öfter besamt worden war als Courtney Loves Haare, wundert es mich wirklich, dass sie sich keine Beine wachsen ließ und davonspazierte. Nur zwei private Gegenstände hatte Forrest in dieser Wohnung (abgesehen vom Müll des Vormieters), und zwar zwei Bilder. Das eine zeigte Martin Luther King, das andere Clint Eastwood – seine beiden Vorbilder.

Eines Nachmittags gingen Forrest und ich nach dem Training auf einen Proteinshake zu ihm. Während wir auf dem Boden saßen und in den 70er-Jahre-Fernseher glotzten, erzählte er mir auf einmal, dass er sich manchmal einsam fühle und dann mit mir Gespräche führe, auch wenn ich nicht da war. Ich hielt das für einen Scherz, aber er berichtete zugleich von mehreren richtig guten Gesprächen mit mir. Dabei sagte er nicht: »Weißt du noch, als ...« oder »Total witzig, wie du erzählt hast, dass ...«, sondern schwärmte davon, wie klug doch diese und jene Bemerkung meines imaginären Ichs gewesen sei. An diesem Punkt hätte sich ein normaler Mensch vorsichtig in der Wohnung umgeschaut, den 70er-Jahre-Fernseher, die fleckige Matratze auf dem Boden und die zwei Bilder an der Wand wahrgenommen und erkannt, dass er sich in der Wohnung eines angehenden Serienmörders befände – aber ich bin doch selbst auch irgendwie verrückt. So konnte ich nicht anders, als zu lächeln. Ich wusste ja, dass Forrest irre war – mir war nur nicht klar gewesen, wie sehr. Als er etwa ein Jahr später beim psychologischen Einstellungstest der Polizei von Gainesville durchfiel, war ich nicht im Mindesten überrascht.

Forrests Antwort

Es ist schon komisch, dass gerade Big John mich für verrückt hält, denn er ist der verrückteste Typ der Welt. Das kann ich mit ein paar kleinen Anekdoten belegen. Ein paar Tage nach dem Massaker an der Virginia Tech im Jahr 2007 lag er um zwei Uhr nachts nackt und sturzbesoffen im Bett und schaute sich ein Trainingsvideo von Renzo Gracie an. Ihr werdet euch fragen, warum er sich ein Video nackig anschaut, aber John trägt zu Hause prinzipiell keine Klamotten ... Na, dämmert's? Jedenfalls brach in seinem Wohnblock Feuer aus, und die Sprinkleranlage ging los.

Da er Bundespolizist und Waffenliebhaber ist, liegen bei ihm immer allerlei teure Waffen herum. Damit diese keinen Wasserschaden abbekamen, quetschte er seinen nackten 130-Kilo-Körper in eine Jeans, schnallte sich seine M16 über die eine Schulter, seine Schrotflinte über die andere und steckte sich seine beiden Glocks in den Hosenbund, den er wegen seiner mächtigen Wampe nicht zuknöpfen konnte. Zuletzt legte er seine College-Football- und ATT-Championship-Ringe an. Habe ich schon erwähnt, dass er schwarz lackierte Fußnägel hatte? Im Ernst, schwarz lackiert. Anstatt sich nun noch Hemd und Schuhe anzuziehen, holte er sich ein Zwölferpack Bier aus dem Kühlschrank. Mit der Gewissheit, alles Wichtige mitgenommen zu haben, trat er auf den Balkon hinaus und rannte schnell die Feuertreppe hinunter.

Als John hinabstieg, erreichte eine Gruppe Feuerwehrleute gerade den Brandort. Ihnen bot sich folgendes Bild: ein 130 Kilo schwerer, mit Sturmgewehr, Schrotflinte und zwei Pistolen bewaffneter Mann, der ohne Hemd und Schuhe, aber mit schwarzen Fußnägeln und Biervorrat die Feuertreppe heruntergerutscht kommt. Unten angekommen, gab er sich nicht etwa als Gesetzeshüter zu erkennen, sondern lächelte die auf ihn zukommenden Feuerwehrmänner besoffen an. Und das wohlgemerkt, nur zwei Tage nachdem ein Verrückter an der Technischen Hochschule 32 Menschen erschossen hatte. Die Feuerwehrleute dachten sofort, dass er das Feuer gelegt und auf sie gewartet hätte, um sie nun alle zu töten. Einer von ihnen machte sich vor Angst in die Hose. Und das meine ich nicht sprichwörtlich – er kackte sich buchstäblich ein.

Ohne zu ahnen, was für einen Schrecken er verbreitete, ging John zum Bordstein, legte seine Waffen neben sich nieder und machte sich ein Bier auf. Wenige Minute später war er von Polizisten umzingelt, die ihn mit gezückten Waffen zu Boden zwangen. Einen Augenblick später erkannte ihn ein Kollege.

»John, bist du das?«, rief der Polizist.

»Ja ja, ich bin's, ich bin's, ich bin's.«

Wenn euch diese Story noch nicht davon überzeugt hat, dass John nicht ganz richtig im Kopf ist, brauche ich eigentlich nur die Filmfigur zu erwähnen, die er am liebsten nachmacht. Nicht Al Pacino oder Dustin Hoffman – es ist Buffalo Bill aus *Das Schweigen der Lämmer*. Als ich meine Frau zum ersten Mal zu ihm mitnahm, um sie ihm vorzustellen, öffnete er uns in dieser Rolle die Tür. Splitterfasernackt und den Schwanz zwischen die Beine geklemmt, führte er einen langsamen Tanz auf und sagte dabei: »Würdest du mich ficken? ... Ich würde mich ficken.« Er hat sich diese Filmszene immer wieder angeschaut und den Tanz so lange geübt, bis er ihn draufhatte. Und ich soll der sein, der gestört ist.

Visualisation
(oder: was ich von den Hippiefrauen gelernt habe)

Je näher ein Kampf heranrückt, desto stärker drängt er sich ins Bewusstsein. Wenn es mir wenige Tage vor dem Kampf nicht mehr gelingt, die mentale Beschäftigung damit im Studio zu lassen, wende ich eine Visualisationstechnik an, um meinen Kopf freizubekommen. Sie ist ganz einfach, und das ist nur logisch, denn ich habe sie im Alter von 13 Jahren in einem Basketballcamp erlernt. Man muss sich nur ein Bad einlassen, in die Wanne steigen und sich alle möglichen Kampfergebnisse durch den Kopf gehen lassen, positive wie negative. Wenn man jedes denkbare Szenario durchgespielt hat, zieht man den Stöpsel heraus und stellt sich vor, wie sämtliche Sorgen und Ängste mit dem Wasser im Abfluss verschwinden. Sobald das Wasser abgelaufen ist, springt man unter die Dusche und wäscht sich alle Gedanken, die mit dem Kampf zu tun haben, aus dem Kopf. Ich habe diese Technik schon mehrfach angewendet, und sie funktioniert erstaunlich gut.

Eine ähnliche Methode kann man einsetzen, um das Gehirn vom Rumhängmodus in den Trainingsmodus umzuschalten. Etwa 20 Minuten bevor ich ins Studio gehe, springe ich unter die Dusche. Sobald das Wasser auf mich herunterplatscht, denke ich an all die Kleinigkeiten, die ich an diesem Tag noch erledigen sollte, und an all die kleinen Siege, die ich erringen muss. Nach der Dusche trinke ich noch einen Starbucks-Espresso (bitte, bitte, sponsert mich!). Sobald der Kaffee getrunken ist, weiß ich: Es ist Zeit zu arbeiten. (Falls Starbucks mich nicht sponsern sollte, könnt ihr das Kaffeetrinken weglassen und stattdessen einen Proteinshake zu euch nehmen.) Ein solches kleines Ritual nennen Psychologen, soweit ich weiß, *Phase Changing Activity* (»Phasenwechselaktivität«). Es ist also etwas, was den Übergang von einer mentalen Einstellung zu einer anderen erleichtert. (Ja, mein IQ liegt über 67, ihr Arschlöcher ... nämlich bei 87. Ohne Scheiß, das ist der IQ, der mir am College bescheinigt wurde. Gut, oder was?) Es müssen nicht zwingend Duschen und Kaffeetrinken sein – genauso gut könnt ihr kacken und ficken, egal, in welcher Reihenfolge. Ich finde dieses Ritual sehr hilfreich, denn der Übergang vom häuslichen Frieden in die adrenalinschwangere Studioluft kann ganz schön krass sein. Je weicher er vonstattengeht, desto besser läuft danach das Training.

Sieht aus wie ein Poser, riecht wie ein Poser ...

Vor einiger Zeit brachte die *New York Times* einen Artikel über einen neuen, das ganze Land heimsuchenden Trend – nämlich dass sich Teenager so an den Ohren zerren und diese verbiegen, bis der Knorpel geschädigt ist und jene fiesen, eitergefüllten Beulen entstehen, die man gemeinhin als »Blumenkohlohren« kennt. Dem Bericht zufolge ist der Sinn der Sache, so cool zu wirken wie ein MMA-Profi. Ich persönlich halte das nicht für einen Trend. Ich glaube, der Reporter hat irgendein Studio in den Appalachen aufgesucht. Er traf dort auf einen Inzuchtsprössling, der vor der Eingangstür hockte, und das Gespräch muss ungefähr so verlaufen sein:

»Guten Tag, mein Name ist A. Loch, ich bin Reporter für die *New York Times*. Ich schreibe eine Story über eine sensationelle neue Kampfkunst, Mixed Martial Arts, und möchte Sie dazu interviewen.«

»Öh, Kunst ist was für Schwuchteln«, sagt der Junge. »Findet meine Mutter.«

»Ja, super. Also, wie oft in der Woche machst du MMA?«

»MDMA? Hab ich jeden Tag geschmissen, aber dann hat Mama mir das ganze Ecstasy weggefuttert. MDMA ist geil.«

»Super«, meint der Reporter und kritzelt in sein Notizheft. »Sagen wir fünfmal die Woche. Sag mal, ich sehe, dass dein rechtes Ohr zerquetscht ist. Du hast ein Blumenkohlohr, wie man in der Branche sagt. Hast du dir das selbst zugefügt, um cool zu wirken? So wie die großen, erwachsenen Fighter, die deine Idole sind? So Typen wie Randy Couture?«

»Zu … zugefü … Was ham Sie gesagt?«

»Hast du das selbst gemacht? Das mit deinem Ohr?«

»Ach Scheiße, ja. War ich selber. Da hatt ich schön einen geschmissen gehabt und war umgekippt und mi'm Gesicht auf die heiße Herdplatte gefallen.«

»Super. Ihr trainiert also auch zu Hause. Richtig engagiert. Machen das alle deine Freunde mit ihren Ohren?

»Die meisten. Die, die schmeißen, fallen öfter mal auf Sachen, die glühen. Manchmal helfen unsere Väter dabei. Weißte, die halten uns dann das Gesicht in diesen Kasten, wo das Essen rauskommt.«

»Eure Eltern unterstützen euch also bei diesem Ritual? Interessant. Würdest du sagen, dass es ein Trend ist, der das ganze Land heimsucht?«

»Heimsucht? Ist das was Schwules? Hau bloß ab, Alter!«

»Schon okay. Ich hab meine Story. Danke, Kleiner.«

Ich hoffe wirklich, dass die Sache so gelaufen ist. Sollte der Reporter dennoch seine Hausaufgaben gemacht haben (was ich sehr bezweifle), und das Malträtieren der Ohren ist tatsächlich ein neuer Trend, der die männliche Jugend Amerikas heimsucht, dann sind doch weit mehr Blender, Pseudos und Wichtigtuer unterwegs, als ich dachte. Zum einen braucht man gar keine Blumenkohlohren, um Kämpfer zu sein. Der Weltklasseringer Kale Sanders hat keine Blumenkohlohren und ist einer der härtesten Hunde auf diesem Planeten.

Wenn ihr kleine Weicheier seid, aber hart rüberkommen möchtet, müsst ihr euch nicht die Ohren zermatschen – ihr müsst nur folgende sechs Tipps befolgen:

1. Rasiert euch irgendwelche Buchstaben ins Haar, sodass man die Kopfhaut sieht. Danach kann euch Roy, euer Stylist, die Matte noch herrlich bunt färben! (Der Beginn einer wunderbaren Freundschaft ... ☺ [Kampfsportler lieben Emoticons.])
2. Holt euch ein paar von den Tattoos, die jeder hat: Stacheldrahtarmbänder (wie sie sich die Mädels 1995 machen ließen, wisst ihr noch?), einen gruseligen Totenkopf oder einfach euren Namen (oder den Spitznamen, den ihr in eurer superharten Gang auf den Straßen von Bad Salzuflen hattet) in so einer supercool wirkenden Graffiti-Schrift. Gern wird auch immer eine Granate seitlich am Hals genommen, eine auf dem Bizeps geht aber auch, solange ihr ein Tap-out-Muskelshirt tragt. Übrigens wirken Bizepstattoos am besten, wenn die Oberarme von unzähligen Curls ganz geschwollen sind.
3. ein T-Shirt mit martialischem Aufdruck. Wenn ihr noch keines habt, braucht ihr eines, das auf Waffen anspielt – »Heckler und Koch«, »Protected by Glock«, so etwas jagt jedem sofort einen Mordsschrecken ein. Um es komplett zu machen, solltet ihr Lederarmbänder ausprobieren oder wenigstens etwas Armbandähnliches wie eine Uhr mit ganz breitem Band – eine Swatch auf einem Lederarmband! Das ist es.
4. eine große Anzahl sichtbarer Piercings. (Wenn sie nicht sichtbar sind, wie ein Prinz Albert, dann ist das nur widerlich.) Zwar haben die allermeisten Kampfsportler keine Piercings, weil so etwas schon beim Training abgerissen würde, aber eure Fans kümmern sich nicht um solche Berufsrisiken. Schmückt euch als Möchtegern-Fighter also ruhig mit diesen verlockenden Schwachstellen, auf die jeder von uns als Erstes zielen würde, wenn wir uns tatsächlich einmal mit euch prügeln sollten.
5. Gebt »Kampfsportler« in absolut jedem amtlichen Formular als Beruf an. Das gilt auch für Mietverträge, Versicherungspolicen und eure Bewerbung bei Pit-Stop. Unter uns: Wer kein Poser ist, schreibt »selbständig«.

6. Dieses Buch, *Voll auf die Zwölf* (ab jetzt online und in eurem Lieblingsbuchladen erhältlich, auch, aber nicht nur bei Amazon, Thalia, Hugendubel sowie in Xandis Fischladen neben dem alten, rostigen Müllcontainer, ihr wisst schon ... da, wo Sheila arbeitet? Ahhh ... Sheila mit ihren Zauberlippen ... egal ...), müsst ihr ständig bei euch tragen und in der Öffentlichkeit auch möglichst aufschlagen und so tun, als würdet ihr darin lesen. Das macht scharfe, strunzdumme Mädels auf euch aufmerksam, die euch dann fragen, ob ihr Kampfsportler seid – diese Prachtexemplare sind sogar so dumm, dass sie mit euch schlafen werden. Wenn eine anbeißt, solltet ihr mein Buch zuschlagen, beiseiteschleudern und behaupten: »Der Typ hat zum Thema Kampfsport nichts zu sagen, was ich nicht schon weiß. Willst du mein Granatentattoo sehen?«
7. Schließlich und endlich kommt das Allergefährlichste: Sprecht das Wort *Jiu-Jitsu* auf jeden Fall mit allerfeinstem portugiesischen Akzent aus. (Spaß beiseite, als Käufer dieses Buches habt ihr bei mir einen Stein im Brett, und dabei bleibt es auch, solange ihr mir nicht solche blöden, homoerotischen Streiche spielt, wie sie es bei *The Ultimate Fighter* gemacht haben – deshalb an dieser Stelle ein Rat für Vorsichtige (und Unvorsichtige): In Gegenwart eines waschechten Brasilianers dürft ihr dieses heilige Wort *keinesfalls* in der genannten Weise auszusprechen versuchen, denn dann kriegt ihr den Allerwertesten dermaßen amtlich versohlt, dass ihr euch wundert, wie so etwas physikalisch überhaupt möglich sein kann ... gestatten, Mr. Wanderlei Silva, *the axe murderer* ... verstanden, ihr Arschgeigen?)
8. Auch wenn ihr – wie ich es vorhin getan habe – sechs Sachen ankündigt, listet trotzdem mehr auf. Dass ihr nicht einmal mehr richtig zählen könnt, spricht sehr dafür, dass ihr Profikämpfer seid. Und wenn ihr beim Auflisten von Sachen auch noch Buchstaben und Zahlen durcheinanderwerft – etwa so: *Punkt 1, Punkt b* –, werden alle denken, dass ihr irgendwann einmal *irgendeinen* Gürtel gehabt haben müsst.

Wenn ihr tatsächlich alle acht Anforderungen der obigen Checkliste erfüllt, kann ich euch mit absoluter Sicherheit garantieren, dass euer Aussehen und euer Ruf denen eines echten *Schwachkopfs* wie Richard Grieco in nichts nachstehen. Euer gesamter Wert als Mensch hängt dann völlig davon ab, ob ihr andere glauben machen könnt, dass ihr richtig harte Jungs seid. Früher, ja früher konnten dies nur große, breite Kerle erfolgreich vortäuschen. Aber dank der vor ein paar Jahren neu eingeführten Gewichtsklassen tut es nichts mehr zur Sache, wie schmächtig ihr seid. Hurra! Ihr wiegt nur 50 Kilo? Willkommen im Fliegengewicht.

Wie ihr seht, gibt es keinen Grund, sich die Ohren zu verunstalten. Ihr habt höchstens Angst, ein anderer Poser könnte euch in der Kneipe gefährlich werden. In dem Fall gilt natürlich: Je dicker die Ohren, desto weniger wahrscheinlich ist es, dass ihr angegriffen werdet. Aber warum belasst ihr es dann bei Blumenkohlohren? Wenn ihr einschüchternd wirken wollt, solltet ihr es mit einem Blumenkohlgesicht versuchen. Ich glaube nicht, dass ihr mich je aus der Nähe gesehen habt, und das ist auch gut so. Ich habe einen zusätzlichen Nasenhöcker, Narbengewebe oberhalb und unterhalb der Augen, über das ganze Gesicht verteilte Scharten und zwei riesige Blumenkohlohren, die rechts und links vom Kopf abstehen. Wer mir gegenübersteht, hat nur einen Gedanken: *Mann, dieser komische Typ ist ja schon Gott weiß wie verprügelt worden. Und jetzt spaziert er hier breit grinsend herum, als gehörte ihm der ganze Laden. Mit dem leg ich mich lieber nicht an.*

Sich ein Blumenkohlgesicht zuzulegen ist sehr viel schwerer, als Blumenkohlohren zu bekommen. Wenn ihr nicht bereit seid, euch die Narben und Schrammen im Training zuzuziehen, bleibt euch nur, eure blöde Fresse immer wieder gegen Wände und Türpfosten zu rammen. Ich schlage allerdings vor, dass ihr einfach die obigen acht Punkte abarbeitet und es dabei belasst. Vergesst nicht, mein Buch immer dabeizuhaben – dieser Punkt ist superwichtig. Am besten empfehlt ihr es gleich all euren Freunden. Wahrscheinlich liegt es inzwischen schon auf dem Alles-für-5-Euro-Ramschtisch, und was sind schon fünf Euro?

Blumenkohl richtig behandeln

Wenn ihr auf ehrliche, durch den oder die Verursacher bezeugbare Art an Blumenkohlohren gekommen seid (z. B. durch Training) und keinen Wert darauf legt, wie ein hässlicher Profikämpfer auszusehen, solltet ihr die Knollen entleeren, ehe sie zu groß werden. Wenn ihr nicht wisst, was »zu groß« bedeutet, könnt ihr euch mal den Cage-Rage-Kampf zwischen James Thompson und Kimbo Slice anschauen. Thompsons Ohren waren so groß, dass es wirkte, als hätte man rasierte Doggenklöten an seinem verschwitzten Kopf festgetackert (und als sie mitten im Kampf aufplatzten, sah das aus, als … nein, es ist zu schlimm, um es auszusprechen, und ruft böse Erinnerungen wach). Es gibt mehrere Möglichkeiten, Blumenkohlohren zu entleeren. Die sicherste Methode ist, zum Arzt zu gehen, aber das kommt nicht immer infrage. Einmal suchte ich einen Arzt auf, um mir die Ohren drainieren zu lassen, aber der Arzt war ein Oberidiot.

»Hören Sie einen Monat lang mit dem Ringen auf, wenn ich das mache?«, fragte er.

»Nein, natürlich nicht.«

»Dann können Sie gleich gehen.«

Vielen Dank auch, Blödmann.

Die zweite Methode ist die Do-it-yourself-Variante. Dazu braucht ihr folgende Dinge: eine Flasche Alkohol zum Desinfizieren, eine Flasche Alkohol zum Saufen, antibiotische Salbe und eine Spritze – eine saubere Spritze (nicht etwa eine von Junkies benutzte). Vor langer, langer Zeit verwendeten ich und meine Trainingspartner dieselbe Spritze. Wir erhitzten die Nadel mit einem Feuerzeug, tauchten sie in Alkohol und hielten das für sicher. Im Ernst. Wir hatten gesehen, dass die Junkies im Film es so machten, und dachten, das funktioniere so. Manchmal bin ich tatsächlich so dumm, wie ich aussehe.

Wenn ihr keine saubere Spritze habt, solltet ihr irgendein Messer benutzen – aber nicht das, mit dem ihr neulich Fische geschuppt habt. Es sollte eines sein, mit dem ihr euch vorstellen könnt, sagen wir mal: Doggenklöten zu drainieren.

Wenn ihr alles zusammenhabt, reibt ihr das Ohr mit Alkohol ein, stecht ein kleines Loch in euren Blumenkohl und drückt mit den Fingern den Eiter heraus. Anschließend solltet ihr das Ohr verbinden, denn in den folgenden paar Stunden wird es auslaufen. Auf jeden Fall aber müsst ihr die Stelle mit antibiotischer Salbe einschmieren, um einer Infektion durch das Doggenklötentranchiermesser oder die Nadel vorzubeugen (die ihr ja doch entgegen meiner Warnung von einem Heroinsüchtigen ausgeliehen habt).

Quatschattacke!

Wenn ihr auf der Straße in eine Auseinandersetzung geratet, kann Scheißelabern sehr hilfreich sein. Dies gilt besonders für den Fall, dass der Aggressor euch mit hoher Wahrscheinlichkeit die Rübe einschlagen wird, wenn es zu Handgreiflichkeiten kommen sollte. Je verrückter ihr klingt, desto weniger wahrscheinlich wird er zuschlagen. Im Folgenden nenne ich einige Beispiele, wie man den Gegner mit verbalen Schlägen einschüchtern kann.

1. »Vorsicht, Kleiner, ich hab in Satans Menstruationsblut gebadet.« (Ein *oldie, but goldie*.)
2. »Na? Traust dich an die 063 ran, Digga?« (Das kommt richtig gangstermäßig rüber und sollte deshalb nicht angewendet werden, wenn der Angreifer ein Gangster ist. Sonst werdet ihr wahrscheinlich erschossen. Die Ziffernfolge ist irrelevant, aber es sollten immer drei Zahlen sein wie bei einer Ortsvorwahl. Allerdings darf es auch nicht die Vorwahl der Gegend sein, in der ihr euch befindet, denn dann weiß der Schlägertyp, der sich vor euch aufgebaut hat, dass ihr Müll labert, und wird euch plattmachen.)
3. »Mit Typen wie dir versohle ich Hunden den Arsch.« (Das ist auf vielfältige Weise einschüchternd. Zunächst ist es verwirrend, und alles, was verwirrt, flößt tendenziell Furcht ein. Außerdem wird ein Hundearsch erwähnt. Dies wirft beim Angreifer die Frage auf, ob ihr auf Hundeärsche steht. Wenn dem so ist, vergewaltigt ihr möglicherweise auch ihn, nachdem ihr ihn vermöbelt habt. Das ist mehr, als ein geistig gesunder Mensch verkraften kann.)

4. »Nee, nee, nee, Alder. Mit mir kloppst du dich nicht. Musst dich erst mit meinen Weibern kloppen. Wenn du mit denen fertig wirst, kannste's bei mir versuchen.« (Das klingt richtig cool. Wenn ihr mehr als eine Frau habt, seid ihr entweder Zuhälter oder Frauenheld. In beiden Fällen wird man euch nicht zusammenschlagen. Man wird sich mit euch anfreunden wollen.)
5. »Im Knast ficke ich Typen wie dich.« (Hilfreich ist es, beim Schreien dieser Worte zu sabbern.)

Diese Art von Verbalattacken sollte man draufhaben, um Handgreiflichkeiten im Alltag zu vermeiden, aber im Bereich des Profikampfsports ist Scheißelabern (der sogenannte *trash talk*) weitgehend zwecklos. Es tut nichts zur Sache, ob ihr euren Gegner als Sohn einer cracksüchtigen Hure beschimpft oder den Boden lobpreist, auf dem er wandelt – am Kampfabend wird er so oder so versuchen, euch den Kopf abzureißen oder den Arm zu brechen. Wenn überhaupt, dann wird ihn eure Laberei nur zu noch härterem Training motivieren. Mit dem Widerhall eurer Worte in seinem Kopf bleibt er vielleicht noch eine Stunde länger im Studio als sonst. Und wenn er daran denkt, was ihr Fieses über seine Körperpflege oder seine Mutter behauptet habt, schaut er sich einmal mehr eure Kämpfe auf Video an. Ich hätte ja Verständnis dafür, wenn es denn etwas bringen würde, doch das tut es nicht. Und wenn euch kein Profiwrestler von der WWE das Scheißelabern beigebracht hat, klingt das bei euch wahrscheinlich auch leicht unterbelichtet. Allerdings muss ich zugeben, dass ich schon einmal gelassenen, coolen, sachlichen *trash talk* erlebt habe, aber das war eher ein Ausdruck äußerster Selbstgewissheit als eine gelungene Prahlerei. Es war während der Pressekonferenz vor dem Kampf zwischen Chuck Liddell und Babalu Sobral. Mehr als hundert Leute waren anwesend, und alle starrten die beiden Kampfsportler auf dem Podium an.

»Was erwarten Sie von diesem Kampf?«, fragte ein Reporter Liddell.

Liddell blickte in die Runde und sagte völlig emotionslos und ohne eine Spur von Anmaßung in der Stimme: »Ich werde Babalu k.o. schlagen.«

So, wie er es sagte, klang es, als wäre es bereits geschehen oder als hätte er in die Zukunft geschaut und das Ergebnis des Kampfes erfahren. Die Hälfte der Anwesenden nickte auch gleich bestätigend mit dem Kopf. Die andere Hälfte schaute zu Babalu hinüber, und dessen Gesichtsausdruck nach zu urteilen, war auch er dieser Meinung. Er sprach es zwar nicht laut aus, aber man sah, dass er dachte: *Ja, wahrscheinlich schlägt er mich k.o.* Es war psychologische Kriegsführung vom Feinsten. Wahrscheinlich wäre es weniger wirksam gewesen, wenn Liddell noch nie einen Kampf gewonnen hätte, aber zu der Zeit war er ganz groß darin, Leute k.o. zu schlagen. Wenn es euer erster Kampf ist, lasst das Gelaber. Ihr macht euch nur lächerlich, wenn ihr dann nach vier Sekunden besiegt am Boden liegt. Euer Gegner wird dann höhnisch gackernd um euch herumtanzen. Keine schöne Szene für euer Demoband.

Was man vor einem Profikampf nicht sagen sollte:

1. Ich tret ihm in den Arsch.
2. Ich schlag ihm den Schädel ein.
3. Ich hau ihm so die Fresse ein, dass ihn seine Mutter nicht mehr wiedererkennt.
4. Ich werd ihn so verdreschen, dass seiner Freundin die Eierstöcke rausfallen.
5. Ich werd's euch allen zeigen.

Ihr versteht, worauf ich hinauswill - ich meine die ganzen Angeberklischees. Wenn ihr noch mehr abschreckende Beispiele braucht, schaut euch WEC-Kämpfe an. Die WEC-Kämpfer sind Meister im schlechten Scheißelabern.

Wenn der Reporter unbedingt etwas von euch hören will, bitte keine Scheiße labern, sondern handelsübliche Sportlerphrasen verwenden:

1. Ich werde 110 Prozent geben. Keine Ahnung, wie das möglich sein soll, aber ich versuch's.
2. Ich werde mein Bestes geben, werde alles geben.
3. Ich werde nicht aufgeben, ehe die Glocke läutet.
4. Es wird einen harter Kampf – und das wird er zu spüren bekommen.

Und jetzt bitte mal mit dicker Hose schlendern

MMA ist aufgrund seiner Komplexität schwer zu beurteilen. In jeder Runde müssen die Kampfrichter eine ungeheure Menge an Informationen aufnehmen und verarbeiten, unter anderem Treffer, Takedowns, versuchte Submissions und Oktagonbeherrschung, was ein vornehmer Ausdruck für *Aggressivität* ist. Wenn der Kampf sehr eng ist, kann ein unerfahrener Punktrichter (und von denen gibt es viele) unter Umständen die Informationsmenge nicht verarbeiten, sodass er beim Ausfüllen des Punktzettels das Erscheinungsbild und das allgemeine Auftreten der Kämpfer mit berücksichtigt. Daher müsst ihr genau darauf achten, wie ihr euch nach dem Ende jeder Runde *benehmt.*

Ich persönlich setze eine Methode ein, die der berühmte Runningback Jim Brown von den Cleveland Browns entwickelt hat. Während des Footballspiels stand er nach jedem Spielzug gemächlich auf, händigte dem Schiedsrichter ganz lässig den Ball aus und schlenderte dann zu seiner Position zurück. Egal, ob am Anfang oder gegen Ende eines Spiels – immer schlenderte er mit dem gleichen Gesichtsausdruck und der gleichen Geschwindigkeit. Irgendwann fragte ihn sein Trainer, ob er nicht aufspringen und etwas zackiger gehen könnte, aber Jim hatte eine einfache Erklärung.

»Und was, wenn ich den Ball schon 30-mal gespielt habe und nicht mehr so zackig gehen kann? Pass auf, ich sag's dir: Das gegnerische Team sieht dann, dass ich nicht mehr zackig gehe, dass ich geschwächt bin, dass ich völlig fertig bin. Dann hätte ich doch mein Ass verspielt.« (An dieser Stelle fragte mich mein Lektor, ob Jim Brown das exakt so gesagt habe, und ich antwortete: »Keinen blassen Schimmer.« Ich wollte einfach nur eine Geschichte erzählen. Ich meine, mich zu erinnern, dass er etwas in der Art gesagt hat, aber in meinem Kopf geht es oft ein bisschen drunter und drüber. Danke schön, Adam Korn, dass du dieses nette Anekdötchen kaputtgemacht hast. Nur weiter so.)

Wenn man darüber nachdenkt, ist das ziemlich genial. Indem er seine Energie und seinen Enthusiasmus verbarg, solange sie noch vorhanden waren, konnte er Energie und Enthusiasmus vortäuschen, wenn er beides nicht mehr hatte. Wer ihn zum ersten Mal spielen sieht, könnte ihn aufgrund seiner lahmarschigen Bewegungen für faul oder erschöpft halten, aber wenn man ihn Dutzende Male ruhig und gesammelt aufstehen sieht, gewöhnt man sich an sein Tempo. Es erscheint einem normal.

Jim Brown hat diese Taktik zwar für das Footballspiel erfunden, doch sie lässt sich genauso gut bei MMA anwenden. Man kann damit seine Schwäche vor dem Gegner und seiner Ecke, vor den Fans und - was das Wichtigste ist - vor den Punktrichtern verbergen. Wenn ich am Ende einer Runde in einer dominanten Position bin, mache ich mich in aller Gelassenheit frei und gehe schön ruhig in meine Ecke. Nach der ersten Runde fällt mir das oft sehr schwer, weil sich mein Adrenalinspiegel im Höhenflug befindet, aber ich zwinge mich zur Langsamkeit, um den Zuschauern ein bestimmtes Tempo vorzugeben. Dieses Tempo erhöhe ich nur dann, wenn ich am Ende einer Runde in einer ungünstigen Position bin. In diesem Fall springe ich rasch auf, um den Punktrichtern meine körperliche Unversehrtheit zu zeigen, und schlendere dann gemütlich in meine Ecke. Am Ende der fünften Runde, wenn ich gar nicht mehr anders als langsam gehen kann, wirke ich dann immer noch so ausgeruht wie zu Beginn des Kampfes.

Natürlich macht es bei den Punktrichtern einen guten Eindruck, wenn ihr in eure Ecke zurückrennt und euch nicht einmal hinsetzt, aber im Allgemeinen werden Kämpfe danach beurteilt, wie sie enden, und nicht nach ihrem Anfang. Folglich müsstet ihr nach jeder Runde rennen und stehen bleiben. Wenn ihr dazu nicht mehr die Energie habt, nehmen die Punktrichter an, dass ihr völlig geschafft seid. Es tut nichts zur Sache, dass euer Gegner sich auch kaum mehr auf den Beinen halten kann – wenn er nach jeder Runde langsam gegangen ist und sich hingesetzt hat, ist es schwer zu sagen, ob er jetzt erschöpft ist oder nicht. Befolgt also lieber meinen Rat, und entspannt euch, sobald die Glocke ertönt. Auch wenn in den Pausen zwischen den Runden keine Punkte vergeben werden, werdet ihr doch beurteilt. Nur durch *Beständigkeit* könnt ihr verhindern, dass diese Beurteilung ungünstig für euch ausfällt.

Vertrauen ist gut, Kontrolle kann dir den Arsch retten

Als ich vor einigen Jahren mit ein paar Typen aus dem Hardcore Gym in Athens einen trinken war, wettete ich mit ihnen, dass ich hundert Chicken Wings auf einmal essen könnte. Es fiel mir immer ziemlich leicht, für Kämpfe zu trainieren, und ich dachte deshalb, ein Wettessen wäre ebenfalls ein Klacks für mich. Größtenteils war es das auch. Ich knabberte 50 Wings bis auf die Knochen ab und fühlte mich absolut geschmeidig! Wir hatten für den Abend noch allerlei coole Sachen geplant, und ich wollte nur noch die restlichen 50 wegputzen, bevor wir weiterzogen. Die nächsten 25 Wings, die die Kellnerin mir vorsetzte, waren allerdings scharf gewürzt. Scharfes vertrage ich nicht gut, und meine Freunde wussten das. Damit ich das feurige Fleisch besser hinunterspülen konnte, bestellten sie mir New Castle, eine schwerere Biersorte. Nach zwei großen Gläsern orderten sie Chocolate Martinis – in der Annahme, der Zucker würde mich wach machen. Ich trank drei davon. Nachdem ich 75 Wings geschafft hatte, fühlte ich mich überhaupt nicht mehr geschmeidig. Mit einem in Bier und Schokoladenmartini schwimmenden Fleischberg im Bauch konnte ich unmöglich die restlichen Wings verdrücken oder mich in die anstehenden Party- und Sexabenteuer stürzen. Mir war so schlecht, dass ich mehrere Stunden auf dem Boden der Bar liegen bleiben musste. Immer wieder murmelte ich: »Oh Gott, ich hab einen Fehler gemacht«, und versprach dem lieben Herrn Jesus inständig, dass ich mich nie wieder auf ein Wettessen einlassen würde.

Rückblickend sehe ich den Fehler aber nicht in der Annahme der Wette, sondern in der Annahme der Ratschläge meiner bescheuerten Freunde. Wäre ich bei Sinnen gewesen, hätte ich einsehen müssen, dass es meinem Vorhaben nur abträglich sein konnte, literweise schweres Bier und Likör zu trinken. Aber in der Hitze des Gefechts tritt die Vernunft nur selten auf den Plan. Wenn man erschöpft und leicht ausgelaugt ist, erscheint einem jeder Rat von außen wie ein guter Rat. Schließlich kommt er aus einem anderen Blickwinkel, und irgendwie hält man den anderen Blickwinkel für klarer und besser als den eigenen.

Solche Entgleisungen kommen nicht nur bei kindischen Wetten vor – beim Kampfsport passiert so etwas ständig. Ihr habt Grappling-Trainer, Boxtrainer, Kraft- und Ausdauertrainer – ihr habt alle möglichen Trainer, die alle ihre eigene Meinung darüber haben, was ihr zu tun und zu lassen habt. Mit so vielen Trainern arbeiten zu können ist in einem gut organisierten Studio sehr hilfreich, denn dort arbeiten die Trainer gemeinsam an eurem Trainingsplan. Aber manchmal prallen die Egos auch aufeinander. Jeder Trainer kennt sich auf seinem eigenen Gebiet besser aus als die anderen und neigt naturgemäß dazu, euch zu einem Meister auf seinem Gebiet zu machen. Doch je mehr ihr an einem Aspekt des Kampfsports arbeitet, desto weniger könnt ihr die anderen beackern. Wenn alle eure Trainer so drauf sind, werdet ihr sehr schnell übertrainiert sein. Um dies zu vermeiden, müsst ihr euer Trainingspensum *ständig* kontrollieren. Wenn ihr meint, dass euch in einem Teilbereich des Trainings zu viel abverlangt wird, solltet ihr nicht brav weitermachen, sondern eure Trainer zu einem gemeinsamen Meeting bitten. Das mag euch vielleicht schwerfallen, denn schließlich seid ihr Schüler und die Trainer eine Art Lehrer, aber wenn es gute Trainer sind, werden sie in eurem Interesse handeln. Ein solches Meeting kann anstrengend werden, es können sogar langwierige Diskussionen über die richtigen Prioritäten entstehen, und ich kann nur empfehlen, genug Geduld mitzubringen. Lasst die Trainer die Sache unter sich klären, und seid offen für das, was sie *gemeinsam* vorschlagen. Wenn sie sich nicht auf einen einheitlichen Trainingsplan einigen können und euer Training weiterhin darunter leidet, wisst ihr, dass ihr auf euch allein gestellt seid und im falschen Studio trainiert.

Woran erkennt man die Schwanzlänge eines Mannes? Daran, wie er mit Niederlagen umgeht

(Anmerkung: Macht euch nie Gedanken über den Schwanz eines anderen Mannes, es sei denn, er hatte was mit eurer Alten)

Selbst wenn ihr die gemeinsten Submissions der Welt draufhabt und so stark seid wie ein Silberrücken – ihr müsst nur lang genug als MMA-Profi unterwegs sein, um irgendwann auch mal besiegt zu werden. An diesem Tag solltet ihr euch selbst und euer Training auf den Prüfstand stellen. Wenn ihr euch bestmöglich auf den Kampf vorbereitet habt und trotzdem übelst k. o. geschlagen wurdet, macht euch keinen Kopf. So was passiert den Besten der Besten. Es ist ganz normal, dass man direkt nach einer Niederlage eine Art Übelkeit in der Magengrube verspürt und seinem Gegenüber nur schwer in die Augen schauen kann. Falls dieses Gefühl aber länger anhält, will euch euer Unterbewusstsein etwas sagen. Ihr solltet euch fragen: *Habe ich die Sache wirklich ernst genommen? Habe ich mich richtig ernährt? Habe ich mich im Training in jeglicher Hinsicht genug gefordert?*

Damit es beim nächsten Mal besser läuft, müsst ihr euch das Video des Kampfes anschauen und eure Leistung analysieren. Es kann echt hart sein, wieder und wieder mitanzusehen, wie ihr von einer harten Rechten ins Reich der Träume geschickt werdet, aber nur so findet ihr heraus, ob die Flüsterstimme in eurem Kopf recht hat oder nicht. Ich habe meinen Kampf gegen Jardine angeschaut, und was ich da sah, gefiel mir gar nicht. Immer wenn ich mich aus dem Clinch befreite, machte ich einen Schritt nach rechts und lief so in seine starke Linke. Um alles noch schlimmer zu machen, tat ich das ohne Deckung und schenkte ihm damit praktisch einen Schlag in mein Gesicht. Außerdem war meine Beinarbeit miserabel. Schon vor dem Kampf wusste ich, dass er viel treten würde, und ich hatte mir vorgenommen, ihn dabei zu überbieten. Nur leider ließ ich bei jedem Tritt die Hände sinken. All diese Versäumnisse führten schließlich zu dem einen gnadenlosen Treffer, der mich niederstreckte. Auf diese Vollnarkose folgte das böse Erwachen. In der Vorbereitung auf einen Kampf redet man sich leicht ein, dass man sein Bestes gibt, doch nach einer Niederlage liefert der Bildschirm immer den Gegenbeweis. Es geht nämlich nicht darum, *wie sehr* man sich anstrengt, sondern darum, dass man *das Richtige* tut – das, was euch voranbringt und stärker macht.

Also stellte ich sofort meinen kompletten Trainingsplan um und konzentrierte mich auf all die Details, die ich bisher übersehen oder vernachlässigt hatte. Wenn ihr euch meinen darauffolgenden Kampf anschaut, den gegen Hector Ramirez, werdet ihr sehen, welche Wirkung solche kleinen Änderungen haben können. Ich hatte alle Aspekte meines Trainings überdacht und konnte anschließend mit klaren, knackigen Kombinationen punkten. Natürlich ist das ein Lernprozess, und man kann nicht erwarten, beim ersten Mal gleich alles richtig zu machen. Lasst euch einfach nicht entmutigen, wenn etwas mal nicht funktioniert, und fangt noch einmal von vorne an.

Von Kampfsportlern hört man oft, dass sie durch Niederlagen am meisten gelernt hätten, und das ist meistens die Wahrheit – zumindest bei denen, die sich durch ihre Niederlagen weiterentwickelt haben. Der UFC-Kämpfer Martin Kampman ist ein gutes Beispiel dafür. Als er bei Xtreme Couture anfing, war er eine leichte Beute für meine Submissions. Aber anstatt den Mut zu verlieren, analysierte er seine Fehler und rang mit Leuten, die noch besser waren als ich. Anfangs hielt ich ihn deswegen für einen Masochisten, doch dann fiel mir auf, dass er enorme Fortschritte machte, und zwar in kürzester Zeit. Er betrachtete seine Niederlagen als Chance, konnte darin seine Schwächen erkennen und nach Möglichkeit ausmerzen. Auf diese Weise entwickelte er sich schneller als alle anderen im Studio. Mit einer solchen Einstellung könnt ihr euren Kampfstil drastisch verbessern. Seid ihr hingegen dickköpfig und besserwisserisch, werdet ihr immer wieder die gleichen Fehler machen - und hoffentlich nie gegen mich kämpfen müssen, denn ich schaue mir eure Videos an, und wenn ihr im Kampf die gleichen Fehler macht wie in den Kämpfen zuvor, nutze ich das scham- und gnadenlos aus. Wenn wir dann nebeneinander im Krankenhaus liegen, könnt ihr euch bei mir für die kostenfreie Lehrstunde bedanken.

Immer schön bescheiden bleiben

Ob ich selbst bescheiden bin, ob meine Selbsteinschätzung stimmt oder ob ich einfach einen gehörigen Selbsthass pflege - ich weiß es nicht. Ich kann nur sagen, wie ich mich selbst sehe. Mir ist bewusst, dass ich ein paar gute Kämpfe hingelegt habe, aber ich habe noch nie phänomenal gut gekämpft, so wie etwa Anderson Silva oder BJ Penn. Ich habe noch nie eine Schreckensherrschaft ausgeübt wie Chuck Liddell. Der Grund dafür ist einfach: Ich bin nicht so begabt wie die. Im Training gehe ich körperlich und mental an meine Grenzen, aber ich bilde mir nicht ein, der größte Kampfsportler zu sein, der je gelebt hat.

Ehrlichkeit sich selbst gegenüber ist das beste Lebensprinzip, denn es bewahrt euch vor den schlimmsten Abstürzen. Haltet ihr euch nämlich für unbesiegbar und bekommt plötzlich euren Allerwertesten auf einem Tablett serviert, bricht eure ganze Welt zusammen. Dann habt ihr plötzlich tausend Ausreden, aber wer nimmt euch die dann ab? Niemand. Nicht einmal ihr selbst. Wenn ihr aber anerkennt, dass euer Gegner einfach besser war, lösen sich alle Lügen in Luft auf, und ihr seid glücklichere Menschen.

Es kann zwar deprimierend sein, sich einzugestehen, dass man nie der Beste sein wird, aber es ist auch befreiend. Anstatt immer besser sein zu wollen als alle anderen, was eigentlich arrogant ist, könnt ihr euch darauf konzentrieren, so gut wie möglich zu werden. Auch wenn ihr die

Anderson Silvas und BJ Penns der Welt niemals besiegen werdet, könnt ihr stolz darauf sein, das Beste aus eurem Talent gemacht zu haben. Freut euch über das, was ihr erreicht. Was wollt ihr mehr? Der Wunsch, zehn Zentimeter größer zu sein oder einen zwölf Zentimeter längeren Schwanz zu haben, macht euch nur unglücklich, Brüder.

Solltet ihr meinen Rat verschmähen und die Welt so behandeln, als gehörte sie euch, wird man nach euch treten, wenn ihr am Boden liegt. Wenn ihr euch in der Niederlage *demütig* zeigt, wird man euch trotzdem treten - aber nicht ganz so doll.

Bluuuuuuuut

Es gibt jede Menge hämophobe Leute. Und nein, ich spreche nicht von denjenigen, die sich vor zwischenmännlicher Liebe gruseln. Hämophob ist jemand, der mit dem Anblick von Blut nicht zurechtkommt. Es gibt mehrere Stufen dieser Phobie. Manch einem ist der Anblick von Blut einfach unbehaglich, während bei anderen Herzschlag und Blutdruck absacken, sodass sie in Ohnmacht fallen. Wenn man an die Tausende von verschiedenen Ängsten denkt, mit denen sich Leute herumschlagen müssen, ist diese eine von den sinnvolleren. Die Betroffenen fürchten sich vor Blut, weil es sie an die eigene Verletzbarkeit und Sterblichkeit erinnert, und das ist prinzipiell ja nicht unsinnig. Jedenfalls sinnvoller, als sich vor Männern zu entsetzen, die im stillen Kämmerlein Körperflüssigkeiten austauschen.

Ich persönlich hatte nie Probleme mit Blut. Das liegt wohl teilweise daran, dass ich in meiner Jugend regelmäßig verprügelt wurde. Und mit »regelmäßig« meine ich wöchentlich. Ganz im Ernst, ich wurde an den staatlichen Schulen von Georgia so oft vermöbelt, dass mich meine Mutter schließlich auf eine katholische Schule schickte. (Bitte vergeben Sie mir die schlimmen Wörter in diesem Buch, Schwester Margaret.) Aber ich habe auch davon profitiert. Wenn einem die stadtbekannten Schlägertypen das Gesicht ein halbes Dutzend Mal zu Brei geschlagen haben, merkt man, dass ein bisschen Blutverlust nicht gleich bedeutet, dass man zwischen Leben und Tod schwebt. Selbst wenn man eine ordentliche Pfütze seines Lebenssaftes (des *anderen* Lebenssaftes, ihr Dummköpfe) auf dem Pflaster zurücklässt, ist man noch weit davon entfernt, in den ewigen Schlaf zu sinken.

Als ich in die Highschool kam, war ich schon daran gewöhnt, zusammengeschlagen zu werden und zu bluten. Mit die blutigste Tracht Prügel bekam ich einmal in der Umkleide vor dem Basketballtraining. Ich war dabei, mich mit der Mannschaft umzuziehen, als der Oberspacken, der es sich zum Lebensinhalt gemacht hatte, mich zu drangsalieren, zu lästern begann, mein T-Shirt sei zu eng und meine Shorts zu kurz. Er hackte schon seit Jahren auf mir herum, und nun flog bei mir die Sicherung heraus. Ich wusste, dass seine Mutter vor Kurzem gestorben war, also drehte ich mich zu ihm um und sagte das Übelste, was ich überhaupt hätte sagen können.

»Fühlst du dich jetzt besser?«, fragte ich ihn und blickte ihm dabei in die Augen. »Lenkt dich das davon ab, dass deine Mutter gerade von Maden aufgefressen wird?«

Ziemlich krank, ich weiß. Aber ich war es satt, gepiesackt zu werden. Er warf mich augenblicklich zu Boden und verprügelte mich nach Strich und Faden. Ich war zwischen einer Sitzbank und den Spinden eingeklemmt und versuchte noch nicht einmal, mich zu verteidigen. Obwohl er mir immer wieder mitten ins Gesicht schlug, lachte ich mich schlapp, weil ich wusste, dass ich ihm den härteren Schlag versetzt hatte, egal, wie brutal er mich jetzt schlug. Körperliche Schmerzen kämen nie an das heran, was ich ihm gerade angetan hatte. Die anderen Spieler in der Kabine hatten gar nicht mitbekommen, was los war, und zerrten ihn daher von mir weg. Meine Nase war ziemlich übel verbogen, und ich war blutüberströmt, aber es schien nichts Schlimmeres passiert zu sein, denn ich konnte gar nicht aufhören zu lachen.

In meiner verschrobenen Einstellung zum Bluten solltet ihr mir lieber nicht nacheifern, denn das führt sehr wahrscheinlich dazu, dass ihr Prügel riskiert und womöglich ein ebenso kaputtes Gesicht verpasst bekommt wie ich. Aber wenn ihr Kämpfer werden wollt, ist die Angst vor Blut ein Hindernis. Ich habe eine Menge Kampfsportler mit dieser Phobie gesehen – sobald sie eine kleine Platzwunde haben, fangen sie an, sich auf der Suche nach Blut im Gesicht herumzutupfen. Manchen schlackern die Knie, andere geben gleich ganz auf. Ungelogen, ich habe Typen wegen eines Cuts aufgeben sehen, und das nicht nur in den Anfangstagen. Ich habe auch erlebt, dass Kämpfer völlig überreagieren, wenn sie ihrem Gegner eine Schramme zufügen. Anstatt den Cut als das zu sehen, was er ist – ein kleiner Riss in der Haut des Konkurrenten, der seine Kampffähigkeit nicht im Mindesten einschränkt (es sei denn, die Wunde ist über dem Auge) –, verhalten sie sich, als hinge dessen Leben am seidenen Faden, trauen sich nicht mehr zuzuschlagen und lassen Konter zu. (Ich persönlich blute lieber selbst, als einen blutenden Gegner zu haben, da ich nicht weiß, wo er sich herumgetrieben hat. Ich habe gesehen, was für Frauen manche Kampfsportler ficken – es ist grausig.) Andersherum ist es jedenfalls besser, nämlich auf Blut zu stehen, so wie Penn.

Sicher werdet weder ihr noch euer Gegner im Ring verbluten. Ein erwachsener Mann hat im Schnitt etwa sechs Liter Blut im Körper. Wenn man einen halben Liter verliert, fühlt man sich eventuell etwas schummrig. Ein Liter, und man spürt leichten Schwindel und fröstelt vielleicht etwas. Erst nach anderthalb Liter Blutverlust beginnt der Körper zu dekompensieren. Wie viel sind anderthalb Liter? Eben anderthalb Liter. Das ist verdammt viel Blut! Dass euch aus einer Platzwunde am Kopf auch nur ein halber Liter läuft, ist äußerst unwahrscheinlich. Es ist also reine Einbildung, wenn euch dabei unwohl wird und euer Herz immer schwächer schlägt. Glaubt mir, der Ringrichter wird den Kampf abbrechen, lange bevor ihr verblutet. Und wenn nicht, wärt ihr immerhin der ehrenvolle Erste.

Wenn ihr euch also einen Cut einfangt, solltet ihr ihn nachher so schnell wie möglich versorgen. Ihr glaubt vielleicht, dass ein Klumpen Narbengewebe über dem Auge cool aussieht, aber Narbengewebe ist weniger reißfest als normale Haut und platzt daher gerne beim nächsten Treffer wieder auf. Nehmt zum Beispiel mein Gesicht – das Ding ist mit Narben übersät, und man muss es nur berühren, um es zum Bluten zu bringen. Deshalb glauben die Zuschauer bei meinen Kämpfen auch immer, meine Gegner hätten übermenschliche Schlagkraft, dabei reißt meine Gesichtshaut schon bei einem ordentlichen Gähnen auf. Wenn ihr nicht zum »Bluter« werden wollt, müsst ihr eure Platzwunden nähen lassen. Solltet ihr bei der UFC oder einem anderen großen Promoter kämpfen, werdet ihr höchstwahrscheinlich gut versorgt. Aber bei vielen kleineren Veranstaltern ist das nicht der Fall. Ich weiß noch, wie ich nach einem Kampf in der Umkleide von einem Typen genäht wurde, der das Tourettesyndrom hatte. Damit seine Hände nicht zitterten, musste er einen ununterbrochenen Schwall von Flüchen ausstoßen. *Scheiße, ficken, Schatzi, ficken, lieb dich, Schatzi!* So brabbelte er vor sich hin, während er mir die Nadel in die Haut bohrte. Tatsächlich erwies er sich als recht fähiger Näher, aber so was findet man eben bei kleineren Veranstaltern vor – einen fähigen Tourettekranken, der wie ein Seemann schimpfen muss, um euch nicht irgendetwas Landkartenähnliches ins Gesicht zu sticheln. Wenn ihr wie ich als Anfänger ohne Krankenversicherung unterwegs seid und euch die nächstgelegene Notaufnahme nicht leisten könnt, könnt ihr eure Wunde auch selbst mit Sekundenkleber nähen, denn das Zeug wurde genau für diesen Zweck erfunden. Um diese Art von Gettomedizin anzuwenden, müsst ihr das Blut von der Wunde wischen, diese dann mit den Fingern einer Hand zukneifen und eine kleine Menge Sekundenkleber mit einem Wattestäbchen längs über die Nahtstelle schmieren. Allerdings wird daraus sicher keine ästhetisch ansprechende Narbe, besonders wenn der Cut tief war und innen hätte genäht werden müssen.

Die besten Techniken, um Cuts hervorzurufen
(allesamt laut MMA-Regeln zulässig – oft kampfentscheidend)

1. Ellbogenstoß von oben
2. Streifschlag mit Lederhandschuh
3. Knie ins Gesicht
4. Ellbogenschlag aus der Mount- oder Guard-Position

Balsam für die Eier

(Zum Thema Selbstvertrauen)

Ich persönlich hatte kaum Selbstvertrauen, als ich mit dem Kämpfen anfing, doch glücklicherweise besaß ich etwas, was diesen Mangel aufwog - mir war scheißegal, was passierte. Ich hatte nichts gegen Niederlagen, solange ich jemandem ins Gesicht schlagen durfte. Das war für mich aufregend und spaßig. Zu dieser Zeit pflegte ich allerdings auch einen »23.-Jahrhundert-Lebensstil«. Falls ihr den Film *Flucht ins 23. Jahrhundert* nicht kennt: Es geht darin um eine idyllische Gesellschaftsform in der Zukunft, in der alle wunschlos glücklich sind, jedoch im Alter von 30 Jahren zum »Karussell« geschickt werden, wobei es sich in Wirklichkeit um eine Art Hundefutterfabrik handelt. Ich war überzeugt davon, dass ich nicht älter als 30 werden würde, also ging es mir auch am Arsch vorbei, ob ich ein paar Zähne oder Gelenke mehr oder weniger hatte. Eine solche Scheiß-drauf-Einstellung ist ein hervorragender Ersatz für nicht vorhandenes Selbstvertrauen, nur fällt sie einem spätestens dann auf die Füße, wenn man 29 ist - so war es jedenfalls bei mir. Hat man bis dahin nicht wenigstens ein bisschen Selbstvertrauen aufgebaut, schaut es düster aus.

Ratgeberliteratur ist auch keine Lösung (mit Ausnahme von diesem Buch). Ich finde sogar, dass sie uns schadet. Sie ist aus zwei Gründen bösartig: Sie macht einen noch unzufriedener mit sich selbst, ist eine kolossale Zeitverschwendung und kostet einen Arsch voll Geld (seht ihr: drei Gründe statt zwei - ultramännlich). Wenn ihr aus mangelndem Selbstvertrauen heraus das Gefühl habt, einen Ratgeber kaufen zu müssen, macht ihr die Sache noch komplizierter. Dabei müsst ihr nur die Wurzel des Problems erkennen und es beheben. Es ist eigentlich so einfach, aber überall sehe ich Leute, die es mit Ratgebern versuchen, wie den Typen in meiner Subway-Filiale. Jedes Mal, wenn ich bei ihm ein Sandwich kaufe, erzählt er mir vom neuesten Selbstverwirklichungsbuch, das er sich gekauft hat, und wie sehr es sein Leben verändert hat. Ich würde ihm am liebsten sagen: »Alter, du arbeitest bei Subway.« Anstatt ein Dutzend Ratgeber zu lesen und vielleicht ein, zwei Tipps daraus mitzunehmen, solltet ihr lieber etwas analytischer vorgehen.

So habe ich es in meiner Schulzeit gemacht. Wie die meisten 15- oder 16-jährigen Jungs verbrachte ich meine ganze Freizeit in meinem Zimmer, hörte Nine Inch Nails und ritzte mich (in den Songs heißt es doch, man soll das machen, oder?). Ich ging auf eine katholische Schule, wo die Mädels Pferdeschwänze trugen und in karierten Komm-und-nimm-mich-Röckchen herumstolzierten, aber ich hatte zu wenig Selbstsicherheit und Artikuliertheit (keine Ahnung, ob es das Wort gibt), um mit ihnen zu sprechen. Im Abschlussjahr war ich es endlich satt, ein linkischer, gehemmter Junge zu sein. Hätte ich den Weg der Ratgeberliteratur eingeschlagen, wäre ich wahrscheinlich heute noch ein hoffnungsloser Fall, aber stattdessen begann ich, Selbstvertrauen vorzutäuschen. Überraschenderweise funktionierte es. Je mehr ich vorgab, cool zu sein, desto selbstsicherer wurde ich. Es war ein bisschen wie das Spiel, das Jungs in der Disco spielen – wo man versucht, zehn Telefonnummern zu ergattern. Auch wenn man von den zehn angesprochenen Frauen zehn Abfuhren bekommt, fällt einem das Ganze doch immer leichter. Als ich ein paar Jahre später aufs College kam, waren alle anderen irgendwie verklemmt, nur ich nicht, und ab da war ich recht erfolgreich bei den Frauen. Es war, als hätte ich das nur durch eigene Willenskraft erreicht. Und die Moral von der Geschichte: Tut einfach so, als ob.

Euer Selbstvertrauen ist gleich NULL, wenn …

1. … ihr die Party nach dem Kampf in der Notaufnahme plant. (Das habe ich zwar noch nie gemacht, aber ich habe schon einmal im Krankenhaus gefeiert, nämlich nach dem Kampf gegen Stephan Bonnar. Stephans Freundin brachte was von McDonald's mit, und Rory ging Bier kaufen. Als sie hereinkamen, saßen Stephan und ich schon beisammen. Es war echt lustig.)
2. … ihr vor einem Kampf nicht pinkeln geht, weil euch der Anblick eures kleinen Pimmels entmutigen könnte.

3. ... ihr in eurer Ecke nervös herumzappelt, zwanghaft kichert und euch dabei die Hand vor den Mund haltet wie ein Mädchen.
4. ... euch bei der Ankündigung der Kontrahenten die Tränen in die Augen schießen.

Das Außergewöhnliche alltäglich machen
(In den Flow kommen)

Jemand viel Klügeres als ich hat einmal gesagt, dass man das Außergewöhnliche zum Alltäglichen machen solle. Keine Ahnung, wer das war, denn ich bin offenbar schon mit dem Boxersyndrom zur Welt gekommen – es ist aber eine großartige Idee. Kämpfen fällt vermutlich in die Kategorie des Außergewöhnlichen, da es gewisse Prozesse im Gehirn auslöst und die Ausschüttung bestimmter Substanzen im Körper verursacht. Ich bin mir jetzt nicht ganz sicher, welche Substanzen – Adrenalin, Östrogen, Tyrosur, wer weiß? Aber eines weiß ich ganz sicher: Wenn man im Scheinwerferlicht den Gang runterläuft und dann in den Käfig steigt, um vor Tausenden von Fans und Dutzenden von Kameras zu kämpfen, ist das verdammt noch mal außergewöhnlich.

Für Typen wie Michael Jordan oder Anderson Silva, die es irgendwie geschafft haben, in ihrer jeweiligen Sportart allen unbestritten überlegen zu sein, ist das ein Spaziergang – ein Sieg unter vielen. Für sie ist das *Verlieren* außergewöhnlich, es kam ja bei beiden eher selten vor. Aber wir Normalsterbliche werden schon mal nervös, und diese Nervosität hat für uns eher negative Folgen. Das Herz beginnt wie wild zu schlagen, man bekommt keine Luft, und die Eier jucken. Nicht zu vergessen die ganzen Substanzen – mit so viel Kerosin und Astronautin in den Adern wird man ganz kirre. Zwar sind die Jordans und Silvas (die *Anderson* Silvas – nicht zu verwechseln mit jedem zweiten Brasilianer) dieser Welt seltene Ausnahmeerscheinungen, was ihr sportliches Talent angeht, aber es ist sicher lohnenswert, sich ihre Einstellung zum Wettkampf zum Vorbild zu nehmen. Versucht, außergewöhnliche Momente so alltäglich wie möglich erscheinen zu lassen, und fangt dabei mit den einfachen Dingen an: Legt beispielsweise fest, welches Aufwärmtraining ihr am Kampftag machen wollt, und führt in der Vorbereitung dann jeden Tag genau dieses Warm-up aus. Zwar werden beim Wettkampf die Umgebung und die Anwesenden andere sein, aber wenigstens das Aufwärmtraining ist euch vertraut. Auf diese Weise kommt euch der bevorstehende Kampf ein bisschen mehr wie ein Training vor und nicht wie ein Wendepunkt in eurem Leben. Als ich bei *The Ultimate Fighter* Coach war, habe ich bei meinen Jungs eine ähnliche Taktik angewendet. Wenn einer von ihnen am kommenden Tag einen Kampf hatte, legte ich seine Einzugsmusik ein und ließ ihn zum Käfig gehen, sein T-Shirt ausziehen und drei Runden Schattenboxen machen. Dabei ging es nicht um seine Technik, sondern darum, ihn mit der ganzen Prozedur vertraut zu machen und den nächsten Tag für ihn weniger krass werden zu lassen.

Gleichzeitig solltet ihr es nicht so weit treiben, dass ihr gar nichts mehr fühlt. Erhaltet euch die Aufregung, aber gewöhnt euch so gut an die Umgebung, dass ihr den Durchblick bewahrt. Das alles ergibt sich, wenn ihr eure Hausaufgaben macht und eine Strategie entwickelt, auf die ihr euch verlassen könnt. Die Balance herstellen zwischen dem Gewöhnlichen und dem Außergewöhnlichen, das ist etwas, was Musiker ständig tun. Sie müssen ein Lied so lange üben, bis sie es instinktiv spielen können, aber sie dürfen es auch nicht so oft wiederholen, dass es bei der Aufführung schal wird. (Anmerkung für meinen Exmitbewohner – ja, du bist gemeint: Du Arschloch hast mich dazu gebracht, A-ha zu hassen. Ich mochte die Band echt gerne, bis du ihr verfluchtes »Take on me« bis zum Erbrechen abgenudelt hast.) Glaubt mir, es ist so wichtig, sich diese erwartungsvolle Aufregung zu erhalten – dieser Gefühlsrausch hält nicht ewig an, und wenn er verflogen ist, würdet ihr sicherlich alles dafür geben, ihn wiederzukriegen.

Plan B

Ich finde es wichtig, einen Alternativplan zu haben, im Kampfsport wie im Leben. Sogar ein Plan C, D und E können sehr nützlich sein. Über diese Alternativen braucht ihr nicht ständig nachzudenken, denn das würde euch nur von Plan A ablenken, aber ihr solltet sie in einem Winkel eures Bewusstseins parat haben für den Fall, dass es mit euch bergab geht. Schließlich findet man oft nicht gleich beim ersten Mal die richtige Strategie. Deshalb liebe ich Jiu-Jitsu so sehr; bei der Vielfalt an Moves und Locks lassen sich prima Zweit- und sogar Drittstrategien entwickeln. Man beginnt eine Kimura-Submission (bei der ein Arm des Gegners auf den Rücken gedreht wird) – wenn das nicht klappt, versucht man auf der anderen Seite einen Armhebel (z. B. indem man ein Gelenk erzeugt, wo gar keines ist, und den Arm in die andere Richtung schiebt). Funktioniert auch der Armhebel nicht, kann man einen Guillotine-Choke (muss ich den erklären?) ausprobieren oder wieder zur Kimura zurückkehren. So probiert man eine Technik nach der anderen, ist nie ohne Plan und Ziel und findet schließlich irgendeine Strategie, die funktioniert.

An dieser Stelle erzähle ich euch eine persönliche Anekdote, aus der ihr eine Lehre fürs Leben ziehen könnt. (Ihr habt das Buch gekauft, da wollt ihr doch auch was über mich wissen – *außer* meiner Tiefschutzgröße, ihr Perversen). Ich hatte fest vor, MMA-Profi zu werden. Ich habe mir ein paar Jahre lang einen Wolf trainiert und bei so vielen Wettkämpfen wie möglich mitgemacht, aber ich steckte bei kleineren Promotern fest, woraus sich – Überraschung – ein erheblicher Geldmangel ergab. Manchmal hatte ich nicht mal genug, um etwas zu essen zu kaufen. Es ging mir dreckig, und ich hätte wahrscheinlich etwas anderes angefangen, wenn ich nicht das Buch *Die Arbeit des Schauspielers an sich selbst* von Konstantin Stanislawski gelesen hätte. Dieses Buch, ach was: diese *Bibel* (manche Ratgeber verdienen das Attribut »biblisch« – noch eine Ausnahme von meiner Anti-Ratgeber-Haltung) erklärt zwar, wie man ein guter Schauspieler wird, aber der Autor bringt auch eine echt coole Geschichte über eine Bande von

Piraten, die vor Seeschlachten immer die Rettungsboote versenkt haben, sodass ihnen die Fluchtmöglichkeit genommen war. Das schien eine ziemlich kluge Taktik gewesen zu sein, denn jeder einzelne Pirat kämpfte um sein Leben. Schließlich hatten sie keine andere Wahl. Entweder sie zerstörten das feindliche Schiff, oder sie gingen bei dem Versuch drauf.

In Stanislawskis Erzählung klang das nach einer supereffektiven Kampfstrategie, die auch auf mein Leben anwendbar sein musste, und genau das tat ich auch. Ich nahm mir vor, das Kämpfen niemals aufzugeben, egal, wie dreckig es mir dabei ging. Im Training tat ich alles in meiner Macht Stehende, um in diesem Sport zu glänzen. Aber 2004 erlitt ich eine ziemlich schwere Verletzung, als ich es bei den Heat Fighting Championships 2 in Brasilien mit Edson Pardue aufnahm. Gleich zu Beginn des Kampfes kam er mit einem Legkick, und ich blockte den Tritt mit meinem linken Arm ab. Sofort schoss der Schmerz durch meinen Arm, doch über Edsons darauffolgende Gesichtstreffer vergaß ich ihn wieder. Ein paar Minuten später schlug ich ihn mit einer harten Rechten k. o. Der Schmerz in meinem Arm setzte erst nach dem Kampf wieder ein. Adrenalin, Urin und Essig können Schmerzen zwar in der Hitze des Gefechts betäuben, doch das hält nicht lange an.

Also suchte ich eine brasilianische Notaufnahme auf, was sich als einzigartige Erfahrung erweisen sollte. Erst einmal saßen dort alle auf dem Boden. Es waren mehrere Sitzplätze frei, und ich dachte sofort: *SIND DIE DOOF!* Schnell wollte ich mich hinsetzen, bevor mir jemand den Platz wegschnappen konnte, doch gerade noch rechtzeitig sah ich, warum der Platz frei war – er war voller Kotze. Der Promoter des Kampfes ging leicht frustriert zum Tresen und bestach die Rezeptionistin, damit ich schneller drankäme. Dann wurde ich ins Behandlungszimmer geführt und kurz darauf einer indischen Dame vorgestellt, die britisches Englisch sprach. Sie kam mir recht intelligent vor, und ich war erleichtert, mich in guten Händen zu wissen. Sie machte ein paar Röntgenaufnahmen, bestätigte, dass der Arm gebrochen war, und rief jemanden zum Fixieren. Der Typ, der dann zur Tür reinkam, wirkte leider nicht halb so intelligent wie die

Ärztin. Es war ein großer, stämmiger Kerl im Overall, der hauptberuflich Maurer zu sein schien. Ich schaute mich nach der klugen indischen Ärztin um, aber sie war nirgends zu sehen. Ich war ziemlich beunruhigt, hatte aber keine andere Wahl, als meinen Arm dem Typen zu überlassen. Als er fertig war, hatte ich einen gewaltigen Gips, der aussah, als hätte sich ein zweijähriges Kind mit Pappmaschee ausgetobt.

Zurück in Amerika, ging ich zum Arzt und erfuhr, dass es sich um einen komplizierten Bruch handelte und man mir operativ eine Stahlplatte einsetzen müsse. Aufgrund meines Berufes hatte ich weder Krankenversicherung noch Erspartes (ich verdiente oft fünfstellige Summen – mit einem Komma nach der dritten Ziffer), sodass die empfohlene OP nicht infrage kam. Und nun machte mein gebrochener Arm nicht nur das Kämpfen unmöglich, sondern kostete mich auch noch meinen Job als Türsteher.

Es lag bestimmt nicht an Motivationsschwäche, dass ich an dieser Stelle »Jetzt reicht's« sagte. Wenn man so tief herabsinkt, dass man hungern muss – und damit meine ich nicht: in einer engen Einzimmerbude wohnen und jeden Abend eine Dose Linsensuppe essen, sondern: Frühstück und Mittagessen auslassen, um sich die abendliche Linsensuppe *überhaupt leisten* zu können –, muss man einen Plan B in petto haben, und für mich hieß das: Polizist werden. Mein Plan C aber war, wieder mit dem Kämpfen anzufangen. (Weiter kam ich damals nicht im Alphabet, also gab es keinen Plan D – heute komme ich fast bis zum Z, ganz ohne das ABC aufzusagen.) Diesen Traum hielt ich in meinem Innern am Leben, und als ich von der ersten *Ultimate-Fighter*-Staffel hörte, schickte ich eine Bewerbung hin. Den Rest habt ihr ja mitbekommen ... oder auch nicht.

Hätte ich wirklich meine Rettungsboote versenkt und mit gebrochenem Arm weiter Kampfsport gemacht – wer weiß, wo ich heute wäre. Möglicherweise würde ich immer noch bei kleineren Veranstaltern feststecken und wäre frustriert, weil ich meinen großen Traum nicht verwirklicht hätte. Wer weiß? Trotzdem sollte ein Plan B keine Entschuldigung fürs Aufgeben sein. Darin besteht die Gefahr von Alternativplänen – dass man zu schnell auf sie zurückgreift. Seid ehrlich zu euch selbst: Gebt ihr euren Traum auf, weil ihr tatsächlich am Ende seid (und ausseht wie Christian Bale in *Der Maschinist*), oder lasst ihr ihn sausen, weil er zu anstrengend geworden ist (weil der Chef so mit euch geschimpft hat, dass ihr weinen musstet)? Diese Frage müsst ihr für euch beantworten, und wenn ihr nicht in der Lage seid, sie *ehrlich* zu beantworten, könnt ihr auch gleich die Rettungsboote versenken (oder so viele Pläne machen, dass das ganze Alphabet nicht reicht und ihr die Buchstaben doppelt verwenden müsst), denn ihr werdet wahrscheinlich immer aufgeben, bevor ihr überhaupt eine Chance auf Erfolg habt. Mein Rat: Betrachtet Plan B nicht als Kapitulation – sondern als Modifikation von Plan A.

Lieben, was man tut
(und mit wem man es tut)

Immer wieder werde ich gefragt, warum ich kämpfe. Meine Antwort ist ganz einfach: Für mich ist MMA die ultimative Form des Wettkampfs. Wenn ihr Eishockey- oder Fußballfans seid, werdet ihr mir vielleicht widersprechen. Beide Sportarten sind ebenfalls kämpferisch und bisweilen gewalttätig. Aber was machen Spieler dieser Sportarten, wenn sie eine Auseinandersetzung nicht im Spielverlauf klären können? Sie fordern den anderen weder zu einem Wettrennen noch zum Torwandschießen heraus. Nein, sie schmeißen Ball oder Schläger hin und gehen aufeinander los. Warum? Weil Kämpfen der ultimative Wettkampf ist. Wenn ihr beim Pingpong, beim Dart oder Basketball besiegt werdet, könnt ihr immer noch euer Gesicht wahren und behaupten: »Aber verhauen könnt ich den.« Wenn ihr im Kampf verliert, seid ihr geschlagen. Einen Kampfsportler werdet ihr nie sagen hören: »Im Käfig hat er mich zwar besiegt, aber beim Minigolf würde ich ihn fertigmachen.«

Ich mag alle möglichen Sportarten, aber der Kampfsport bringt mir mit Abstand die größte Befriedigung, denn er ist absolut ehrlich. Als ich bei der Polizei war, verdiente ich 26 000 Dollar im Jahr. Dabei hatte ich immer das Kämpfen im Sinn und nahm mir vor, die Polizeimarke abzugeben und Profifighter zu werden, wenn ich es im Käfig auf 26 000 brächte. Ich hätte nie zu träumen gewagt, dass ich eines Tages sechsstellige Summen pro Kampf bekommen würde, denn damals wurstelte die MMA-Szene noch ohne größere Öffentlichkeit im Untergrund herum. Selbst heute, wo ich deutlich mehr als 26 000 im Jahr verdiene, lebe ich unter meinen Verhältnissen, weil sich das, was ich tue, so mehr nach Leidenschaft anfühlt als nach Arbeit. Ich kaufe mir nur alle fünf Jahre ein neues Auto und gebe dafür vielleicht 15 000 Dollar aus. In mein jetziges ist mir schon dreimal jemand reingefahren, trotzdem habe ich die drei Unfallverursacher noch nicht einmal nach ihrer Versicherung gefragt. Mit einem 100 000-Dollar-Auto und noch mehr teurem Scheiß würden sich bei mir die Rechnungen stapeln, und das Kämpfen wäre mehr Geldverdienen als Leidenschaft. Ich möchte mich einfach mit nichts belasten, was mich von dem ablenken könnte, was ich am liebsten tue: anderen die Fresse zu polieren. So. Jetzt hab ich's gesagt.

Meiner Meinung nach gibt es keine richtigen oder falschen Gründe, um zu kämpfen – es gibt nur verschiedene. Wenn ihr mit MMA anfangt, weil ihr einen Vorwand braucht, um euch tätowieren zu lassen und dumme Weiber aufzureißen – hey, solange es euch glücklich macht, wieso nicht? Wenn ihr in den Ring steigt, weil ihr nach einer organisierten, legalen Möglichkeit sucht, um anderen wehzutun – na, dann gutes Gelingen, ihr kranken Arschlöcher. Mittlerweile wird überall auf der Welt aus allen erdenklichen Gründen MMA betrieben. Nichtsdestotrotz gilt Ben Franklins Satz: »Wenn du eine Arbeit hast, die du liebst, wirst du dein Leben lang keinen Tag arbeiten müssen.« Der olle Ben und ich, wir wären Kumpels gewesen.

Underdoggy Style

Falls ihr zu denen gehört, die den lieben langen Tag superfröhlich herumlaufen, verabscheue ich euch. Und ihr geht damit nicht nur chronischen

Zynikern wie mir auf die Nerven, sondern stellt euch langfristig auch selbst ein Bein, denn ihr schafft Erwartungen. Sobald ihr nämlich mal einen schlechten Tag habt, fragen alle: »Wie bist du denn drauf? Brauchst du 'n Tampon?« Das nervt. Glaubt mir, es ist besser, wenn keiner was von euch erwartet, und das erreicht ihr am besten, indem ihr euch bewusst gemäßigt gebt. Eine gesunde Portion Selbsthass kann dabei auch nicht schaden. Wenn ihr dieses Buch von vorn bis hinten durchlest und nicht vor lauter ADHS wie bescheuert hin und her blättert, dann wisst ihr schon Bescheid, aber ich sag's noch mal: Bleibt möglichst ausgeglichen. Im Film gackert der Schurke immer, als ob er einen Steifen hätte und sich darüber freuen würde, dass niemand es weiß. Der Held – Rocky, Daniel, Alex Grady (Tipp für Kenner: *Best of the Best/Karate Tiger* anschauen) – zeigt keine Regung, denkt analytisch, handelt nachvollziehbar. Wenn ihr der Underdog seid und euch den Arsch aufreißt, wird das Publikum eure Leistung würdigen, egal, ob ihr gewinnt oder verliert. Aber eines sage ich euch: Wenn ihr der Favorit seid und verliert, werdet ihr über Nacht zum Fußabtreter. (Apropos: Muss mal schauen, wie eigentlich die Wetten für meinen nächsten Kampf stehen ...) Egal, wie sehr ihr davon überzeugt seid, euren Gegner windelweich prügeln zu können – lasst es nicht raushängen. Ich meine damit nicht, dass ihr immer angespannt und schlecht drauf sein sollt, im Gegenteil, ihr sollt euch entspannen und das Leben genießen; aber weckt dabei keine Erwartungen. Wenn ihr beispielsweise einem Mädel sagt, ihr hättet einen riesigen Schwanz, wird es wahrscheinlich enttäuscht sein, wenn ihr die Hose runterlasst. Frauen haben nämlich eine völlig andere Definition von »riesig«. Sobald dieses Wort fällt, haben sie so was wie den Schiefen Turm von Pisa im Kopf. Wenn ihr aber einer Frau sagt, sie solle sich selbst ein Bild machen, und sie dann in eurer Hose ein durchschnittlich großes Stück vorfindet, wird sie immerhin mit 50-prozentiger Wahrscheinlichkeit nicht enttäuscht sein.

Lebe wild und gefährlich

Es gibt zwei prima Möglichkeiten, bei einem Kampf verletzt zu werden. Die erste besteht darin, schon beim Betreten des Käfigs damit zu rechnen, dass man verletzt werden wird. Diese Einstellung, die wir Pussy-Einstellung nennen werden, ist meistens eine Folge von mangelndem bis fehlendem Selbstvertrauen. Ich weiß zwar nicht, wieso, aber eine solche Prophezeiung bewahrheitet sich meistens. Die zweite Möglichkeit ist zu glauben, man könnte nie und nimmer und unter gar keinen Umständen verletzt werden. Diese Einstellung, die wir Väter-haltet-eure-Töchter-bloß-von-diesem-hirnrissigen-Oberschwachmaten-fern-Einstellung nennen werden, ist meistens eine Nebenwirkung von übertriebenem Selbstvertrauen. Ich habe viele Typen »Der kann mir nichts anhaben« sagen hören, und nachher wurden sie im Krankenwagen abtransportiert. Als Kampfsportler solltet ihr, wenn ihr mit dem Sport alt werden wollt, den goldenen Mittelweg suchen. Das gilt aber auch für alle Abenteuerlustigen und diejenigen, die beruflich etwas Gefährliches machen. Seid euch über die Gefahren eures Vorhabens im Klaren, und findet schon mal die schnellste Route zum Krankenhaus heraus (über das ihr euch bereits eingehend erkundigt habt - ein gutes Zeichen sind ausländische Ärzte, die weder Forrest noch Griffin heißen), aber übertreibt es nicht mit der Vorsicht. Wenn ihr euch zu sehr damit belastet, solltet ihr vielleicht über einen Berufswechsel nachdenken. Lampenfieber ist ganz normal, solange ihr euch vor dem großen Auftritt nicht die Seele aus dem Leib reihert.

Ohne Leidenschaft wird's nichts

(Aber fangt bloß nicht an, das Bein eures Gegners zu rammeln, denn das wäre echt ... nicht ... cool)

Das Folgende richtet sich an alle Kampfsportler, trifft im Grunde aber auf jeden von euch zu. Ihr werdet nie etwas Großartiges vollbringen, wenn ihr es halbherzig tut - das gilt besonders für den Kampfsport. Wenn ihr auf der MMA-Leiter ganz nach oben wollt, müsst ihr eine ausgeprägte Leidenschaft für das Kämpfen im Käfig mitbringen. Seid ihr mal müde und ausgelaugt, kann der Gang zum Studio schwerer sein als der zum Zahnarzt. Solche Tage sich wirklich ätzend, aber ihr müsst da durch. Echten Erfolg erntet man im Kampfsport nur mit leidenschaftlicher Zähigkeit und leidenschaftlichem Kampfgeist, beides ist im Prinzip das Gleiche. Wenn ihr deutlich spürt, dass die Aufregung nachlässt (und das bemerkt ihr am ehesten an dem Tag, an dem euer Lieblingstraining auf dem Plan steht – wenn ihr Stand-up-Kämpfer seid und null Bock aufs Boxtraining habt, seid ihr wahrscheinlich ausgebrannt), solltet ihr euch eine Pause gönnen. Mir ist es einmal so ergangen – so ungefähr. Tatsächlich zwang mich eine Schulterverletzung dazu, sieben Monate lang auszusetzen. In vielerlei Hinsicht war das für mich ein Glücksfall, weil ich zu dieser Zeit so übertrainiert war, dass ich mir selbst nicht mehr helfen konnte. Zwar liebte ich das Kämpfen nach wie vor, aber mein Körper und meine Seele brauchten dringend eine Auszeit. Nach zwei Monaten Pause ging ich daheim die Wände hoch. Bildlich gesprochen, denn mit meiner Schulter war an Klettern nicht zu denken. Trotzdem war diese erzwungene Pause ein Segen, denn dadurch wurde mir klar, wie wichtig das Trainieren und Kämpfen für mein Leben geworden war. Als ich endlich ins Studio zurückkehren konnte, hatte sich meine Leidenschaft verzehnfacht.

Klappe halten, Augen auf

Überlegt euch mal, wie viele verschiedene Techniken in MMA-Wettkämpfen angewendet werden können – irrsinnig viele. Es gibt immer etwas Neues zu lernen. Wenn ihr also glaubt oder so tut, als wüsstet ihr schon alles, seid ihr definitiv geistig zurückgeblieben. Selbst wenn ihr der beste Brazilian-Jiu-Jitsu-Kämpfer der Welt seid – es gibt trotzdem eine Menge Leute, die euch neue Techniken und Ansätze zeigen können.

Um mit der rasanten Entwicklung dieser Sportart mithalten zu können, müsst ihr offen für Neues bleiben. Noch vor wenigen Jahren hätte ich selbst behauptet, dass abgefahrene Karatetritte im Oktagon nie und nimmer funktionieren könnten. Lyoto Machida widerlegte meinen dummen Irrtum. Die beste Methode, um sich als Kampfsportler weiterzuentwickeln, ist: Mund halten und Augen aufmachen. Saugt so viel Wissen wie möglich auf, setzt um, was für euch funktioniert, und vergesst den Rest. Allerdings sollte ab etwa sechs Wochen vor einem Kampf Schluss sein mit neuen Techniken: Im letzten Monat der Vorbereitung werden nur noch die bereits vorhandenen Fähigkeiten perfektioniert.

Beim Versuch, Jeff Monson aus der Guard heraus zu treffen (29.6.2002 – Foto: Paul Thatcher)

Beim Versuch, Jeff Monsons Guard zu durchbrechen (29.6.2002 – Foto: Paul Thatcher)

Sieg über Jeff Monson bei WEFC 1 (19.6.2002 – Foto: Paul Thatcher)

Dirty-Boxing mit Hector Ramirez (16.6.2007 – Foto: Paul Thatcher)

Hector Ramirez bekommt einen Thaikick in die Rippen (16.6.2007 – Foto: Paul Thatcher)

Ein Tritt in Mauricio »Shogun« Ruas Rippen (22.9.2007 – Foto: Paul Thatcher)

Rua wird dem Ground 'n' Pound unterzogen. Warum eigentlich dieses kleine 'n'? Ist es denn zu viel verlangt, das Wort and auszusprechen? (22.9.2007 – Foto: Paul Thatcher)

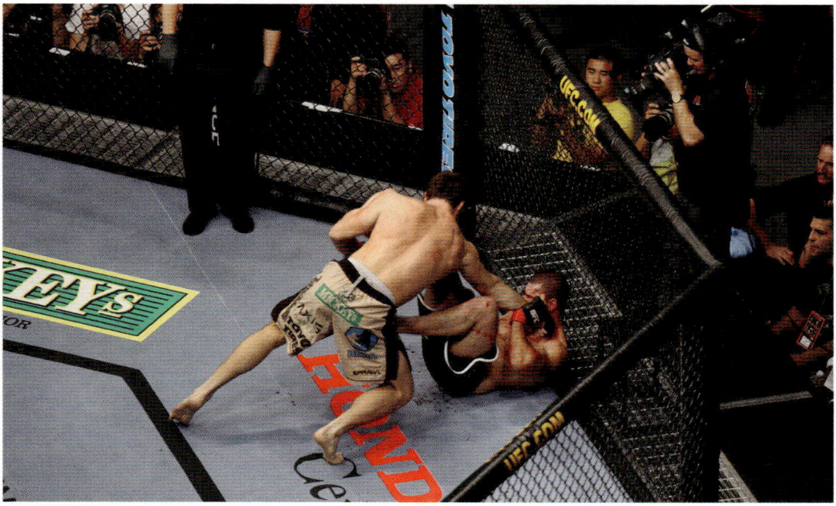

Rua wird per Rear Naked Choke erledigt (22.9.2007 – Foto: Paul Thatcher)

Bei dem Versuch, Quinton Jackson in die Guillotine zu nehmen. Währenddessen zoomt der Kameramann im Hintergrund genau auf meinen Arsch. (5.7.2008 – Foto: Paul Thatcher)

Forrest: »... sagt der Kellner zum Jockey: ›Und so ist der Football in meinen Arsch geraten.‹«

Quinton: »Du machst mich fertig, Forrest. Erzähl noch einen, du machst mich echt fertig.« (5.7.2008 – Foto: Paul Thatcher)

Sag meinem kleinen Freund Hallo (5.7.2008 – Foto: Paul Thatcher)

Auch wenn das verdächtig nach der guten alten Knie-in-den-Sack-Technik aussieht, die in diesem Buch erläutert wird, gehe ich davon aus, dass dieser Kniestoß Quinton Jackson in den Bauch traf (5.7.2008 – Foto: Paul Thatcher)

Bei dem Versuch, Quintons rechten Arm durch Headkicks zu beschädigen (5.7.2008 – Foto: Paul Thatcher)

Hier fange ich mir Quintons Rechte ein (5.7.2008 – Foto: Paul Thatcher)

Rashad Evans bekommt meine Rechte zu spüren spüren (27.12.2008 – Foto: Paul Thatcher)

Okay, das wird wahrscheinlich gleich wehtun (27.12.2008 – Foto: Paul Thatcher)

Forrest: »… sagt der Kellner zum Jockey: ›Und so ist der Football in meinen Arsch geraten.‹«
Gray Maynard: »Das ist überhaupt nicht cool, Forrest. Kümmer dich um deine gebrochene Hand. Hör jetzt bitte auf, mit mir zu sprechen.«
(27.12.2008 – Foto: Paul Thatcher)

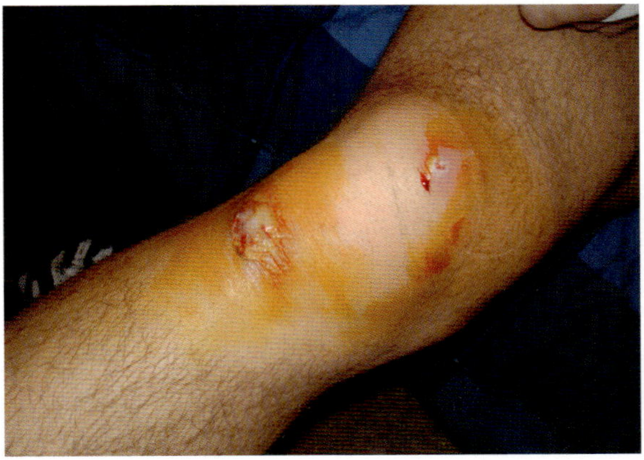

Mein fieser
Staph-Infekt
(Foto: Autor)

Schöner wird man nicht (Foto: Autor)

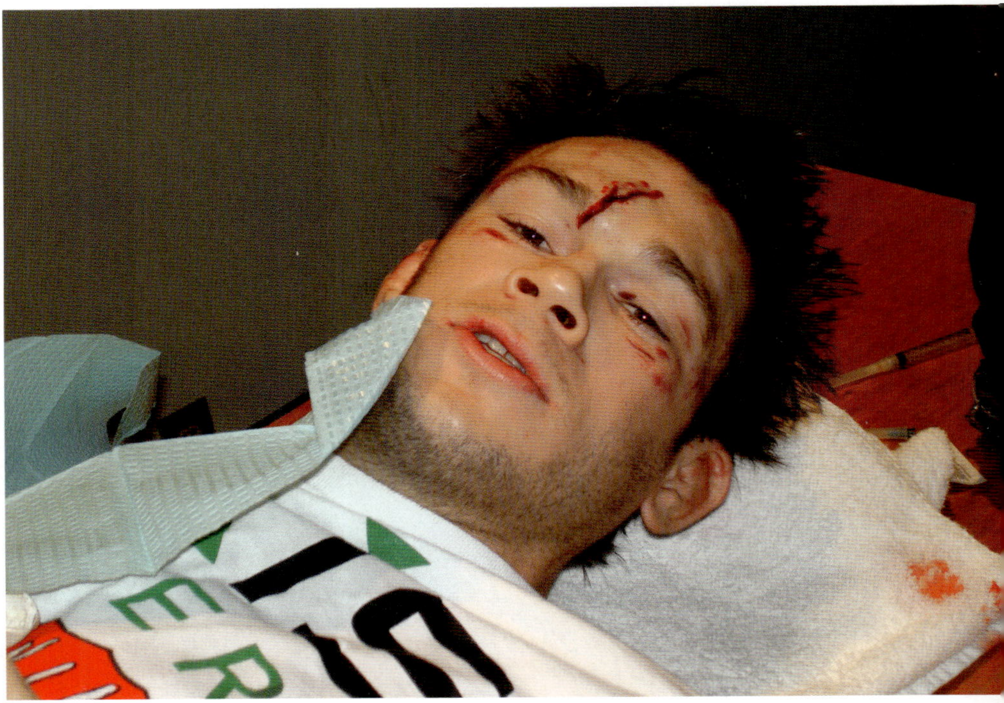

Ich, Forrest, groß und stark. Behaart wie ein Affe (Foto: Paul Thatcher)

»Das ist mein Gewehr. Es gibt viele seiner Art, aber dieses hier ist meines ...« (Foto: Autor)

3. KAPITEL

Guter Rat

Clubbing, aber richtig

Ist das echter Samt?

Nach einer anstrengenden Trainingswoche lässt man gern im Nachtleben etwas Dampf ab. In einer Stadt wie Las Vegas ist es jedoch schwieriger, in einen der beliebteren Clubs zu kommen, als an der Sicherheitskontrolle vorbei ins Weiße Haus zu gelangen. Ein paar Dinge können einem den Eintritt dennoch erleichtern.

1. *Berühmt werden.* Und mit berühmt meine ich nicht Reality-Serien-berühmt, nicht Dingsbums-aus-der-einen-Sendung-da-berühmt. Mit meiner Teilnahme bei *The Ultimate Fighter* habe ich noch keinen Türsteher beeindrucken können. Man muss schon Al-Pacino- oder Robert-De-Niro-berühmt werden.
2. *Reich werden*. Oder zumindest so tun, als ob. Dem Türsteher zwinkernd einen Zehner zuzustecken reicht nicht. Das würde ihn eher dazu verleiten, aus verletzter Türsteherehre mit eurem Gesicht den Bordstein zu schrubben. Schließlich hat er doch nicht jahrelang die Schule vernachlässigt und sich den Hintern bis zum Platzen mit Steroiden vollgespritzt, um sich von irgendeinem Normalbürger mit zehn ehrlich verdienten Dollars beleidigen zu lassen (und glaubt nicht, dass er euch das schwuchtelhafte Zwinkern durchgehen lässt). Solange ihr also nicht bereit seid, größere Summen springen zu lassen, solltet ihr das Schmiergeld lieber stecken lassen.
3. *Sich mit einer Gruppe echt scharfer Mädels anfreunden.*[2] Scharfe Mädels kommen in jeden Club hinein und dürfen meistens auch ein oder zwei Typen mitbringen. Allerdings gilt eine strenge Quote von drei zu eins: Für drei scharfe Mädels wird ein hässlicher Trottel eingelassen. Wenn ihr es geschafft habt, euch mit einem Schwarm Mädels anzufreunden, der aber noch andere Kerle im Schlepptau

---

[2] *Wenn ihr tatsächlich so viele geile Mädels kennt und/oder auftreiben könnt und in die Kumpelsphäre vorgedrungen seid, könnt ihr euch einen viel einfacheren und deutlich billigeren Abend machen, indem ihr einen guten Tequila und einen Kasten Bier besorgt und euch einen anzwitschert, während eure neuen Freundinnen gegenseitig die Shots aus ihren Bauchnäbeln schlürfen. Legt ein bisschen Strip-Musik auf, versichert hin und wieder, mit ihnen loszuziehen, sobald ihr mit dem Vorglühen fertig seid, und genießt einfach euren ganz persönlichen Nachtclub.*

hat, solltet ihr den Weg der Sabotage wählen. Beispielsweise könnt ihr Sachen flüstern wie: »Dein Kumpel Bob da, der ist 'n echt guter Typ. Verstehe gar nicht, wieso er meint, du hättest 'nen fetten Arsch.« Diese Strategie kann dauerhaft funktionieren, aber solltet ihr eine eurer »Eintrittskarten« vögeln, seid ihr schnell alle los. Deshalb: immer schön in der Kumpelsphäre bleiben.

4. *Im nächstgelegenen MMA-Studio trainieren.* Die meisten Türsteher sind Möchtegern-Profikämpfer, und ihr müsst ihnen beim Training nur immer versichern, wie gefährlich sie sind, dann lassen sie euch vielleicht in den Club. Wenn ihr ein Federgewicht seid und nicht Urijah Faber heißt, kommt für euch, da die meisten Türsteher mindestens 100 Kilo schwer sind, am ehesten die Arschkriechmethode infrage. Falls ihr euch aber mit Mr. Ballonbizeps messen könnt, wäre auch die Hau-ihn-vor-dem-ganzen-Studio-windelweich-und-gib-ihm-danach-ein-Bier-aus-Methode einen Versuch wert. Damit verschafft ihr euch Respekt und seine Freundschaft. Ich sollte es jedoch noch einmal betonen: *Bitte* schätzt eure Fähigkeiten realistisch ein, bevor ihr diese Methode anwendet. Im schlimmsten Fall verunstaltet euch der Steroidjunkie nicht nur die Nase, sondern nennt euch fortan »Pussy Boy«, und niemand, der Pussy Boy heißt, darf in seinen Club rein.

5. *Im nächstgelegenen Fitnessstudio trainieren und auf den größten Lackaffen achten.* Wenn MMA euch Angst macht und euch schon beim Gedanken daran, ein MMA-Studio aufzusuchen, das Pipi die Beine herabrinnt – ja, warum lest ihr das dann überhaupt? Und woher zum Teufel wisst ihr eigentlich, wer ich bin? Aber um echte Kerle nicht mit eierlosen in einen Topf zu schmeißen, habe ich auch einen Rat für euch scheue Geschöpfe. Wenn ihr in eurer Mission (unglaublich, dass ich Pussy Boy wie Ethan Hunt behandle) so weit seid, dass ihr eine Zielperson gefunden habt, die sich vor dem Training offensichtlich die Haare zurückgegelt hat, oder wenn ihr nahe genug an jemanden rangekommen seid, der dem Geruch nach soeben einer Parfümflasche entstiegen ist (nah genug heißt acht Meter Entfernung, der Typ wird also schon nicht denken, dass ihr scharf auf ihn seid), habt ihr es wahrscheinlich mit einem Türsteher zu tun. Macht euch mit ihm bekannt und eilt in den nächsten Wochen jedes Mal herbei, wenn er Hilfestellung braucht. Freitagabend seid

ihr dann zwar nicht unbedingt sein bester Freund, aber er wird euch zumindest respektieren und höchstwahrscheinlich einlassen. Tja, eine Hand wäscht die andere. Geständnis: Da ihr bis hierher gelesen habt, sollte ich ehrlich zu euch sein. Ich war ein Pussy Boy. Diese Methode habe ich benutzt. Ich habe die ersten vier Methoden ausprobiert, aber es half alles nichts. Ohne jetzt näher darauf eingehen zu wollen – ja, die Fitnessstudionutte habe ich nicht nur fürs Fernsehen gespielt. Tatsächlich ist es so, dass ich ohne die paar Bekanntschaften, die ich mit Türstehern im Studio machte, keinen Schimmer hätte, wie die Clubs von Las Vegas von innen aussehen.

6. *Die letzte Möglichkeit, eingelassen zu werden, besteht darin, auf der »Liste« zu stehen.* In den besseren Clubs kann man gegen exorbitante Summen Tische buchen, und der Depp, der geblecht hat, darf für seinen Tisch eine Liste zusammenstellen. Keine Ahnung, wie oft ich schon von irgendeinem Bekannten gehört habe, ich stünde auf der Liste, nur um dann zum Club zu kommen und vom Türsteher mit »Nö, is nicht. Und Tschüss.« abgefertigt zu werden. Man steht da wie ein Obertrottel. Um dem vorzubeugen, solltet ihr euch mündlich bestätigen lassen, dass es eine Liste *gibt* und dass *ihr draufsteht*. Dazu müsst ihr nur beim Club anrufen und nachfragen. Wenn dort niemand etwas davon weiß, solltet ihr sofort dieses Arschloch von einem Freund finden und ihm in den Hintern treten. Ich wäre gern selbst auf die schlaue Idee gekommen, einfach beim Club anzurufen, sie ist jedoch ein Tipp von Mark Lamen, einem Jiu-Jitsu-Genie. Ich bin deswegen zu der Auffassung gelangt, dass Jiu-Jitsu-Leute mehr gesunden Menschenverstand haben als echte MMA-Typen.

Dabei sein ist alles

Wenn ihr die erste Prüfung bestanden habt und euch *in* einem noblen Club befindet, ist das weitere Vorgehen manchmal schwer abzuschätzen. Schließlich habt ihr bisher die meisten Abende damit verbracht, euch draußen auf dem Bordstein einen abzufrieren. Anstatt gleich zur Bar vorzurücken und 27 Dollar für ein paar Bier auszugeben, empfehle ich, schon vor dem Ausgehen zu trinken. Nun, damit sage ich den meisten von euch nichts Neues, aber das ist erst der Anfang. Damit der Abend angenehm weitergeht, solltet ihr euch gleich nach Betreten des Clubs ein leeres Glas suchen, es auf der Toilette im Waschbecken ausspülen und euch dann einen Tisch suchen, an dem es möglichst hoch hergeht. Schließt euch dem Haufen mit einem charmanten Lächeln an und beginnt eine sinnfreie Plauderei mit einem Betrunkenen. Ein Betrunkener wird wahrscheinlich nicht merken, dass er euch gar nicht kennt. Nach ein paar Sätzen greift ihr euch beiläufig die Flasche, die auf dem Tisch steht, und schenkt euch großzügig ein. Ich muss zugeben, dass ich nicht oft trinke - Alkohol lässt meinen Sack schrumpfen, sodass mein einziger Hoden erstickt -, aber ich habe oft erlebt, wie sich jemand an meinen Tisch schummelte und mit dieser Methode Erfolg hatte. Diese Personen kennen weder mich noch meine Clique; sie setzen sich einfach dazu und saufen fleißig mit. Anstatt mich darüber aufzuregen, bewundere ich sie dafür. Besonders wenn es sich um eine Flatrate-Party handelt.

Wer ficken will, muss Promi sein (oder so aussehen)

Was beim Einlass in den Club hilft, ist auch das beste Mittel beim Aufreißen von Weibern: ein bekanntes Gesicht haben. Und zwar Hollywoodbekannt. Kennt ihr *Superhero Movie*? Ein unterirdischer Film, aber Miles Fisher liefert darin eine Tom-Cruise-Imitation ab, bei der ich Gänsehaut bekommen habe. Wenn ihr irgendeinem Star ähnlich seht, und sei es nur, dass ihr entfernt an Orlando, Brad oder - *dahinschmelz* - Jude erinnert, dann sollten eure Freunde möglichst auffällig auf euch zukommen und diesen Namen nennen. Plötzlich seid ihr der Star (also der betreffende Filmstar - nicht einfach »der Star« im Sinne von »im Mittelpunkt«). Eure Freunde sollten um Autogramme bitten oder euch einfach den ganzen Abend lang ihre ganze Aufmerksamkeit widmen (natürlich müsst ihr versprechen, das Gleiche demnächst für sie zu tun). Allein der Trubel wird das Interesse besagter Frauen wecken. Gutes Aussehen ist bei der Sache angeblich zweitrangig. Das wahre Aphrodisiakum ist die Anziehungskraft des Ruhms. Ich kann das bezeugen, denn mir ist es in einer Bar in Augusta einmal passiert. MMA-Sportler sind bei Weitem nicht so populär wie Filmstars, und vom Aussehen her bin ich wirklich kein Cary Grant (zumindest wenn ich das Rasieren vergessen habe), aber zufällig waren in dieser Bar jede Menge MMA-Fans. Ständig kamen Typen zu mir und wollten mit mir übers Kämpfen reden, und das fiel den anwesenden Mädels auf. Die meisten von ihnen hatten noch nie im Leben einen MMA-Kampf gesehen, aber das hielt sie nicht davon ab, mir den *Fick-mich-doch*-Blick zuzuwerfen. Wenn ihr den noch nie abgekriegt habt, dann tut's mir leid, dass ich euch das jetzt aufs Brot schmiere. Später jedenfalls erzählte mir mein Kumpel Luke, der etwas abseits gesessen hatte, er habe mehrere Frauen beim Abstreifen des Eherings beobachtet. Ich kann nachvollziehen, dass sie das bei einem Typen vom Film machen, den sie schon als kleine Mädchen angeschmachtet haben – aber bei einem, von dem sie noch nie etwas gehört haben? Für sie hätte ich auch Joey Buttafuoco heißen können. Zuerst gefiel mir die Aufmerksamkeit, ich musterte die Frauen und überlegte, welcher von ihnen mein Bademantel am besten stehen würde, aber dann überfiel mich die Erkenntnis: *Frauen müssen die Musik der Band gar nicht mögen, um mit dem Leadsänger schlafen zu wollen.* Ich war ihnen völlig egal, und ich wollte bei Gott nicht das hässliche Sexobjekt einer schönen Frau sein, nur damit sie allen davon erzählen konnte. Aber so zynisch es klingen mag, ich begriff, dass es nur ein klein wenig Personenkult braucht, um Frauen ins Bett zu kriegen.

Diese Theorie wollte ich mit ein paar Trainingskollegen aus dem Hardcore Gym überprüfen, und dazu liehen wir uns Videokameras und Lichtausrüstung und trieben uns damit in der Stadt herum, als wären wir Mitglieder einer Reality-Serie. Wir hatten sogar ein paar Typen dabei, die zufällig vorbeikommende Mädels abfingen und sie offiziell wirkende Abtretungserklärungen unterschreiben ließen. Schockiert? Gut. Das wollte ich erreichen. In Wirklichkeit haben wir das nicht gemacht, aber ich habe es mir öfter ausgemalt, und ich *schwöre*, die Weiber hätten uns am Sackzipfel gehangen.

Lässig ist gut, nachlässig ist besser

Als oberste Regel gilt: Kleidet euch nicht wie eure Freunde. Wenn Mädels das machen, ist es süß. Wenn Jungs es tun, ist es einfach bescheuert. Falls ihr mit Typen rumhängt, die dieselben Interessen haben wie ihr, kann das ganz schön schwierig sein. Als ich beispielsweise bei der Polizei war, fiel mir auf, dass alle Polizisten außerhalb des Dienstes so ziemlich das Gleiche anziehen. Alle tragen Jeans, Armeestiefel und total geschmacklose Flanellhemden oder schwarze T-Shirts, die sie sich in die Hose stecken - mit oder ohne Schwimmring. Und wenn wir jetzt annehmen, dass alle eure Freunde Kampfsportler sind - oder Möchtegern-Kampfsportler -, dann wäre es doch echt peinlich, wenn ihr alle in den gleichen Affliction-T-Shirts im Club auflauft. Selbst wenn es verschiedene T-Shirts sind - dass sie alle von Affliction sind, ist das Schlimme. Um nicht für einen eitlen Angeber gehalten zu werden, ziehe ich mich gern wie ein Penner an (ohne wie einer zu riechen, klar?). Natürlich muss man gut genug gekleidet sein, um eingelassen zu werden, also braucht man in der Regel ein Hemd mit Kragen, aber das Hemd muss kein Prada-Logo haben. Um euch ein Bild davon zu machen, was ich meine, solltet ihr daran denken, wie Tyler Durden in *Fight Club* angezogen ist. Der Kragen allein reicht meistens, um eingelassen zu werden (solange ihr die obigen Einschleimtechniken anwendet). Der Penner-Look mag eure Attraktivität vordergründig mindern, aber nach meiner Erfahrung ist er in den meisten Fällen äußerst hilfreich. Sie werden eure Freunde mustern, die allesamt in teuren Klamotten stecken, und dann sehen sie euch, in Lumpen gehüllt. Anstatt euch für den abgebranntesten Typen in der Runde zu halten, vermuten sie, dass ihr der reichste seid oder zumindest der interessanteste. Schließlich würde nur jemand, der so viel Geld hat, dass er tun und lassen kann, was er will, so abgerissen in einem Club auftauchen. Psychologisch gesehen, eine Rolle rückwärts. Und selbst wenn es so nicht funktioniert, gibt es immer noch Frauen, die ein Herz für Asoziale haben. Glaubt mir, das ist Tatsache.

Die einzig wahren Anmachsprüche

1. Meine Kumpels da drüben möchten gerne wissen, ob ich dir gefalle.
2. Nur zur Info: Ich hätte gerne Rührei und Speck zum Frühstück.
3. Forrest: Arbeitest du bei Rewe?
4. Geile Mieze: Nee, wieso?
5. Forrest: Na, weil du gerade meine Wurst gescannt hast.
6. Geile Mieze (kichernd): Ja. Und jetzt fall über mich her, bitte. Beschwöre die Macht der Fruchtbarkeitsgötter, und nimm mich, du Tier von einem Mann.

Danke, Mike Damone

In meiner Schulzeit konnte ich mit Zurückweisungen nicht umgehen, doch dann sah ich den Film *Ich glaub,' ich steh' im Wald.* In einer Szene gibt der coole Checker, Mike Damone, dem doofen Streber Ratschläge in Frauenangelegenheiten. Er sagt so was wie: »Es muss dir egal sein, ob sie's schluckt, muckt oder spuckt.« Ich dachte, er spräche direkt zu mir, und machte mir diese Einstellung zu eigen. Von da an hatte ich keine Probleme mehr, Mädchen anzusprechen. Der Trick besteht darin, nicht zu viel Zeit und Mühe auf ein einzelnes Mädchen zu verwenden. Ihr müsst nach dem Schrotflintenprinzip verfahren und Masse statt Klasse anstreben. Wenn ihr nur genug Frauen anlabert, wird euch schon irgendeine mögen. Ein großer Vorteil war meine Teilnahme an einer Reality-Serie. Die Mädels mochten mich deshalb zwar nicht mehr, aber ich lernte alle möglichen Frauen kennen. Wenn ich in einer Bar zwanzig Damen ansprach, dachte mindestens eine: *Den Trottel kenn ich aus dem Fernsehen, da war er echt ganz witzig. Na, dann lass ich mich mal von ihm vögeln.* Außerdem ist es hilfreich, gute Laune zu haben und lustig zu sein. Als introvertierter Grübler hat man nur dann eine Chance, wenn man umwerfend gut aussieht. Selbstverständlich hatte ich in der Schulzeit damit keine Chance.

Gastwichser: Big John

Inzwischen werdet ihr gemerkt haben, dass Forrest nicht ganz normal ist. Nichts von dem, was er tut, ist normal, und das gilt auch fürs Anmachen. Zu der Zeit, als er noch Polizist war und gerade mit MMA anfing, kamen immer mal wieder heiße Mädels auf ihn zu und fragten ihn, warum er gerade diese beiden Berufe gewählt habe. Meistens gab er darauf die gleiche Antwort: »Ich bin in der Schule oft verprügelt worden, habe ein geringes Selbstwertgefühl und einen sehr kleinen Penis.« Er sagte das, ohne die Miene zu verziehen, ohne die Spur eines Grinsens. Die Frauen erwiderten oft so was wie: »Tut mir echt leid für dich«, um das Gespräch dann möglichst schnell zu beenden. Bevor sie aber verschwinden konnten, fragte Forrest sie ganz höflich, ob sie vielleicht mal einen Blick auf seinen Pimmel werfen und ihm sagen könnten, ob er tatsächlich so klein sei wie gedacht. Er fummelte dann nervös seinen Hosenstall auf und zog ihn langsam heraus. Ich bin ja kein Homo, aber Griffin hat echt ein Riesending, und das als Weißer. In der Erwartung eines winzigen Pimmelchens waren die Frauen immer völlig verblüfft. Durch Forrests Jedi-Psychotrick glaubten sie, den größten Schwanz ihres Lebens vor sich zu haben. Ihre Gesichter hellten sich auf, und das Gespräch wurde plötzlich wieder äußerst angeregt. Nun kann ich diese Methode nicht unbedingt empfehlen, denn dazu muss man schon einen oder zwei an der Waffel haben und außerdem ein wohldimensioniertes gutes Stück besitzen. Aber Forrest kam seinerzeit ganz gut damit an.

’nen Versuch ist es wert ...

Die »passive Anmache«: Man spähe in der Bar eine Gruppe attraktiver Frauen aus und beziehe in ihrer Nähe Stellung. Anstatt sie in eine Konversation zu verwickeln, warte man, bis ein Typ vorbeikommt und sie anmacht. Wenn er abgewiesen wird, schaue man beiläufig zu der gerade angesprochenen Frau hinüber und sage in sarkastischem Tonfall zu sich selbst, aber für sie gerade noch hörbar: »Boah, unglaublich, dass das nicht gezogen hat.« Wenn sie lächelt, unterhalte man sich unverzüglich mit ihr darüber, was das für ein lahmer Typ war. Wie ihr seht, muss man bei dieser Methode über den armen Kerl herziehen, der tatsächlich *den Mumm hatte*, die Initiative zu ergreifen - aber hey, die Welt ist grausam. Wenn sie nicht auf euch eingeht, spielt ihr einfach an eurem Handy rum und bestellt was zu trinken. Regel Nr. 1 beim Anmachen von Frauen: Es muss einem am Arsch vorbeigehen. Denkt dran, dass wir alle mal sterben müssen und dass sehr wenig von dem, was wir hienieden tun, wirklich zählt.

All the Ladies in the House Say OOOOooooh ...
(Keine Ahnung, ob sie das wirklich sagen, ich hab nicht zugehört)

Soweit ich weiß, verbringen Frauen sehr viel Zeit mit der Lektüre der *Cosmopolitan*, um herauszufinden, was Männer wollen, dabei sind Männer gar nicht so kompliziert. Wenn wir etwas wollen, sagen wir es euch in der Regel, entweder mit Worten oder durch Taten. Wenn ihr euren Mann glücklich machen wollt, müsst ihr nur die Zeichen deuten und entsprechend darauf reagieren. Wenn ihr zum Beispiel den Hinweis erhaltet, dass euer Mann Zeit für sich braucht, dann solltet ihr stillschweigend akzeptieren, dass ihr vorübergehend vernachlässigt werdet. Im Ernst, so einfach ist das.

Was Beziehungen mit Kampfsportlern angeht, kann ich nur empfehlen, es bleiben zu lassen. Sie sind ordinär, unsensibel und davon überzeugt, dass ihre Karriere die wichtigste Sache der Welt ist, selbst wenn sie damit so gut wie nichts verdienen. Ich weiß, was ihr jetzt denkt: *Und wenn ich einfach nur mit einem Kampfsportler schlafe?* Lasst es lieber. Selbst wenn er euch keine Geschlechtskrankheit anhängt, kriegt ihr wahrscheinlich Ringelflechte oder Staphylokokken. (Habt ihr dieses Buch nicht gelesen? Schon klar, dass die Kerle hin und her blättern, aber ich hätte gedacht, dass ihr Mädels mehr Sinn für narrativen Fluss und literarische Nuancen habt.)

Die definitive Definition zur Definierung von Lackaffen

Eines Tages, als ich eigentlich etwas Schlaues für dieses Buch verfassen sollte, fuhr ich erst mal einkaufen, und da fielen mir diese bescheuerten Nummern auf dem Heck von Oberklasseautos auf: E46 M3, E83 X3, E320. Alle diese Nummern sind komplett sinnlos, aber das erinnerte mich daran, dass manche Leute sämtliche Automodelle und ihre Preise auswendig aufsagen können. In nur wenigen Sekunden klassifizierte ich diese Menschen als *Lackaffen*. Dann dachte ich darüber nach, wer sonst noch unter dieser Kategorie einzuordnen wäre. Die Liste wurde jedoch zu lang, um sie in dieses Buch aufzunehmen, und so habe ich nur die Top Six aufgeführt (wer sich jetzt fragt: Warum sechs? Warum nicht zehn oder 50?, ist ein runde-Zahlen-fixierter Lackaffe). Wenn irgendeiner der folgenden Punkte auf euch zutrifft, seid ihr, so leid es mir tut, ein Paradebeispiel.

1. Wenn ihr bei Haarpflegemitteln immer eine bestimmte Marke kauft, also ein bestimmtes Gel oder Haarwachs, und unter keinen Umständen ein anderes benutzen würdet, seid ihr stinkende Lackaffen.
2. Wenn ihr euch wachsen lasst, obwohl ihr keine Profischwimmer seid, seid ihr polierte Lackaffen.
3. Wenn ihr in unmilitärischen Zusammenhängen einen Hummer fahrt, seid ihr Kampflackaffen. Wenn ihr als Frau einen Hummer fahrt, seid ihr lackaffine Lackäffinnen.
4. Wenn ihr beim Autofahren anders mit Menschen umgeht als beim Warten in einer Schlange, seid ihr Arsch-Lackaffen. Schlangestehen am Flughafen zählt hierbei nicht, denn am Flughafen benimmt sich jeder daneben. Aber wenn ihr hinterm Steuer Sachen macht, die ihr beim Schlangestehen nicht machen würdet, etwa Vordrängeln oder Stinkefinger zeigen, dann hasse ich euch. Wenn ich, groß und breit und schräg, wie ich bin, angehinkt komme, weil mein eines Bein kürzer ist als das andere, was mich wie einen Siebziger-Jahre-Zuhälter mit Kinderlähmung aussehen lässt, werde ich selten ange-

macht. Aber im Auto trauen sich plötzlich alle alles. Könnte das daran liegen, dass ich so eine Schrottkarre fahre?

5. Wenn ihr immer Kondome dabeihabt, seid ihr Lackaffen. Solange ihr nicht Chuck Liddell seid, braucht ihr nicht mit Kondomen in der Tasche rumzulaufen. Ihr habt Kondome dabei? Ist das euer Ernst?
6. Wenn ihr jemals versucht habt, in der Kirche ein Mädel anzugraben, seid ihr kein Lackaffe, kommt aber in die Hölle. Ich bewundere euch, aber wenn eure Zeit um ist, geht's ab nach unten.

Die Welt retten

Als junger Hüpfer war ich stolzes Mitglied der Wölflinge. Ich liebte diese Pfadfinderorganisation von ganzem Herzen, kam aber in der Rangordnung leider nicht voran. Eines Tages wurde ich in unserem Quartier in eine Eiswürfelschlacht mit meinen Wölflingskameraden verwickelt. Was als kleines Scharmützel begonnen hatte, wurde bald zur offenen Schlacht. Meine Gegner kippten einen Tisch um und suchten dahinter Deckung. Die geschickten kleinen Satansbraten schnappten sich eine Handvoll Eiswürfel, kamen hinter dem Tisch hervor und feuerten mit voller Kraft auf mich. Wenn ich das Feuer erwidern wollte, hatten sie sich längst wieder hinter den Tisch geduckt. Als ich mich gerade ergeben wollte, kam mir eine Idee. In dem Kühlschrank, aus dem ich meine Munition bezog, waren auch mehrere Dosen Limonade, und ich überlegte mir Folgendes: Wenn ich eine der Dosen gegen die Betonwand über den Köpfen meiner Feinde schmettern würde, würde sie wie eine Bombe explodieren und sie mit klebriger Limo überschütten. Da ich noch nie zu denen gehört hatte, die Dinge auch zu Ende denken, ließ ich Taten folgen. Mit einem bösartigen Lächeln auf den Lippen schleuderte ich eine Limonadendose gegen die Betonwand.

Die Dose erreichte die Wand nicht. Eine Millisekunde nachdem das kalte Blechgefäß meine Hand verlassen hatte, streckte der Gruppenleiter den Kopf zur Tür herein, um zu rufen: »Hey, Jungs, was macht ...« Er konnte den Satz nicht beenden, da ihn die Limodose mitten ins Gesicht traf. Eine Stunde später bat man mich, nicht mehr zu den Wölflingen zu kommen, was sehr schade war. Offenbar gibt es keine Verdienstabzeichen, wenn man den Gruppenleiter mit einer Dose Dr. Pepper auf die Nase trifft. Nein, man wird gebeten, zu gehen und nicht mehr wiederzukommen. In meiner kurzen Dienstzeit bei den Wölflingen lernte ich jedoch, wie wichtig es ist, die Erde zu einem besseren Ort zu machen. Wenn wir kampierten, sammelten wir nicht nur unseren Müll auf, sondern auch den Müll derer, die vor uns dort gewesen waren. Wir versuchten, jeden Ort sauberer zu verlassen, als wir ihn vorgefunden hatten. Auch als Erwachsener befolge ich noch immer diese Philosophie.

Ich lebe nach Möglichkeit so, dass mein positiver Output größer ist als mein negativer. Seid ihr von Affen großgezogen worden und habt keine Ahnung, wie das geht? Dann lest diese Tipps:

1. *Helft ehrenamtlich benachteiligten Menschen.* In Augusta, Georgia, arbeitete ich jeden Samstag vier Stunden ehrenamtlich bei der Golden Harvest Food Bank. Zwei Jahre lang habe ich das gemacht. Davon bekommt man nicht nur ein warmes, kribbliges Gefühl im Inneren, sondern auch die Gelegenheit, scharfe Hippiemiezen kennenzulernen. Ich stehe zwar nicht besonders auf den Kleidungsstil, die Musik und die Körperbehaarung, die Hippiemiezen an sich haben, aber dass sie umweltbewusst sind, finde ich gut. Außerdem sind sie euren Schwächen gegenüber sehr nachsichtig. Solltet ihr furchtbar viel zu früh kommen, haben sie Verständnis für euch. Hab ich gehört. Ehrenamtliche Tätigkeit macht sich auch gut im Lebenslauf. Ich erzähle wirklich jedem von meinem Engagement bei der Food Bank. Sogar in meinem Buch schreibe ich darüber, 15 Jahre später. Aber ein Detail lasse ich immer aus, nämlich dass mein wohltätiges Engagement weit zurückliegt: im Jahr 1994. Seitdem habe ich einen Scheißdreck geleistet. Ist das schlimm? Absolut nicht. Hat man sich einmal das Abzeichen verdient, kann es einem keiner mehr wegnehmen. Das ist, wie wenn man ein Supermodel ins Bett gekriegt hat. Völlig schnuppe, wie angewidert sie ist, wenn sie mit schrecklichem Kopfweh aufwacht und euch an ihren Busen geschmiegt vorfindet. Sie hat es getan, und das ist es, was zählt.

2. *Hebt euren Müll und den der anderen auf.* Dieser Punkt ist mir deshalb so wichtig, weil die Japaner es so machen, und von diesen Reisfressern dürfen wir uns nicht schlagen lassen. Tausende von ihnen können auf einer Straße entlangspazieren, und ihr werdet hinterher kein Fitzelchen Müll finden. Falls doch eines herumliegt, heben sie es auf und stecken es in die Tasche, bis sie einen Mülleimer finden. Wie viele Amerikaner kennt ihr, die den Müll anderer Leute mit sich herumtragen würden, bis sie einen geeigneten Platz dafür fänden? Keinen einzigen. Es ist praktisch undenkbar, und das ist unbefriedigend. Sagt allen, die ihr kennt, dass sie ab jetzt Müll aufsammeln sollen. Mit etwas Glück wird es ein Trend, der über das ganze Land schwappt, und wir bezwingen die Japaner erneut!
3. *Seid höflich im Straßenverkehr.* Diesen Punkt habe ich bis zum Schluss aufgehoben, weil er mir mit Abstand am wichtigsten ist. Im Ernst: Ihr sollt anderen nicht den Weg abschneiden. Wenn jemand auf eure Spur wechseln muss, dann lasst ihn. Wenn derjenige aber gesehen hat, dass seine Spur gleich endet, und noch mal Gas gibt, ist das etwas anderes: Schneidet ihm den Weg ab, und zeigt ihm den Finger. Doch wenn er einfach nur rüber will, dann seid nicht so verbissen. Es ist doch kein Wettrennen. Die eine Autolänge, die ihr zurückliegt, kostet euch nichts (natürlich nur, solange ihr den Zeitverlust nicht exponentiell zusammenaddiert, dann kostet es euch nämlich ganz schön viel, ein paar Tage Lebenszeit mindestens, und die hättet ihr mit schöneren Dingen verbringen können, etwa fernsehen, aber man darf das ja so nicht zusammenrechnen). Wären die Leute im Straßenverkehr mir gegenüber nicht so rücksichtslos, wäre ich ein weitaus glücklicherer Mensch. Wir alle wären glücklicher. Allerdings erfülle ich selbst nicht immer meine Ansprüche. Während ich diesen Text mit Erich am Telefon bespreche und gleichzeitig in meinen Notizen dazu blättere, trinke ich eine Tasse Kaffee und brettere mit 100 Sachen über den Standstreifen, um dem zähen Stop-and-go zu entgehen, in dem alle anderen stecken. Ich fädele mich ständig ein und aus und gefährde damit nicht nur mein Leben, sondern auch das aller anderen Verkehrsteilnehmer, einschließlich der sechs Kinder im Kombi vor mir. Aber ich bin halt anders. Ihr wisst schon, geistig behindert.

Gastwichser: Big John

Ich sehe da noch Erklärungsbedarf für Forrests Beharren auf Höflichkeit im Straßenverkehr. Bei ihm klingt es, als würde es ihn ärgern, wenn ihn jemand schneidet. Das entspricht nicht der Wahrheit – er würde den anderen am liebsten umbringen. Ich habe euch ja schon von Forrests zwei Gesichtern erzählt – dem lustigen Forrest und dem schrecklichen Forrest. Nun, schlechte Autofahrer bringen die schreckliche Seite zum Vorschein. Einmal fuhren wir nach einer sauguten Trainingseinheit nach Hause. Wir waren beide richtig gut drauf, aber dann schnitt uns jemand. Forrest rastete aus und verfolgte den Typen drei Kilometer weit bis vor dessen Wohnblock. Forrest parkte gleich hinter ihm, sprang aus dem Auto und ließ eine Verbalattacke los, wie ich sie noch nie gehört hatte.

Ich kenne Forrest ganz gut und wusste, dass er sich in eine Prügelei hineinsteigerte, also sagte ich: »Forrest, setz dich wieder ins Auto.« Augenblicklich fuhr er herum und schrie: »Sag doch nicht meinen Scheißnamen! Sag doch bloß nicht meinen verdammten Namen!« Der einzige Grund, warum ich seinen Namen nicht nennen sollte, war der, dass er vorgehabt hatte, den anderen Fahrer ernsthaft zu verletzen. Gut, dass ich es getan hatte, denn das brachte ihn offenbar zur Vernunft. Er setzte sich wieder ins Auto, aber anstatt wie ein normaler Mensch wegzufahren, fuhr er bis zum Ende der Straße rückwärts, damit der Kerl das Nummernschild nicht sehen konnte. Also hört auf mich: Fahrt rücksichtsvoll. Ihr könnt nie wissen, ob im nächsten Auto nicht Forrest Griffin sitzt.

Außerdem vergaß Forrest zu erwähnen, wie wichtig Rücksichtnahme im Umgang mit anderen ist. Er ist der treueste Freund, den ich habe, und er würde für seine Freunde alles tun, aber manchmal lässt er in puncto Aufmerksamkeit zu wünschen übrig. Am Abend vor seinem Schauspieldebüt bei *Law & Order* beispielsweise rief ich ihn an und fragte ihn, ob die Sendung für meinen dreijährigen Sohn geeignet sei. Ich wusste, dass diese Serie mitunter brutal werden kann, aber da Forrest der Pate und größte Held meines Sohnes war, wollte ich nicht, dass er den Auftritt verpasst. Forrests Erwiderung war: »Klar kann er das gucken, Doofkopf.«

Am nächsten Abend machten mein Sohn und ich es uns auf dem Sofa vor dem Fernseher gemütlich. Als Forrests hässliche Visage auf der Mattscheibe auftauchte, war mein Sohn außer sich vor Glück. Immer wieder sagte er: »Forrest, Daddy. Forrest im Fernsehen.« Es war herrlich, so viel Freude und Staunen in den Augen meines Kindes zu sehen, und dann wurde Forrest wie aus dem Nichts erschossen. Mir sank das Herz in die Magengrube, und im nächsten Augenblick begann mein Sohn zu kreischen. »Daddy, Forrest tot. Forrest tot«, heulte er immer wieder. Ich brauchte zwanzig Minuten, um ihn zu beruhigen. Es war ein wirklich entsetzlicher Moment in meinem Leben, den ich ganz und gar Forrests Rücksichtslosigkeit zuschreibe.

Die nächstbeste Frau ist *nicht* immer die beste

Wenn ihr Profikämpfer werden wollt, solltet ihr euch mit bestimmten Frauen keinesfalls einlassen. Diesen Rat werden euch die meisten Kampfsportler nicht geben, denn sie wollen Sex haben und sich alle Optionen offenhalten. Für sie kann auch die *falsche* Frau die *richtige* sein – jedenfalls für eine Nacht. Da ich aber die richtige Frau gefunden habe, kann ich es mir leisten, das andere Geschlecht vor den Kopf zu stoßen. Also merkt euch meinen Rat, plappert ihn aber nicht öffentlich nach – nur vor dem Spiegel. Falls euch eine der beiden Frauen, die dieses Buch gelesen haben (weiter vorne sprach ich noch von drei Leserinnen – eine optimistische Schätzung), fragt, was ihr von meinem Rat zur Partnerwahl haltet, könnt ihr antworten: »Forrest Griffin ist ein armseliger Hermaphrodit, der seinen Hass auf seine eigene struppige Vagina an Frauen auslässt.« Wenn ihr aber so dumm seid, mir zuzustimmen, verliert ihr mindestens einen Monat lang sämtliche Bumsprivilegien. Nicht dass mein Rat schlecht oder gemein wäre; Frauen mögen es halt nicht, wenn Männer sie in Schubladen stecken. Diese Regel hat allerdings eine Ausnahme. Wenn ihr mit eurer Liebsten ausgeht, dürft ihr gerne mit dem Finger auf die scharfe Mieze zeigen, hinter der alle im Club her sind, und sie in eine Schublade stecken – solange auf der Schublade »Schlampe« oder »Hure« draufsteht. Das regt eure Freundin in der Regel dazu an, etwa eine Stunde lang über die fragliche Tusse zu lästern, sodass ihr währenddessen ungestraft die anderen scharfen Miezen beäugen könnt.

Welches ist nun der falsche Frauentyp für einen Kampfsportler? Zuallererst sind es Mädels, die nur deshalb mit euch zusammen sind, weil ihr Kampfsportler seid. Oft verbergen sie ihre Motive meisterlich, aber es gibt gewisse Zeichen, die eine Frau vom Typ *fighter fucker* verraten. Zum Beispiel wenn sie zu jeder einzelnen Trainingseinheit mitkommt und euch beim Grappling Sachen zuruft wie: »Tritt ihm in den Arsch!« Hinterlässt sie dann auf dem Besucherstuhl auch noch eine schleimige kleine Pfütze, hat sie wahrscheinlich einen Kampffetisch. Ich weiß, was ihr denkt: *Boah, wie geil ist das denn!* Nee, nee, geil ist das nicht. Kampfsportler sind meist unhygienische Menschen, die eine schlimme Kindheit hatten. In aller Regel komplett Verrückte. Wenn ein Mädel ausschließlich Beziehungen mit Kampfsportlern eingeht, ist es wahrscheinlich ebenfalls komplett verrückt. Ein Mädel dieses Typs zieht sich nuttig an, um Aufmerksamkeit zu erregen, und dann sagt sie jedem Kerl, der sie anmacht, dass ihr ihm gleich die Fresse poliert. Völlig egal, ob der Kerl Rückendeckung von zehn Kumpels hat – sie schickt euch zur Schlachtbank, indem sie seine Mutter beleidigt und ihn in eurem Namen herausfordert. Solche Frauen stehen auf teure Autos und Glamour und den ganzen materialistischen Dreck, und sie verlassen euch höchstwahrscheinlich, sobald ihr euren ersten Kampf verliert. Der *tatsächliche* Autor dieses Buches, Erich Krauss, hat dieses Hurentum am eigenen Leib erfahren. Vor einiger Zeit war er bei einem IFC-Kampf Cornerman für seinen Freund Jason Pietz. Nachdem Jason seinem Gegner die Scheiße aus dem Arsch geprügelt hatte, kam dessen Freundin hinter der Bühne zu ihm und wollte ihm praktisch auf der Stelle einen blasen. Also bitte. Wie krank muss eine denn sein, um dem Typen einen blasen zu wollen, der gerade ihren Freund blutig geschlagen hat? Glaubt mir, mit solchen Schlampen seid ihr schlecht beraten. Im Bett können sie mit ihren falschen Titten ganz lustig sein, aber mit ihrer Oberflächlichkeit, ihrem Vaterkomplex und ihrer Aufmerksamkeitssucht sind sie im Alltag die Hölle.[3]

Aber gleichzeitig solltet ihr auch nicht mit Frauen ausgehen, die es *verabscheuen*, dass ihr Kampfsportler seid. Ich kann verstehen, dass eine Frau sich Sorgen macht, wenn sie euch als Klempner kennenlernt und ihr dann nach zwei Jahren Beziehung beschließt, MMA-Kämpfer zu werden. Kampfsportler sind nämlich nicht gerade die angenehmste Gesellschaft, wenn ein Kampf bevorsteht. Es ist ein ähnlich wie beim Bodybuilding: Man ist ständig hungrig, hat ständig Muskelkater und fühlt sich 24 Stunden am Tag wie ein Sack Scheiße - von alledem wird man launisch wie ein Tier. (Wenn ihr die Frau liebt, mit der ihr zusammen seid, solltet ihr euch, bevor ihr den Sprung wagt, verdammt sicher sein, dass Kämpfen euer Leben ist, denn es kann gut sein, dass ihr sie verliert.) Aber ich meine die Art von Frau, die von Anfang an weiß, dass ihr Kampfsportler seid, aber erst ein halbes Jahr wartet, bis ihr euch emotional an sie gebunden habt, um euch dann ihre Missbilligung des Sports und eures Engagements darin mitzuteilen. Wenn ihr merkt, dass ihr mit einem Weib dieses Typs zusammen seid, solltet ihr sie abwerfen wie eine tote Haut. Selbst wenn ihr bereits daran denkt, das Kämpfen aufzugeben - egal, was ihr danach anfangt, sie wird sehr wahrscheinlich ein Problem damit haben. Eine Frau dieses Typs ist erst dann glücklich und zufrieden, wenn sie euch an der Kette hat und ihr bei jedem Ruck folgt. Einem talentierten Bekannten von mir ist das passiert. Er war ein verdammt guter Kampfsportler, aber das Mädel, mit dem er eine Beziehung anfing, machte ihm so viel Ärger, dass er den Sport schließlich aufgab. Jetzt ist er ein erfolgreicher Arzt; was für ein Idiot! Er könnte heute bei der UFC das dicke Geld machen.

---

[3] *Glaubt mir, Jungs, ganz im Ernst - lasst euch nicht mit Mädels ein, die nur auf euch stehen, weil ihr Kampfsportler seid. Versteht mich nicht falsch, es kann Riesenspaß machen, aber auf lange Sicht (ich weiß ja, dass ihr nicht auf mich hört, und das ist verständlich, denn wie man mir gesagt hat, sind diese Miezen rattenscharf) werdet ihr tierisch leiden.*

Sucht euch ein Mädel zwischen diesen beiden Extremen. Eine, die nicht verabscheut, dass ihr kämpft, die aber beim Gedanken daran, dass ihr einem anderen Mann die Nase brecht, auch keinen tropfnasse Schlüpfer kriegt. Manche Dinge sind umso besser, je extremer sie sind; Frauen gehören nicht dazu.

Gastwichser: Luke

Komisch, dass ausgerechnet Forrest Ratschläge zum Thema Partnerwahl erteilt, denn bevor er seine wunderbare Frau traf, war sein Geschmack in Bezug auf das andere Geschlecht ernsthaft gestört. Wenn ich ihn bei Volksfesten bat, mir die schärfste Braut in Sichtweite zu zeigen, deutete er nie auf das Supermodel in Pumps und Minirock, sondern immer auf irgendeine Provinztusse mit Hängebrüsten und deutlich sichtbaren Bräunungsstreifen. Er hatte offenbar einen Bräunungsstreifen-Fetisch. Ein Psychologe würde da sicherlich alles Mögliche reininterpretieren (und Forrest sollte meiner Meinung nach irgendwann mal zum Psychologen gehen), aber ich weiß genau, woher er diesen seltsamen Frauengeschmack hat. Als wir Jungs waren und Mädels scharf zu finden begannen, machten wir uns auf die Suche nach Pornos. Und wo sucht man Pornos? Natürlich in Papas Schränken. Aber statt *Playboy-, Penthouse-* oder *Hustler*-Heften fanden wir im Geheimversteck von Forrests Dad einen Stapel *EZ-Rider*-Magazine. Ich weiß nicht, ob ihr die kennt, jedenfalls räkeln sich darin halb nackte Mädels auf Motorrädern oder lupfen an Rennstrecken die T-Shirts. Forrests Dad stand auf Motorräder und hatte die Zeitschriften sicherlich deshalb gekauft, aber Forrest und ich schauten sie uns wegen der Mädels an. Da wir noch nie nackte Frauen gesehen hatten, gab es für uns nichts, was wir als Vergleichsmaßstab hätten hernehmen können. Wir fanden die Miezen alle geil, auch wenn es in Wirklichkeit Schabracken mit Pferdegebiss waren. Allen ragte buschiges Schamhaar aus den fleckigen Slips. Frisbeegroße Brustwarzen, Brüste, die bis zum Bauchnabel hingen, und natürlich Bräunungsstreifen.

Als ich in einer späteren Lebensphase unsere ersten pornografischen Erkundungen besser einordnen konnte, wurde mir klar, dass Forrest und ich eine traumatische Erfahrung durchgemacht hatten – ähnlich wie Kinder, die mitansehen mussten, wie ihre Eltern ermordet werden. Ich war das stärkere Kind, denn ich kam über jenen Tag hinweg und wurde zu einem gesunden Erwachsenen mit einem gesunden Schönheitsbegriff. Forrest als der Schwächere von uns blieb in diesem Moment seines Lebens stecken und glaubte fortan, Hängebrüste und Bräunungsstreifen seien attraktiv. Als wir als Teenager über die Grenze nach South Carolina pilgerten, um Pornoläden zu besuchen, ging ich immer zum Hauptregal mit den normalen Heften. *Playboy* und so, ihr wisst schon. Forrest steuerte jedoch immer die zwielichtigen Regale im hinteren Teil des Ladens an, wo es die speziellere Perversenliteratur gab. Ich hatte immer die Hoffnung, dass diese Phase bei ihm vorübergehen würde, aber als er begann, Freundinnen zu haben, waren es immer Hippiemädchen, die in Cafés arbeiteten. Die waren ja nett und so, hielten aber größtenteils nicht viel vom Waschen. Ich machte mir lange Zeit Sorgen um meinen Freund, besonders als er berühmt wurde. Ich dachte, dass er entweder ein Topmodel heiraten würde oder einen verbrauchten Pornostar. Glücklicherweise entschied er sich für das Topmodel.

Da müssen beim Umgang mit dem anderen Geschlecht die Alarmglocken läuten – in diesem Fall sind mit dem anderen Geschlecht Frauen gemeint (Nichtkampfsportler, aufgepasst):

1. Wenn eine Frau beim ersten Date das teuerste Gericht auf der Speisekarte bestellt und von euch erwartet, dass ihr es bezahlt, ist sie einfach nur scharf auf euer Geld. Anstatt zu bezahlen, sagt ihr, dass ihr Make-up verschmiert ist und sie mal zur Toilette sollte, um es aufzufrischen. Nimmt sie nur ihr Schminkzeug mit und nicht das Portemonnaie, solltet ihr Letzteres klauen und euch durch den Hintereingang davonschleichen. Wenn sie das Portemonnaie mitnimmt, bestellt einfach die teuerste Flasche Wein, trinkt sie auf ex und haut ab.
2. Falls sie euch gleich beim ersten Date bittet, ihr ein Kleid oder Schmuck zu kaufen, versprecht ihr das für das zweite Date. Nehmt

sie mit nach Hause, und überredet sie dazu, mit euch zu schlafen – setzt dabei den gewünschten Artikel als Druckmittel ein. Egal, ob sie in dieser Nacht mit euch ins Bett steigt oder nicht, erklärt ihr am Ende des Dates, dass es keine Fortsetzung geben wird. Klingt gemein, aber wer hat denn damit angefangen?

3. Haltet euch fern von Frauen, die in einer Bar oder einem Club mit einem Tier im Namen arbeiten. Zum Beispiel »Spearmint Rhino«, »Leopard Lounge« oder »Cheetahs«. Ich kann es nicht genug betonen ... Ach, wisst ihr was, vergesst es. Wenn ihr nicht auf mich hört, habt ihr die dunkelvioletten Brustwarzen *verdient*.
4. Wenn sie von ihrem Exfreund und der Größe seines Pimmels spricht, solltet ihr das Date sofort abbrechen. Sofort. Ihr könnt allerdings im weiteren Verlauf des Abends ihre Mutter anrufen und ihr mitteilen, dass ihre Tochter eine Hure ist. Wenn die Mutter der gleichen Meinung ist und scharf klingt, könnt ihr euch ja mit ihr verabreden.
5. Telefoniert sie beim ersten Date länger als eine Minute mit dem Handy, sagt einfach: »Sorry, dass ich dich unterbrochen habe«, und verlasst augenblicklich den Burger King.

MMA-Jargon, den ihr draufhaben müsst

(oder Gott erbarme sich eurer Warmduscherseele)

Gameness: die Bereitschaft, sich jederzeit und überall mit jedermann zu schlagen, und zwar in der stillen Annahme, dass man gewinnen kann. Dieses herrliche Wort stammt aus der Abrichtung von Pitbulls. Wenn ein Pitbull *game* ist, dann will er seinen Gegner angreifen und töten. Wäre ein Mensch *game,* müsste er eine Mischung von Zähigkeit, Tapferkeit und Dummheit besitzen. So einer würde nie aufgeben, selbst wenn er richtig übel rangenommen wird. Er zeigt Mut und Entschlossenheit, auch wenn er dadurch eine ernsthafte Verletzung riskiert. Das beste Beispiel für einen Kampfsportler mit *gameness* ist Nick Diaz. Er ist zwar ein Leichtgewichtler, würde es aber, ohne mit der Wimper zu zucken, mit jedem Kämpfer, egal, aus welcher Gewichtsklasse, aufnehmen.

Zahlen von eins bis zwanzig: Wenn ihr die gegnerische Ecke eine Zahl rufen hört, steckt dahinter in den meisten Fällen eine Kombination. So kann etwa die Ziffer 2 einen Jab plus Thaikick bedeuten. Ziffer 3 wäre dann vielleicht ein Cross plus Thai-Kniestoß. Solange ihr keinen Spion habt, könnt ihr unmöglich wissen, welche Kombination mit einer Zahl gemeint ist. Aber wenn ihr die gegnerische Ecke Zahlen ausrufen hört, könnt ihr davon ausgehen, dass euer Gegner in Kürze eine Kombination am Start hat.

Sprawl: Um einen Sprawl handelt es sich, wenn ihr euch plötzlich mit der Hüfte auf die Matte knallen lasst. Es gibt eigentlich nur zwei Gelegenheiten, bei denen ein Sprawl sinnvoll ist: 1) wenn der Gegner plötzlich zu euren Beinen runtergeht, um einen Takedown zu versuchen, und 2) wenn eure wütende Freundin euch einen schweren Gegenstand an den Kopf schleudert. Sprawl ist auch der Name einer Firma, die mir für das Tragen ihrer Shorts regelmäßig Schecks schickt ... Ich weiß, was ihr jetzt denkt: *Forrest, du bist noch nicht mal gut im Sprawlen, warum trägst du dann ihre Shorts?* Na, weil sie keine mit frechen Aufdrucken haben wie »Ich könnte dich umbringen« oder »Snap, Tap, or Nap«. Ich persönlich trage sowieso ungern Kleidung, die zu Konfrontationen einlädt.

Ground and Pound: Wenn dieser Begriff in einem nichtsexuellen Zusammenhang gebraucht wird, bedeutet er, dass man den Gegner auf die Matte wirft, die dominante Position erringt und anschließend sein Gesicht mit Fäusten und Ellbogen so lange pulverisiert, bis es wie ein sechs Monate alter Halloween-Kürbis aussieht.

Lay and Pray: die Kunst, den Rivalen so lange am Boden festzuhalten, bis er hoffentlich aufgibt. Anstatt ihn mit Schlägen zu treffen und den Kampf tatsächlich zu gewinnen, liegt, drückt und rutscht man auf ihm herum und versorgt ihn dabei mit möglichst viel männlicher Zärtlichkeit.

Check: einen gegnerischen Tritt mit dem Bein abblocken.

Jiu-Jitsu: Hierbei rollen zwei verschwitzte Menschen in Pyjamas oder Shorts und nacktem Oberkörper auf dem Boden herum. Genau wie bei dem Spuckespiel, das ihr in der Grundschule miteinander gespielt habt, muss man den Gegner dazu bringen, sich zu ergeben. Aber anstatt einen Spuckefaden über seiner Nase baumeln zu lassen, versucht man, ihm Arme oder Beine zu brechen oder ihn bis zur unfreiwilligen Darmentleerung zu würgen.

Gastwichser: Big John

Forrest vergaß zu erwähnen, dass Wahnsinn ein probates Mittel zur Vermeidung von Strafzetteln sein kann. Ich muss zugeben, das ist nicht jedermanns Sache, aber Forrest kam damit immer irgendwie durch. Als er als Türsteher arbeitete, wurde er einmal wegen zu schnellen Fahrens von der Polizei angehalten. Das wäre ihm normalerweise egal gewesen, aber er hatte nicht nur schlechte Laune, sondern auch einen abgelaufenen Führerschein, ungültige Nummernschilder und keine Autoversicherung. Zu der Zeit wohnte er in der verranzten Wohnung, guckte den ganzen Tag lang *Good Will Hunting* und führte imaginäre Gespräche mit mir. Ins Gefängnis gesteckt zu werden wäre einfach zu viel des Guten gewesen. Als der Polizist zu Forrests Auto herüberkam, gab Forrest sich nicht als Expolizist zu erkennen, wie es jeder ehemalige Gesetzeshüter getan hätte. Stattdessen begann er, seinen Kopf gegen das Lenkrad seiner Schrottkarre zu schlagen. Forrest hatte schon viele Rostlauben besessen, aber diese war echt der Abschuss und hätte auch die Behausung einer obdachlosen Dame mit ihren vier Kindern sein können. Ihr könnt euch also vorstellen, was in dem Polizisten vorging. Er hatte eine große, offenbar geisteskranke Person vor sich, die unaufhörlich den Kopf gegen das Lenkrad schmetterte und dabei wie ein Baby heulte. Natürlich versuchte der Bulle, ihn zum Aufzuhören zu bewegen. Forrest hörte daraufhin zwar auf, sich den Kopf am Lenkrad wund zu schlagen, blieb jedoch nicht etwa sitzen und beantwortete die Fragen des Polizisten. Er stieg aus und begann, gegen den linken Vorderreifen zu treten und die Motorhaube mit Fäusten zu bearbeiten. Zu Tode erschrocken, zog der Gesetzeshüter seine Pistole und befahl Forrest, wieder einzusteigen. Forrest gehorchte, aber sobald er wieder im Auto war, begann er auf dem Lenkrad herumzukauen wie ein tollwütiger Hund. Der Polizist wollte ihm noch ein paar

Fragen stellen, doch als er keine Antwort bekam, schmiss er Forrest einen Zettel mit der Adresse der nächsten psychiatrischen Anstalt durchs Autofenster, schlich sich vorsichtig zu seinem Streifenwagen zurück und brauste davon. Hätte Forrest einfach erwähnt, dass er früher mal Polizist war, wäre er wahrscheinlich auch davongekommen, aber dieser Schabernack liefert eine weitaus interessantere Geschichte für dieses Buch. Was für eine coole Art, mit einem Verkehrsdelikt durchzukommen.

Dahinter steckt immer ein schwuler Kopf

Lest bloß nie in der U-Bahn den berühmten Roman *Das Bildnis des Dorian Gray*. Falls ihr meinem Rat nicht folgen wollt, erkläre ich euch gerne, warum. Vor einiger Zeit war ich in Washington, D.C., mit der U-Bahn unterwegs. Da ich mich nicht mit meinen Mitreisenden unterhalten wollte, zog ich *Das Bildnis des Dorian Gray* heraus, das ich kurze Zeit zuvor auf Empfehlung eines Bekannten gekauft hatte. Nachdem ich ein paar Seiten gelesen hatte, bemerkte ich, dass der Typ, der vor mir stand, mich lächelnd anstarrte. Es war eindeutig, dass er mehr von mir wollte als nur ein Autogramm, also senkte ich schnell den Blick und las weiter. Schließlich stieg er aus, und ich vertiefte mich wieder in die Geschichte. Zwei oder drei Seiten später stand schon wieder ein Mann vor mir und warf mir den gleichen schmachtenden Blick zu. Ich wollte nicht homophob rüberkommen, also erwiderte ich sein Lächeln und las weiter. Aus den Augenwinkeln sah ich ihn weggehen, aber sein Platz wurde von einem weiteren Mann mit warmem Lächeln eingenommen.

Da wurde ich langsam nervös, schaute zu dem Typen hoch und schüttelte den Kopf, als wollte ich »Hä?« sagen. Sein Lächeln wurde breiter, seine Augen verengten sich verführerisch, und mit einem Nicken deutete er auf das Buch in meinen Händen. Ich drehte es um, um sicherzugehen, dass auf dem Umschlag nicht *Schwulsein für Anfänger* stand. Es stand immer noch *Das Bildnis des Dorian Gray* drauf, also blickte ich den Typen an und zuckte mit den Schultern. Offensichtlich beleidigt, wandte er den Kopf ab und stapfte davon. Völlig perplex googelte ich zu Hause den Autor des Buches, Oscar Wilde, und fand heraus, dass er bestimmt nicht vorgehabt hatte, damit ein Erkennungszeichen für den Wunsch nach heißem schwulen Sex zu liefern. Also hört auf meine Warnung, und lest dieses Buch nur in den eigenen vier Wänden. Außer ihr wollt ...

Ein gutes Lebensmotto

Wenn ihr ein gutes Motto braucht, nach dem ihr euch richten könnt, nehmt doch einfach den Spruch, der in meinem Schießsportverein an der Wand steht: *Als guter Amerikaner solltest du jedem Menschen mit einem Lächeln und mit freundlichen Worten begegnen. Und einen Plan für seine Ermordung parat haben.*

Meine Kulturtipps

Kann gut sein, dass die bescheuerten Ratschläge, die ich euch in diesem Buch gegeben habe, größtenteils nutzlos sind, aber wenn es etwas gibt, auf das ich stolz bin, dann ist es mein untrüglicher Geschmack in den Bereichen Film, Fernsehen und Musik. Ich bin ein wahrer Kenner der Popkultur. Solltet ihr mit einer meiner Empfehlungen nicht einverstanden sein, will ich euch gar nicht kennenlernen, auch nicht am Telefon. Zweifellos seid ihr überzüchtete Weicheier, die ständig auf Luschenpartys herumhängen. Euch hat niemand lieb, und niemand will euer Freund sein. Ihr seid Verlierer. Setzt euch mit eurem Verliererarsch auf ein öffentliches Klo, und lutscht dem Typen auf dem Klo nebenan den Schwanz. Ach ja, und übrigens: Fuck you.

Filme

Großmutters Liebling: Dieser Film steht ganz oben auf der Liste, weil er der beste Film aller Zeiten ist – und dabei bin ich gar kein Kiffer.

28 Tage später: Dieser Film hat durch den Einsatz *schnellerer* Zombies das Horrorgenre neu erfunden. Ich sehe genau vor mir, wie die Drehbuchautoren zusammensitzen und nach einem Ansatz suchen, der nicht schon zigmillionenmal umgesetzt worden ist. Plötzlich springt einer auf. »Ich hab's, wir nehmen einfach superschnelle Zombies.« Wäre ich bei diesem Meeting dabei gewesen, hätte ich den Typen mit Beleidigungen überhäuft und ihm dann auf die Schuhe gespuckt. Da seht ihr, wie viel Ahnung ich habe – die haben das mit den schnellen Zombies echt durchgezogen.

Intacto: Dieser Film steht auf der Liste, weil es ein ausländischer Film ist. Jawohl, ich gehöre zu den wichtigtuerischen Klugscheißern, die prätentiös über ausländische Filme reden, die sie gar nicht verstehen, nur um klüger und kultivierter zu erscheinen, als sie wirklich sind. Nein, im Ernst. Dieser Film ist eine entzückende filmische Collage von sardonischem Witz und Humor, die die Sinne anregt wie eine Flasche besten alten Weines aus dem Süden Frankreichs.

Angst und Schrecken in Las Vegas/Wo die Büffel röhren: Diese beiden Filme haben gemeinsam, dass sie auf dem Leben von Hunter S. Thompson basieren. Außerdem sind sie absolut großartig. Mir wurde gesagt, dass man sie am besten unter der Einwirkung eines starken Halluzinogens betrachtet, aber das ist natürlich keine Pflicht. Ich war nüchtern wie ein Pastor, als ich sie anschaute, und fand sie trotzdem verdammt abgefahren. Tatsächlich war ich so beeindruckt, dass ich deshalb nach Las Vegas gezogen bin. Ehrlich.

Erbarmungslos: Dieser Film ist langsam und deprimierend, also genau so, wie Filme meines Erachtens sein sollten. Und übrigens auch meine Frauen. Moment, das ist doch kompletter Unsinn. Egal ... Ich schlürfe übrigens Cappuccino, während ich über Filme referiere. Ich trage vielleicht sogar eine Baskenmütze. Tut endlich was. (Ich fühle mich im Moment nicht ganz richtig im Kopf.)

Charade: Dieser Film ist raffinierter als jeder andere Film der Welt.

Schräger als Fiktion: Diesen Film müsste ich eigentlich hassen, weil mir meine Frau mitgeteilt hat, dass sie mich sofort für den Hauptdarsteller Harold Crick verlassen würde. Ich würde den Film daher scheiße finden, wenn er nicht so verdammt lustig wäre. Ich muss zugeben: Wenn Harold Crick mir einen Antrag machen würde, müsste auch ich zumindest ein paar Minuten drüber nachdenken.

Good Will Hunting: Ich habe zwei Jahre meines Lebens ohne Kabelfernsehen verbracht, und in dieser Zeit war dies einer der beiden Filme, die ich auf Video besaß. Ich ließ ihn ununterbrochen im Hintergrund laufen, und nach etwa einem Jahr glaubte ich wirklich, die Hauptfiguren wären meine Freunde. Ich begann sogar, wie sie zu reden.

Gladiator: der geilste, männlichste Film seit *Braveheart*. Perfekt vor einem Kampf.

Brick: einer der originellsten Filme seit Langem. Er handelt von einem richtig coolen Typen.

Caddyshack: Unsere heutige Ausdrucksweise wurde von diesem Film stark beeinflusst. Ich kann wirklich nicht verstehen, wie man ihn nicht mögen kann – du bist gemeint, Erich Krauss. Verdammter Banause.

Babyspeck und Fleischklößchen: Bill Murrays Figur, Tripper Harrison, ist so cool, wie wir es alle gerne wären. Der Film ist toll.

Super Troopers: Genau so sollte es sein, wenn man Polizist ist. Ist es aber nicht.

Zwei glorreiche Halunken: Der Koautor dieses Buches, Erich Krauss, hat dafür gesorgt, dass dieser Film auf der Liste erscheint. Ist wohl sein *Liiieblings*film. Als ich ihm sagte, dass ich *Für eine Handvoll Dollars* besser finde, musste er fast weinen.

Spiel mir das Lied vom Tod: Diesen Film sollte jeder Mann sehen, denn er zeigt, was wahre Männlichkeit bedeutet. Er ist zwar langsam, aber sehenswert.

Das Imperium schlägt zurück: Den hier habe ich den anderen *Star-Wars*-Filmen vorgezogen, weil ich Filme mit Happy End nicht leiden kann.

Bands

Nine Inch Nails: Mit ihnen habe ich die düsteren, deprimierenden Phasen meiner Schulzeit überstanden ... vielleicht haben sie aber auch alles nur noch düsterer gemacht. Ich habe immer noch Narben an den Armen, für die sie verantwortlich sind.

***Guns 'n' Roses* (um 1987):** Erklärung unnötig.

Rolling Stones: sind glattweg 107 Jahre alt und machen trotzdem bessere Musik als heutige Rockbands ... Ich hab gehört, dass sie beim Dealer an der Ecke inzwischen Seniorenrabatt bekommen.

Nick Cave and the Bad Seeds: Liebeslieder, die eigentlich Horrorgeschichten sind. Wie wahr.

T.I.: »Got my nine in my left, a forty-five in my other hand ...« Es geht doch nichts über einen Typen, der von der Waffenbehörde verhaftet wird, weil er ein Maschinengewehr kaufen wollte.

Fernsehserien

Dexter: Diese Serie steigert mein Verlangen, Menschen umzubringen, ins Unermessliche. Keine Sorge, ich bin nicht schlau genug, um damit durchzukommen.

Psych: Die Serie handelt von coolen, cleveren Sachen. Außerdem bin ich unschwul in James Roday verknallt. Zumindest zu 95 Prozent unschwul.

Firefly: die beste Serie aller Zeiten.

Pushing Daisies: die beste Serie aller Zeiten. Diesmal im Ernst. Dass diese Serie abgesetzt wurde, hat meinen Glauben an die Menschheit schwer erschüttert. Wenn die Menschen noch nicht einmal *Pushing Daisies* zu schätzen wissen, sind wir geliefert. Was? Abgesetzt? Fuck.

Gastwichser: Big John

Was Forrest in diesem Buch verbreitet, klingt vielleicht nach Quatsch, aber das meiste davon stimmt wirklich. Dazu gehört auch, dass er wie die Typen aus *Good Will Hunting* redete. Ungefähr in der Zeit, als er auch imaginäre Gespräche mit mir führte, sah er sich diesen Film immer wieder an, tausendmal hintereinander. Egal, zu welcher Tages- oder Nachtzeit man seine verranzte, heruntergekommene kleine Wohnung betrat – es lief immer *Good Will Hunting.* Für die meisten Menschen wäre ein nonstop laufender Film die reinste Folter. Machen das nicht verrückte Wissenschaftler, um Leute kirre im Kopf zu machen – den gleichen Mist immer wieder abspielen, bis die Versuchsperson komplett den Verstand verliert? Jedenfalls bat ich Forrest, sich Kabelfernsehen zuzulegen, um etwas mehr Abwechslung zu bekommen, aber Forrest hasst das normale Fernsehprogramm. Außerdem ist Kabelfernsehen seiner Meinung nach etwas für Weicheier. Ihm war es nur recht, sich das Hirn mit *Good Will Hunting* zu verrenken. Aber anstatt verrückt zu werden, wie es den meisten Leuten ergangen wäre, wurde er selbst zu einer der Filmfiguren. Er sprach nicht nur mit demselben Bostoner Akzent, sondern zitierte auch Sätze aus dem Film. Wenn er das, was er sagen wollte, nicht mit einem Zitat aus *Good Will Hunting* ausdrücken konnte, zitierte er Sätze aus anderen Filmen (aber mit Bostoner Akzent). Gerade als ich dachte, Forrests Sprechweise habe sich dauerhaft geändert, ging die VHS-Kassette aufgrund von Überbeanspruchung kaputt. Kurze Zeit später wurde seine Sprache wieder normal.

4. KAPITEL

Das Geschäftliche

Das richtige Studio

Wenn ihr mit Mixed Martial Arts anfangen wollt, braucht ihr euch um den richtigen Trainer, Manager oder Promoter nicht zu kümmern, bevor ihr nicht ein Jahr lang hart trainiert habt. (Wieso ein Jahr? ... Weil ich es sage.) Wie schnell ihr vorankommt, hängt sehr von eurer athletischen Begabung und eurer Motivation ab, aber auch ein gutes Studio ist extrem wichtig. Glücklicherweise bieten die meisten Studios kostenlose Einführungstrainings an, und ich kann nur empfehlen, möglichst viele davon mitzumachen, bevor ihr euch entscheidet. Man ist schnell beeindruckt von Medaillen, Trophäen und Titeln, welche die Trainer eines Studios angehäuft haben, aber gute Kampfsportler sind oft furchtbare Trainer. Am Anfang braucht ihr keinen Weltklasse-Schwarzgürtelträger. Ihr braucht nur jemanden, der euch die Grundlagen beibringt, und dafür reicht auch ein blauer Gürtel. Nach jedem Probetraining solltet ihr euch drei Fragen stellen: 1) Hat es mir Spaß gemacht?, 2) Wurde ich gefordert?, 3) Habe ich etwas gelernt? Wenn ihr alle drei Fragen mit Ja beantworten könnt, habt ihr wahrscheinlich ein gutes Studio gefunden und könnt erfolgreich mit dem Training beginnen. Wichtig für die Entscheidung ist auch die Lage des Studios. Müsst ihr erst 20 Minuten durch die Stadt fahren, um das beste Studio zu erreichen, ist die Wahrscheinlichkeit größer, dass ihr nach einem anstrengenden Tag das Training schwänzt. Wenn ihr wie die meisten Menschen Motivationsprobleme habt, seid ihr mit einem Studio, das zwar nicht *ganz* so toll, aber schneller erreichbar ist, unter Umständen besser dran. Lieber dreimal die Woche in ein zweitklassiges Studio gehen als dreimal im Monat in ein erstklassiges, Dickerchen.

Der richtige Trainer

Wenn ihr euch dazu entschlossen habt, Profikämpfer zu werden, solltet ihr euch einen Trainer suchen, der euer Training überwacht und euch auf anstehende Kämpfe vorbereitet. Ich hatte das Glück, meine Laufbahn bei einer Gruppe aktiver MMA-Kämpfer zu beginnen, die den Trainingsplan selbstlos auf mich zuschnitten, als mein Talent für diesen Sport offenbar wurde. Außerdem erwiesen sie sich als hervorragende Cornermen, was gar nicht selbstverständlich ist. Ich habe oft erlebt, dass sich ein Kampfsportler seinem Kumpel als Eckenmann zur Verfügung stellt und ihm beim Wiegen und den ganzen Prozeduren hilft, die einem Kampf vorangehen. Hat er aber selbst gerade einen Kampf hinter sich, will er nur noch feiern. Am Abend eures Kampfes ist er dann entweder verkatert oder immer noch blau, und seine Anweisungen sind dementsprechend bescheiden. Um so etwas zu vermeiden und vor Kämpfen das bestmögliche Training zu bekommen, solltet ihr euch möglichst einen richtigen MMA-Trainer suchen.

Es gibt jede Menge Trainer in der Szene; den richtigen zu finden kann aber schwierig sein. Oft ist der Richtige nicht der Beste. Nehmen wir zum Beispiel Greg Jackson. Der ist zweifelsohne einer der besten Trainer überhaupt, aber er betreut auch mehr als ein Dutzend Profikämpfer. Solange ihr kein UFC-Champion seid, haben seine anderen Kämpfer Priorität. Er widmet euch seine ganze Aufmerksamkeit, wenn ihr dran seid, aber auch sein Tag hat nicht unendlich viele Stunden, und ist sein Terminplan überbucht, fallen die kleineren Namen eben raus. Ich konnte zwar mit einigen erstklassigen Muay-Thai-Trainern arbeiten, bleibe aber doch lieber bei meinem vorherigen Coach, und zwar weil ICH SEINE PRIORITÄT BIN (ein großer Name will gar nichts heißen). Wenn sich meine Termine ändern, sagt er seinen anderen Jungs ab, damit er Zeit für mich hat. Genügend Aufmerksamkeit ist das Allererste, worauf ihr achten müsst.

Bei der Wahl des Trainers spielt Geld natürlich auch eine Rolle. Wenn es euch wie den meisten Anfängern im Kampfsport geht, seid ihr bettelarm und könnt eurem Trainer daher keinen Stundensatz zahlen. Um diese Hürde zu umgehen, bieten viele Kampfsportler ihrem Trainer zehn Prozent ihrer Kampfgelder an. Das hört sich nach viel Geld an, aber wenn ihr bei kleineren Veranstaltungen auftretet, bekommt ihr 500 Dollar pro Kampf und 500 Dollar pro Sieg, sodass euer Trainer bestenfalls 100 Dollar abbekommt. Angesichts der Zeit, die er investieren muss, um euch auf einen Kampf vorzubereiten, ergibt das einen Stundenlohn im Cent-Bereich. Anfangs geht es also darum, jemanden mit etwas MMA-Sachverstand zu finden, der an euch glaubt. Dieser Jemand sollte finanziell möglichst unabhängig sein, aber das ist nicht *euer* Problem.

Mit wachsender Reputation ergeben sich neue Möglichkeiten. Höchstwahrscheinlich bekommt ihr Angebote von den etwas prominenteren MMA-Trainern und lasst deshalb den armen Mickey – der nichts als Kohlsuppe aß, um euch undankbare Arschlöcher zu trainieren – in einem See von Tränen zurück. Aber wenn ihr Kampfsportler werden wollt, müsst ihr egoistisch sein und den besten Weg einschlagen, der sich euch bietet. Eine Warnung noch: Manche Trainer gehören einem Team an – wenn ihr also Bill als Muay-Thai-Trainer wollt, müsst ihr João fürs Jiu-Jitsu nehmen, Gary fürs Boxen und Tim für die Fitness. Sie sind wie Ärzte in einer Gemeinschaftspraxis. Ich persönlich wollte das nie. Teil eines solchen Teams zu sein hat mich nicht gereizt – da bin ich lieber mein eigener Chef. Ich kenne meine Stärken und Schwächen und weiß selbst ziemlich gut, wie das beste Programm für mich aussehen muss. Daher heuere ich verschiedene Leute an, die mir beim Training helfen. Ich habe einen Trainer für Jiu-Jitsu, einen für Muay Thai, mehrere Boxtrainer, und zusammen mit Mike Pyle, einem befreundeten MMA-Kämpfer, arbeite ich meine Strategie aus. So mache ich es halt.

Der richtige Manager

Ein Manager ist nicht unbedingt notwendig, doch er ist durchaus hilfreich, liebe Anfänger. »Aber Forrest, ich arbeite für fünf Euro die Stunde an der Tanke, und du bist ein berühmter Fighter mit ganz viel Kohle und süßen Grübchen.« Okay, ihr habt ja recht. Meine Grübchen sind echt süß. Aber bereits in meiner Anfängerzeit hatte ich einen Manager. Er hieß Frank Bishop und hatte eigentlich nur die Aufgabe, im Internet nach Veranstaltungen zu suchen, bei denen es noch offene Slots gab. Wenn er einen

Kampf für mich gefunden hatte, ließ er sich den Papierkram schicken und fälschte meine Unterschrift, damit ich mir die Fahrt zu seinem Büro sparen konnte. Das war im Prinzip alles. Seine einzige Qualifikation bestand darin, dass er telefonieren und mit einem Computer umgehen konnte, aber er nahm mir eine Menge Drecksarbeit ab, die mich vom Training abgehalten hätte.

Wenn ihr einen Manager habt, bedeutet das nicht, dass er euch von Anfang an fette Deals verschafft. Der größte Kampf, den mein erster Manager einfädelte, war gegen Dan Severn. Ich sollte dafür 250 Dollar kriegen, aber durch ein Missverständnis bekam ich nur 200. Ihr seht: Wenn ihr richtig Kohle scheffeln wollt, müsst ihr Kämpfe gewinnen und euch einen Namen machen. Wenn ihr das schafft, fallen die bekannteren Manager über euch her wie die Fliegen über einen Scheißhaufen. Und dann lasst ihr, um rosigeren Zeiten entgegenzugehen, euren ollen Manager wahrscheinlich genauso sitzen wie den ollen Trainer Mickey. Gegen einen kleinen Prozentsatz eurer Einkünfte organisiert euch ein guter Manager große Kämpfe, Sponsorenverträge und Gratisprodukte. Er füllt auch bergeweise Formulare für euch aus und vermarktet euch in der Öffentlichkeit. Manager sind meistens von Natur aus schmierige Typen. Auch gute Manager sind schmierig, nur euch gegenüber nicht. Aber egal, wer euer Manager ist und wie gut sein Ruf auch sein mag – ihr müsst alles lesen, was ihr unterschreibt. Ich weiß, dass vor einiger Zeit ein Promoter Din Thomas Geld für einen Exklusivvertrag versprach, aber Thomas hat nie einen Cent davon gesehen. Zur gleichen Zeit hatte ich ein paar Kämpfe, bei denen nachher die Schecks nicht gedeckt waren. Manager sind oft geldgeil, und deshalb solltet ihr sie nicht in Versuchung führen, indem ihr ihnen eure Finanzen anvertraut.

Gastwichser: Adam Singer

Wie ich sehe, betont Forrest im letzten Abschnitt, wie wichtig ein nüchterner Cornerman ist: Das ist schon ulkig, denn wenn er selber nicht kämpft, nähert er sich dem Oktagon nur volltrunken. Ich weiß noch, wie er vor nicht allzu langer Zeit bei einem Kampf in Macon, Georgia, gebeten wurde, als Ringrichter zu fungieren. Obwohl er ziemlich betrunken war, ging er freudig auf die Bitte ein. Es handelte sich um einen Kampf zwischen einem 60-Jährigen namens Skip und einem 21-Jährigen. Forrest stieg also in den Käfig und eröffnete den Kampf. Nach ein paar Sekunden schlägt der 21-Jährige den alten Mann nieder, geht in die Mount und bearbeitet ihn mit heftigen Faustschlägen und Ellbogenstößen. Jeder zurechnungsfähige Ringrichter hätte den Kampf sofort abgebrochen, aber Forrest tat das nicht. Er ging in die Hocke und rief: »Skip, nun liegt's an dir. Es liegt ganz an dir, Skip.« Aber Skip konnte Forrests Worte gar nicht hören, weil er schon bewusstlos war. Der junge Typ hieb weiter mit voller Wucht auf Skips Gesicht ein, aber Forrest rief nur immer wieder: »Nun liegt's an dir, Skip. Es liegt an dir.« Irgendwann wachte Skip mitten im Zusammengeschlagenwerden auf und schlug ab. Es war die beschissenste Ringrichterleistung, die ich je gesehen habe, aber für Forrests Verhältnisse war das normal. Er wurde tatsächlich bei einigen Kämpfen in Georgia als Ringrichter eingesetzt, und jedes Mal hat er es vermasselt. Ich weiß noch, wie Forrest und ich uns einmal in die Haare gekriegt haben, kurz bevor wir bei einem unserer Amateurkämpfer die Ecke besetzen mussten. Gerade als unser Junge in den Ring stieg, gerieten Forrest und ich über irgendeine Kleinigkeit in Streit. Anstatt unsere Aufgabe wahrzunehmen und unserem Jungen Anweisungen zu geben, beschimpften wir uns während des gesamten Kampfes gegenseitig. Glücklicherweise knallte unser Junge den Gegner auf die Matte und wurde recht schnell mit ihm fertig. Die ganze Geschichte fand ich ziemlich ätzend, weshalb ich unseren kleinen Zwist damit beendete, dass ich Forrest nach dem Kampf, als wir auf dem Parkplatz eines Steak-'n'-Shake-Restaurants standen, mit Schmackes an die Eier griff ... Erinnerungen fürs Leben.

Die richtige Eckenbesatzung

Vor jedem Kampf solltet ihr euren Leuten sagen, wie sie in der Ecke mit euch zu reden haben. Ich persönlich mag ruhige, positive Anweisungen. Mein schlichter Geist ist überfordert, wenn mehr als eine Person gleichzeitig redet. Viele Kampfsportler bevorzugen es jedoch, wenn ihre Cornermen sie härter angehen. Manche *wollen* sogar, dass man ihnen Erniedrigungen an den Kopf wirft wie etwa: »Was machst du denn da, du armseliges Häufchen Dreck? Warum schlägst du ihn nicht? Warum trittst du nicht zu? Den Kampf verlierst du doch, und dann bist du nur noch ein Nichts.« Andere dagegen möchten von ihren Sekundanten lieber aufgeputscht werden, egal, wie schlecht sie sich schlagen. Selbst wenn sie übelst zusammengetreten worden sind, möchten sie so was hören wie: »Er hat dir vielleicht ein Dutzend Mal ins Gesicht getreten, aber das heißt doch nichts. Hat sich an deinem Schädel sicherlich das Schienbein verletzt. Guck ihn dir an, wie er lächelt, ganz von deinem Blut besudelt. Der macht bald schlapp – jede Sekunde kann der jetzt schlappmachen!« Ich sage nicht, dass die eine Methode schlechter ist als die andere, schließlich wird jeder anders motiviert. Ihr solltet nur den für euch besten Ansatz herausfinden und diese Erkenntnis eurer Eckenbesetzung mitteilen, und zwar nicht erst nach zwei Runden. Ihr werdet überrascht sein, wie wichtig das ist. Wenn ihr erschöpft und angeschlagen seid, können euch die falschen Worte in der Ecke zum Aufgeben oder zum Widerspruch reizen, wohingegen euch die richtige Ansprache aufbaut. Aber vergesst nicht, ihr selbst habt diese Idioten zum Kampf mitgenommen, weil ihr dachtet, dass sie wertvolle Tipps zu geben haben. Also hört ihnen auch zu. Ein guter Trainer sollte den Überblick behalten, die Schwächen des Gegners erkennen und sie euch verraten können. Das sind wertvolle Informationen während eines Kampfes. Mitten im Wettbewerb ist also keine gute Zeit, um das Vertrauen in seine Cornermen zu verlieren.

5. KAPITEL

42 Kampftipps

Haltung

Für jeden Kampfstil gibt es eigene Richtlinien zur Haltung, die sich aus den Regeln und Zielen des jeweiligen Stils ergeben. Beim griechisch-römischen Ringkampf geht es darum, den Gegner auf die Matte zu zwingen. Da es aber regelwidrig ist, die Hände unterhalb der gegnerischen Gürtellinie anzusetzen, werden die meisten Techniken aus dem Clinch heraus begonnen, sodass bei diesem Stil eine aufrechte Haltung angebracht ist. Beim Freistilringen ist das Ziel ebenfalls, den Gegner auf die Matte zu bringen. Die Regeln lassen jedoch Angriffe auf die Beine zu, weshalb eine niedrigere Stellung wirkungsvoller ist. Beim Muay Thai geht es darum, den Gegner knüppelhart zu treffen. Folglich ist hier die aufrechte Kampfhaltung ein Muss. Auch wenn die Haltung zweier Kampfsportler in der gleichen Disziplin recht unterschiedlich aussehen kann, befolgen beide doch dieselben Grundregeln. Im MMA ist das nicht anders. Auch in diesem Sport, der sowohl das Schlagen als auch das Ringen erlaubt, solltet ihr euch an die Grundregeln halten. Körperbau und -größe, Stärken und Schwächen entscheiden zwar über Nuancen in der Haltung, aber wenn ihr euch nicht an die Grundregeln haltet, eröffnet ihr eurem Gegner Chancen, die dieser wahrscheinlich gnadenlos ausnutzt.

Tipp Nr. 1: Füße schulterbreit auseinander

Wenn ihr die Kampfhaltung einnehmt, sollten eure Füße etwa schulterbreit auseinander stehen. Dies sorgt nicht nur für die perfekte Mischung aus Balance und Beweglichkeit, sondern gewährt auch einen sicheren Stand, aus dem heraus ihr wirkungsvoll Offensiv- und Defensivtechniken einsetzen könnt.

Tipp Nr. 2: Geradeaus und 45 Grad

Die Fußstellung ist sehr wichtig. Wenn ihr es richtig macht, zeigen die Zehen des vorderen Fußes auf den Gegner und die des hinteren Fußes im Winkel von 45 Grad zur Seite. So aufgestellt, könnt ihr in alle Richtungen agieren und habt die besten offensiven wie defensiven Möglichkeiten.

Tipp Nr. 3: Auf den Fußballen

Ihr solltet nie plattfüßig dastehen. Wenn die Fersen auf der Matte aufliegen, ist die Balance beeinträchtigt und die Bereitschaft zu explosiven Attacken eingeschränkt. Außerdem ist es schwieriger, den Angriffen des Gegners zu entgehen. Bleibt deshalb immer schön auf den Fußballen.

Tipp Nr. 4: Knie leicht gebeugt

Lasst die Knie immer leicht gebeugt. Genau wie beim Stehen auf den Fußballen wird hier ein Sprungfedereffekt erzeugt, der euch blitzschnelle Attacken oder Ausweichmanöver erlaubt. Sind die Knie durchgedrückt, ist das Gleichgewicht gefährdet, und die Beine können leichter durch Tritte oder Takedowns verletzt oder gebrochen werden. Es ist jedoch wichtig, die Knie auch nicht zu stark zu beugen, weil dadurch Schläge und deren Abwehr sehr schwierig werden.

Tipp Nr. 5: Hände hoch, ihr Luschen

Dieser ist von allen Tipps der wichtigste. Indem ihr die Hände auf Augenhöhe haltet, schafft ihr eine Barriere, die der Gegner auf dem Weg zu eurem Gesicht erst mal durchdringen muss. Ich weiß, was ihr denkt: Forrest, wir haben dich in mehr als einem Kampf mit den Händen in Hüfthöhe gesehen. Richtig, aber ich war von Geburt an hässlich und kümmere mich daher einen Dreck um Schäden an meiner Visage. Ich will euch nichts vormachen – in erschöpftem Zustand die Hände oben zu halten kann eine Scheißarbeit sein. Es fühlt sich an, als müsstet ihr zwei 20-Kilo-Hanteln über die Schultern stemmen. Wenn es absolut nicht mehr geht, setzt eure Beine ein. Umkreist den Gegner, oder zieht euch zurück, und schüttelt dabei die Arme aus. Sobald ihr aber in Schlagdistanz kommt, müssen die Hände wieder in der richtigen Position sein, denn sie sind die Hüter eures guten Aussehens.

Tipp Nr. 6: Arme leicht vorgestreckt

Die Arme solltet ihr nicht nur hoch, sondern auch ausreichend weit von euch weg halten. Wenn ihr sie zu nah am Gesicht habt, könnt ihr nicht gut blocken, außer durch die Boxerdeckung, die aber bei MMA wegen der kleineren Handschuhe eher schlecht funktioniert. Habt ihr die Arme dagegen zu weit vom Körper weggestreckt, könnt ihr nicht mit Wucht zuschlagen – es sei denn, ihr beherrscht Bruce Lees 1-Zentimeter-Faustschlag. (Dumpfbacken aufgepasst: Das war Sarkasmus.) Es geht darum, den goldenen Mittelweg zu finden, der euch gleichzeitig effektive Schläge und Abwehrtechniken erlaubt.

Tipp Nr. 7: Ellbogen am Körper

Die Ellbogen dürfen nie zur Seite abstehen. Indem ihr sie beim Schlagen eng am Körper haltet, könnt ihr die Energie eurer Füße und Hüften durch die Arme auf den Gegner übertragen. Und in der Kampfhaltung lassen sich Schläge zum Körper mit angelegten Ellbogen leichter blocken. Solltet ihr diese Grundregel missachten und die Ellbogen zur Seite segeln lassen, kann euer Gegner sie als Griffe benutzen, euch aus dem Gleichgewicht bringen und einen Takedown einleiten.

Tipp Nr. 8: Kinn runter, Schultern hoch

Ob ihr stehend oder liegend kämpft – das Kinn sollte immer eingezogen sein. Wenn ihr zu der Sorte Wichser gehört, die für alles eine Begründung braucht, dann aufgepasst: 1) Euer Kopf ist dann kein Ballon auf einem Stock, sondern eher ein Teil eurer Schultern, was es für den Gegner schwerer macht, euch eine ins Kinn zu dreschen. 2) Wenn euch der Gegner von den Füßen hebt und einen Wurf ausführt, kann euch ein eingezogenes Kinn vor einem Bruch eures guten alten Genicks bewahren. 3) Wenn ihr in Rückenlage seid, hindert es euren Gegner daran, euren Kopf wie einen Basketball auf die Bretter zu dribbeln und euch dadurch schwere Schäden zuzufügen (als ob Kopfverletzungen euch noch schaden könnten). Sich das anzugewöhnen kann schwierig sein, aber es gibt Mittel und Wege. Klemmt euch beim Pratzen- oder Sandsacktraining und beim leichten Sparring einen Tennisball zwischen Kinn und Brustkorb. Anfangs wird der Ball alle zwei Sekunden herunterfallen, aber mit der Zeit bleibt euer Kinn von selber unten. Wenn ihr meinen Rat ignoriert und lieber arrogante Schlauberger sein wollt, die das Kinn erhoben halten, als schnüffelten sie am Arsch eines Größeren, dann erwartet nicht, dass ich euch im Krankenhaus besuche.

Bewegung

Wenn euer Gegner angreift, ist Bewegung die beste Verteidigung. Blocken kann gewiss effektiv sein, aber warum solltet ihr eine Verletzung riskieren, wenn ihr auch ausweichen könnt? Damit vermeidet ihr nämlich nicht nur unnötigen Körperkontakt, sondern könnt euren Gegner auch noch aus dem Gleichgewicht bringen. Er will seine volle Energie ja nach vorne auf seinen Angriffspunkt übertragen, weshalb er beim Danebenschlagen kurzzeitig den sicheren Stand verliert, und diesen günstigen Moment könnt ihr dann ausnutzen.

Rückansicht

Falsch: im Kampf nie die Beine kreuzen

Bewegung ist auch für den Angriff wichtig. Ohne die richtige Beinarbeit schlagt ihr höchstens Löcher in die Luft. Ihr wollt doch nicht so blöd sein, ausgefeilte Kombinationen mit drei Meter Abstand zum Gegner abzufeuern. Dadurch vergeudet ihr nicht nur Energie, sondern seht auch noch aus wie ein geistig Zurückgebliebener im Kampf gegen imaginäre Ninja Turtles. Im Folgenden gebe ich Tipps zu Beinarbeit und Bewegung, die dazu beitragen sollen, dass ihr einerseits schwerer zu treffen seid, andererseits eure Schläge effektiver werden und euch Takedowns leichter gelingen.

Tipp Nr. 9: Haltung in der Bewegung

Wenn ihr euch im Käfig oder im Ring bewegt, müsst ihr immer in eurer Kampfhaltung bleiben. Stehen die Füße zu weit auseinander oder lehnt ihr euch zu stark in eine Richtung, leiden Gleichgewicht und Standfestigkeit darunter. Das macht euch nicht nur leichter angreifbar, es erschwert zudem eigene Attacken und Konter. Anfangs kann es mühsam sein, beim Kreisen, Vordringen und Zurückweichen in Kampfhaltung zu bleiben, aber auch das ist Übungssache. Beispielsweise könnt ihr euch beim Schattenboxen ein schulterbreites Band zwischen die Beine binden. Trainiert ein paar Wochen lang mit dem Band, und ihr werdet überrascht sein, wie sehr sich eure Beinarbeit verbessert.

Tipp Nr. 10: Nie die Beine kreuzen

Kreuzt nie die Beine, denn das gefährdet euer Gleichgewicht. Um diese Faustregel umzusetzen, müsst ihr jede Bewegung mit dem Fuß beginnen, der in Bewegungsrichtung steht. Wollt ihr beispielsweise nach rechts, setzt ihr zuerst den rechten Fuß vor und zieht dann den linken Fuß nach, wobei ihr immer in eurer Grundhaltung bleibt. Das gleiche Prinzip gilt für Bewegungen nach links, nach vorne und nach hinten. Wenn ihr diese einfache Regel befolgt, sind eure Beine nie überkreuzt.

Ich will nach links und setze daher meinen Fuß ein Stück nach links. Danach ziehe ich den rechten Fuß nach und nehme wieder die Kampfhaltung ein. Wenn ihr euch die Fotos genau anschaut, werdet ihr bemerken, dass mich diese Art der Fortbewegung wachsen lässt. Ohne Scheiß. Als ich mit MMA anfing, war ich wie der Koautor dieses Buches 1,75 Meter groß, jetzt bin ich 2 Meter. Liegt nur an der richtigen Beinarbeit ...

Tipp Nr. 11: Winkel schaffen

Im Kampf ist es wichtig, durch Beinarbeit günstige Angriffswinkel zu schaffen. Wenn ihr eurem Gegner direkt gegenübersteht, kann ein Treffer oder ein Takedown schwer auszuführen sein, weil sich seine Verteidigungslinie direkt vor euch befindet. Wenn ihr ihm einen Faustschlag ins Gesicht versetzen wollt, kann er ihn mit den Armen blocken. Setzt ihr zum Takedown an, kann er mit dem Becken nach hinten sprawlen. Anstatt seine Verteidigungslinie frontal zu attackieren, umgeht sie lieber. Um dies zu bewerkstelligen, müsst ihr euren Körper durch gute Beinarbeit seitlich vom Gegner neu positionieren. Es geht darum, dass euer Becken für einen Moment dem Gegner zugewandt ist, seines aber von euch abgewandt. Bevor er sich euch wieder zuwenden kann, greift ihr ihn aus diesem neuen Winkel an. Je besser ihr dominante Winkel schaffen könnt, desto mehr Erfolg werdet ihr mit euren Offensivtechniken haben.

1) Da mein Becken Neils Becken direkt gegenüberliegt, kann ich seine Defensive nur schwer durchdringen.

2) Ich schlage zur Ablenkung eine Gerade und setze meinen rechten Fuß nach außen neben seinen linken Fuß.

3) Wenn ich nun meinen Körper gegen den Uhrzeigersinn drehe, liegt mein Becken Neils linker Seite gegenüber. Bevor er sich zu mir umdrehen kann, greife ich ihn mit einem Schlag oder einem Takedown an.

Tipp Nr. 12: Links- gegen Rechtsausleger

Wenn ihr gegen einen Rechtsausleger kämpft, also einen, der mit dem rechten Fuß vorne steht, müsst ihr versuchen, euren vorderen Fuß links außen neben seinem vorderen Fuß zu platzieren. Dadurch schafft ihr einen dominanten Winkel, aus dem heraus ihr mit größerer Wahrscheinlichkeit Erfolg mit einem Schlag oder einem Takedown habt.

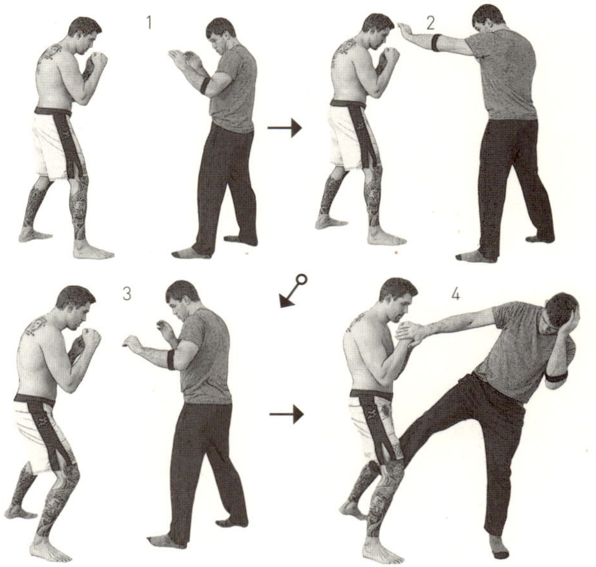

1) Ich stehe in normaler Kampfhaltung, Neil mit dem rechten Fuß vorne.

2) Während ich Neil meine linke Hand vors Gesicht halte, um ihn zu blenden, setze ich meinen linken Fuß links außen neben seinen rechten Fuß und erzeuge so einen dominanten Angriffswinkel.

3) Neil setzt seinen rechten Fuß rechts außen neben meinen linken Fuß, um meinen dominanten Winkel zu neutralisieren.

4) Während Neil sein Gewicht immer noch auf dem rechten Fuß hat, bekommt er von mir mit rechts einen Thaikick gegen die Innenseite seines rechten Beins.

5) Lasst bloß nie Erich Krauss irgendetwas photoshoppen. Guckt euch nur Bild 1 an. Sieht das aus wie ein Fuß? Kein bisschen. Es sieht aus wie eine Art Klaue. Tut mir einen Gefallen, und mailt Erich unter *authorerichkrauss@hotmail.com,* und sagt ihm, dass er ein Schwachmat ist. Dann habt ihr einen gut bei mir. Der Typ hat sich die Zeit genommen, das Wort *sprawl* von meiner Hose zu entfernen, sodass ich Sponsorengeld einbüßen musste, aber für die Korrektur meines Fußes hat's nicht gereicht? Wie ist der denn drauf?

Tipp Nr. 13: Sinn für Distanz

Ohne einen scharfen Blick für Distanzen kommt man mit den besten Schlägen und Blocks nicht weit. Diese Fähigkeit ist nicht ganz leicht zu entwickeln, besonders wenn ihr die ganze Zeit am Sandsack trainiert. Versteht mich nicht falsch: Sandsacktraining kann Wunder bewirken, wenn es um Schläge und Kicks geht, aber es bereitet euch so gut wie gar nicht auf echte Gegner vor, die ihre Beine zu gebrauchen wissen. Um euren Sinn für Distanz zu schulen, müsst ihr fleißig mit einem Trainingspartner sparren und eure Beinarbeit trainieren. Eine nützliche Übung ist, dem Gegner frontal gegenüberzustehen und seine Bewegungen zu spiegeln. Wenn er vorwärtsgeht, geht ihr rückwärts. Geht er, aus seiner Sicht gesehen, nach links, geht ihr nach rechts. Zunächst sollte dabei nicht geschlagen werden. Es geht nur darum, in Schlagdistanz zu bleiben, indem ihr euch wie ein Schatten mit dem Gegner bewegt. Sobald ihr das draufhabt, könnt ihr mit sehr leichten Schlägen anfangen. Mit der Zeit reagiert ihr automatisch auf die Bewegungen eures Gegners, selbst beim Sparring mit vollem Tempo. Ihr wisst dann zu jedem Zeitpunkt des Kampfes genau, ob ihr in Schlagdistanz seid oder nicht, und könnt eure Aktionen danach richten.

Tipp Nr. 14: Nicht vor die Schlaghand geraten

Wenn euer Gegner mit dem linken Fuß vorne und dem rechten hinten steht, kann er mit rechts viel stärker zuschlagen. Seine rechte Gerade hat dann wesentlich mehr Wucht als ein Jab mit der Linken. Ebenso kann er mit dem rechten Bein viel stärker treten als mit dem linken. Ihr solltet daher möglichst nicht in Reichweite seiner Schlaghand geraten, solange ihr in Schlagdistanz seid. Natürlich gibt es Ausnahmen von dieser Regel, aber als Anfänger solltet ihr sie lieber nicht brechen. Ihr könnt auf die gefährliche Seite eures Gegners wechseln, solange ihr außerhalb der Schlagdistanz seid, aber wenn ihr euch verschätzt, müsst ihr dort mit ziemlicher Wahrscheinlichkeit einen kräftigen Schlag einstecken. Noch mal zum Mitschreiben: Wenn der Gegner seinen rechten Fuß hinten hat, solltet ihr euch innerhalb der Schlagdistanz nur zu seiner linken Seite hinbewegen; zu seiner rechten Seite bewegt ihr euch nur, wenn er den linken Fuß hinten hat.

Tipp Nr. 15: Wichtige Angriffsziele

Das Ziel eines Kampfes ist es, mit jedem Schlag so viel Schaden anzurichten wie möglich. Um dies zu bewerkstelligen, müsst ihr erst mal wissen, was optimale Angriffsziele sind. Ich habe hierfür eine Liste aufgestellt, in der aber wohlgemerkt nur Angriffsziele genannt werden, die bei MMA-Kämpfen erlaubt sind. Wenn ihr in eine Prügelei verwickelt seid, ist Augenstechen und Eiertreten nicht nur erlaubt, sondern sogar zu empfehlen.

Kinn

Ein satter Treffer auf den Kiefer mit Faust oder Schienbein kann einen verheerenden K.o. bewirken. Der Hals erfährt dadurch einen brutalen Ruck, sodass das Gehirn gegen die Schädelwand prallt und der Gegner sich vorübergehend schlafen legt. Wenn ihr das Kinn mit genügend Wucht trefft, erzeugt ihr manchmal spastische Zuckungen beim anderen, sodass er mit Armen und Beinen schlottert wie eine sterbende Kakerlake. Ein solcher Schlag gegen das Kinn kann euren Gegner manchmal sogar zum Einscheißen bringen.

Schläfe

Es ist durchaus möglich, den Gegner mit einem Schlag auf die Schläfe auszuknocken, aber meistens erreicht ihr nur einen ***flash knockout***, besser bekannt als »Sterne sehen«. Der Unterschied zu einem richtigen K.o. besteht darin, dass man sich von einem Flash-K.o. schneller erholt. Deshalb ist es wichtig, weiter auf den Gegner einzudreschen, bis euch der Ringrichter oder die Polizei wegzerrt.

Nase

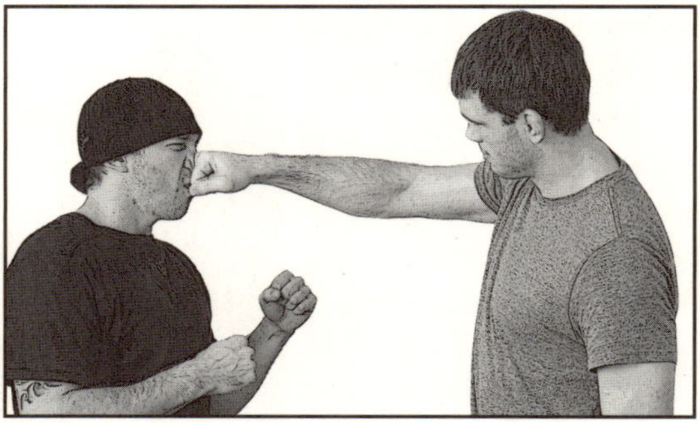

Dem Gegner die Nase zu brechen ist geil. Tränen schießen ihm in die Augen, und Blut fließt ihm die Kehle hinab, was das Atmen behindert. Der Kampf ist dadurch zwar noch nicht entschieden, aber meistens nimmt es dem Gegner ein gutes Stück seiner Kampfmoral, lässt ihn schneller müde werden und raubt ihm die Konzentration, sodass er anfälliger für weitere Treffer wird. Außerdem wird er vorübergehend hässlicher als ihr, und das ist gut.

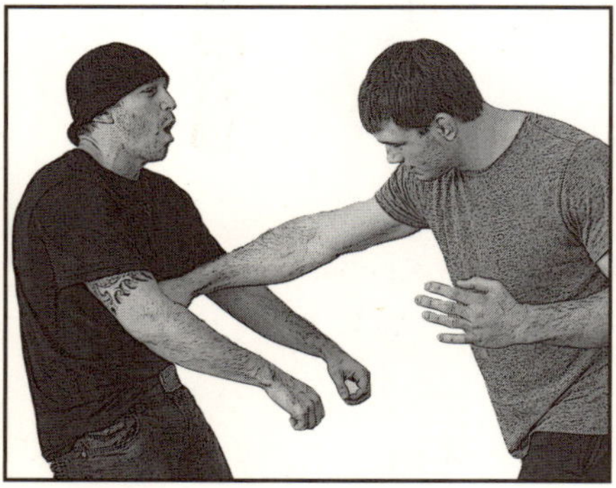

Solarplexus

Der Solarplexus liegt am unteren Ende des Brustbeins. Wenn ihr diese Körperregion trefft, wird dem Gegner meistens den Atem abgeschnitten, was ihn veranlasst, die Deckung sinken zu lassen. Manchmal könnt ihr damit sogar so viel Schaden anrichten, dass er aufgibt, aber das ist selten.

Leber und Nieren

Schläge auf diese inneren Organe rauben eurem Gegner nicht nur den Atem, sondern sorgen auch für einen heftig explodierenden Schmerz, unter dem er noch lange nach dem Kampf leiden wird. Um Leber oder Niere zu treffen, müsst ihr auf den weichen Bereich zwischen Rippen und Hüfte seitlich am gegnerischen Rumpf zielen. Dafür eignen sich geschwungene Schläge am besten, etwa Thaikicks oder Haken.

Ischiasnerv

Der Ischiasnerv verläuft seitlich am Oberschenkel und lässt sich am besten durch einen Halbkreis-Thaikick erreichen. Ein Tritt gegen diese empfindliche Stelle richtet in der Regel wenig Schaden an, zehn Tritte aber schon mehr. Am wirkungsvollsten ist es also, den Gegner immer wieder an derselben Stelle zu treffen. Im Laufe des Kampfes wird es für ihn dann immer schwieriger und schmerzhafter, das Bein zu belasten. Das hemmt ihn nicht nur in seinen Offensivmanövern, sondern lenkt seine Aufmerksamkeit auch auf die verletzte Stelle, was euch die Gelegenheit verschafft, ihn anderswo zu treffen, etwa im Gesicht.

Tipp Nr. 16: Kontaktpunkte

Menschen benutzen im Kampf meistens instinktiv ihre Fäuste. Das liegt vor allem daran, dass wir unsere Hände so gut steuern können. Wir gebrauchen sie für fast alles: fürs Schreiben, Autofahren, Begrabschen von Riesentitten und in eurem Fall für exzessives Masturbieren. Eure Fäuste sind zweifelsohne hervorragende Waffen, aber sie zerbrechen ziemlich schnell. Ich bin mir sicher, dass die statistisch häufigste Verletzung bei MMA gebrochene Hände sind. Faustschläge sind für den Gegner auch ziemlich leicht vorauszusehen, da sie meist auf Augenhöhe ausgeführt werden. Um Verletzungen zu vermeiden und unberechenbarer zu werden, solltet ihr den Gebrauch der anderen Waffen erlernen, mit denen euer Körper ausgerüstet ist. Ihr müsst diese Waffen allerdings beherrschen, bevor ihr sie im Kampf anwendet. Wenn ihr am Dienstag den Thaikick lernt, solltet ihr ihn lieber nicht schon am Freitagabend im Ring ausprobieren. So, wie ihr Jahre gebraucht habt, um eure Hände richtig einzusetzen, kann es

Jahre dauern, bis ihr effektive Fußtritte und Ellbogenstöße hinbekommt. Wie alles beim Kämpfen braucht das Zeit. Im Folgenden habe ich eine Liste aller primären Waffen eures Körpers aufgestellt, deren Einsatz bei MMA erlaubt ist. Wenn ihr diese beherrscht, solltet ihr auch den Gebrauch der sekundären erlernen, etwa der Schulter, die im Clinch eingesetzt werden kann, oder des Handrückens, mit dem ihr die berüchtigte *pimp-slap*-Ohrfeige austeilen könnt.

Faust

Beim Faustschlag solltet ihr immer mit den Knöcheln von Zeige- und Mittelfinger zuschlagen. Dadurch verringert ihr nicht nur den Schaden, den eure Hand nimmt, sondern optimiert auch die Energieübertragung von eurem Arm auf das Gesicht des Gegners ... Kurz: Ihr könnt so mehr Schaden anrichten.

Unterarm

Wenn ihr euch beim Bodenkampf auf dem Gegner befindet, könnt ihr den Unterarm als Mühlstein verwenden, um die gegnerische Hackfresse zu zermalmen und umzugestalten. Beim Wrestling wird diese Technik *cross-face* genannt.

Ellbogen

Die Spitze des Ellbogens ist für mehr Platzwunden verantwortlich als jede andere Waffe. Am besten haut ihr dem Gegner euren Ellbogen in einem abwärtsgerichteten Bogen ins Gesicht. Wenn ihr auf Blut aus seid, solltet ihr ihm mit der Ellbogenspitze übers Gesicht schrammen, anstatt ihn richtig zu treffen.

Knie

Das Knie ist der Rammbock des menschlichen Körpers. Richtig eingesetzt, kann es bei eurem Gegner schwere Schäden an Beinen, Rumpf, Gesicht oder Genitalien anrichten.

Schienbein

Bei Tritten solltet ihr euer Ziel lieber nicht mit dem Fuß treffen. Der Kontakt sollte mit dem Schienbein hergestellt werden. Dies richtet nicht nur mehr Schaden beim Gegner an, sondern verhindert auch Blessuren, die ihr durch einen gegnerischen Block erleiden könntet. Am besten landet ihr den Treffer mit der Innenseite des Schienbeins, weil dort der Knochen am dicksten ist. Wenn ihr mit der Außenseite trefft, könnt ihr unter Umständen das Muskelgewebe an der Seite der Wade beschädigen.

Fußballen

Bei einem Frontkick könnt ihr euer Ziel entweder mit dem Ballen oder der Ferse treffen. Mit dem Ballen überwindet ihr zwar eine größere Distanz, aber die Wirkung ist nicht so groß.

Ferse

Die Ferse wird bei Front-, Side- und Backkicks als Waffe eingesetzt, aber auch zum Herumtrampeln auf einem am Boden liegenden Gegner. Um größtmögliche Wirkung zu erreichen, solltet ihr den Fuß nach oben anwinkeln. Dadurch verringert ihr die Kontaktfläche und macht eure Ferse so scharf wie möglich.

Tipp Nr. 17: Timing

Timing ist die Fähigkeit, die Bewegungen des Gegners vorauszusehen und ihnen zuvorzukommen. Es ist eine Art siebter Sinn und keine bewusste Handlung – eher eine Reaktion. Bewegt sich euer Gegner, reagiert ihr instinktiv darauf – entweder offensiv oder defensiv. Sparring fördert sicherlich euren Sinn fürs Timing beim Stand-up-Kampf, aber ebenso wichtig ist es, diesen Instinkt beim Bodenkampf zu entwickeln. Ihr könnt Grappling-Techniken nämlich nicht erzwingen, es sei denn, ihr habt übermenschliche Kräfte. Um Erfolg zu haben, müsst ihr die Bewegungen des anderen und seine Reaktionen zu eurem Vorteil nutzen, und dazu braucht ihr vor allem das richtige Timing. Scheißegal, wenn ihr nur ein paar Griffe kennt – mit dem richtigen Timing gelingen euch mehr Submissions als jemandem, der alle bekannten Techniken beherrscht, aber ein grottenschlechtes Timing hat. Grappling-Techniken müsst ihr natürlich trotzdem lernen, ich möchte nur betonen, wie wichtig richtiges Timing ist. Um euch in diesem Punkt zu verbessern, solltet ihr so oft wie möglich Bodensparring und Timing-Übungen machen. (Anmerkung: Geschwister, Geliebte und Gemahlinnen können fähige Sparringspartner abgeben – höchstwahrscheinlich habt ihr mit eurem kleinen Bruder oder eurer Herzensdame noch die eine oder andere Rechnung offen, da braucht ihr gar nicht lange nach einem Kampfpartner zu suchen. Warum ans andere Ende der Stadt fahren, wenn sich schon am anderen Ende des Tisches jemand Geeignetes befindet? Oder am anderen Ende des Bettes ...)

Tipp Nr. 18: Kombinationen

Wenn ihr es mit einem erfahrenen Kämpfer zu tun habt, kommt ihr mit einzelnen Schlägen nicht weit. Um Treffer zu erzielen, müsst ihr eure Schläge und Tritte zu flüssigen Kombinationen zusammenfügen. Dabei sollte jeder Schlag den nächsten vorbereiten. Beispielsweise könnt ihr den Gegner einen Moment lang mit einem Jab ins Gesicht blenden und ihn dazu bringen, die Arme als Deckung hochzunehmen. Damit eröffnet ihr euch die Möglichkeit, einen mächtigen Cross auf seinen Rumpf zu landen. Dieser Treffer raubt ihm den Atem und sorgt dafür, dass er sich zusammenkrümmt, was euch wiederum die Gelegenheit gibt, ihm das Knie ins Gesicht zu rammen. Die Wucht des Kniestoßes verwirrt euren Gegner und bringt ihn aus dem Gleichgewicht, sodass ihr eure Kombination mit einem Takedown beenden könnt. Eine derartige Salve von Angriffen abzufeuern ist die beste Methode, um den Gegner in der Defensive zu halten.

Beim Bodenkampf gilt das Gleiche. Wenn ihr euch den Arm des Gegners schnappt und eine Kimura-Submission versucht, wird er sich wahrscheinlich dagegen wehren. Dadurch macht er sich jedoch angreifbar, und zwar per Armhebel auf der anderen Seite. Wehrt er sich gegen den Hebel, könnt ihr wieder mit der Kimura weitermachen, doch das führt jetzt zu weit. Einfacher ausgedrückt: Wenn ihr Submissions, Tritte oder Schläge kombiniert, seid ihr dem Gegner bald einen Schritt voraus.

Tipp Nr. 19: Finten (für die lexikalisch Beschränkten: Es geht ums »Antäuschen«)

Das Ziel einer Finte ist es, eine bestimmte Angriffstechnik vorzutäuschen, auf die der Gegner dann fälschlicherweise reagiert. Ihr könnt beispielsweise runtergehen, als ob ihr einen Takedown vornehmen wollt, und euren Gegner dadurch veranlassen, die Hände zur Abwehr eures Manövers sinken zu lassen. Aber anstatt den Takedown durchzuziehen, schnellt ihr wieder in die Höhe und nutzt den ungedeckten gegnerischen Kopf zu einer rechten Overhand. Anderes Beispiel: Ihr täuscht mit der Schlaghand eine Gerade an, und wenn der Gegner diesen Schlag parieren will, trefft ihr ihn unerwartet mit einem schnellen Haken der Führhand. Der Trick besteht darin, so viel Engagement in die Finte zu legen, dass der Gegner darauf reagiert, gleichzeitig aber nur so wenig, dass eure nachfolgende Attacke nicht darunter leidet.

Tipp Nr. 20: Das Hoch-tief-Prinzip

Das Hoch-tief- oder Tief-hoch-Prinzip ist eine weitere Methode, um die Effektivität eurer Angriffe zu steigern. Ihr könnt zum Beispiel mit einem Körpertritt beginnen, um seine Aufmerksamkeit nach unten zu lenken, und dann sofort mit einem Schlag gegen den Kopf nachlegen. Umgekehrt funktioniert es genauso gut: den Gegner mit einem Schlag gegen den Kopf nach oben lenken und dann gegen sein Bein treten. Es lassen sich unendlich viele verschiedene Hoch-tief- oder Tief-hoch-Kombinationen aneinanderreihen, aber ihr solltet auf jeden Fall diejenigen herausfinden, mit denen ihr am besten klarkommt. Wie bei den meisten Kampfsportlern wird sich eure Trefferquote dadurch drastisch erhöhen.

1) Ich stehe Neil gegenüber.

2) Um seine Aufmerksamkeit auf seine untere Körperhälfte zu lenken, trete ich ihm gegen die Innenseite seines linken Beins.

3) Ich gehe wieder zurück in die Kampfhaltung.

4) Während Neil sich auf die Verteidigung seines Beins konzentriert, bekommt er einen Thaikick an den Kopf.

Tipp Nr. 21: Den Gegner beim Rückzug treten

Tritte können bei MMA ziemlich riskant sein, da sie dem Gegner Takedowns ermöglichen. Daher solltet ihr am besten dann zutreten, wenn der Gegner aus dem Gleichgewicht ist oder sich zurückzieht. Wenn ihr ihn zu treten versucht, während er steht oder sich vorwärtsbewegt, kann er euch nicht nur umstoßen, indem er sich auf euch stürzt, er kann sich auch euer Bein schnappen und euch auf die Matte werfen oder euch einen mächtigen Hieb in die Fresse versetzen.

Falsch

1) Ich stehe Neil gegenüber. **2)** Neil kommt auf mich zu, und ich begehe den Fehler, ihm einen Thaikick gegen das Führungsbein zu verpassen. **3)** In der Vorwärtsbewegung kontert er meinen Tritt mit einer rechten Overhand.

Richtig

1) Um meinen Tritt gegen Neils vorderes Bein richtig einzuleiten, bringe ich ihn mit einem Jab dazu, sich zurückzuziehen. **2)** Ich lege mit einem Thaikick gegen sein Führungsbein nach. Aus der Rückwärtsbewegung heraus ist es für ihn schwierig, mit einem Schlag oder einem Takedown zu kontern.

Tipp Nr. 22: Tempo

Tempo oder Rhythmus werden oft unterschätzt, sind beim Kämpfen aber sehr wichtig. Bei manchen Kampfsportarten, etwa bei Muay Thai, wird Musik mit immer schneller werdendem Beat aufgelegt, um die Kampfgeschwindigkeit zu bestimmen. Bei MMA ist das bekanntlich nicht der Fall; trotzdem ist Rhythmus deshalb nicht weniger wichtig. Wenn ihr eine Kombination abfeuert, gebt ihr mit euren Schlägen ein bestimmtes Tempo vor. Sobald der Gegner euren Rhythmus übernommen hat, könnt ihr überraschend ausbrechen. Bringt beispielsweise einen Jab-Cross-Hook, also eine Dreierkombination, und legt eine kurze Pause ein, bevor ihr einen Tritt gegen das Schienbein nachfeuert. Da euer Gegner noch den regelmäßigen Rhythmus eurer Kombination im Kopf hat, bringt ihn die Pause aus dem Takt, und ihr habt mit eurem Tritt größere Trefferchancen. Wenn ihr bestimmte rhythmische Muster beherrscht, bereitet ihr eure Schläge besser vor und kontert leichter die eures Gegners.

Tipp Nr. 23: Den gegnerischen Rhythmus durchbrechen

Genau wie ihr erzeugt auch euer Gegner mit seinen Schlägen und Tritten einen Rhythmus. Damit er nicht in seinem Takt bleibt und Schlag auf Schlag folgen lassen kann, solltet ihr seinen Rhythmus möglichst durchbrechen. Plant der andere beispielsweise eine Jab-Cross-Kombination, also einen Zweiertakt, könnt ihr diesen Takt mit einem eigenen Jab stören. Am besten greift ihr ihn zwischen seinen beiden Schlägen an, denn damit vereitelt ihr nicht nur seinen Cross, sondern stört gleichzeitig seinen Rhythmus und bekommt die Chance, selbst den Takt vorzugeben.

Ansicht 1

Ansicht 2

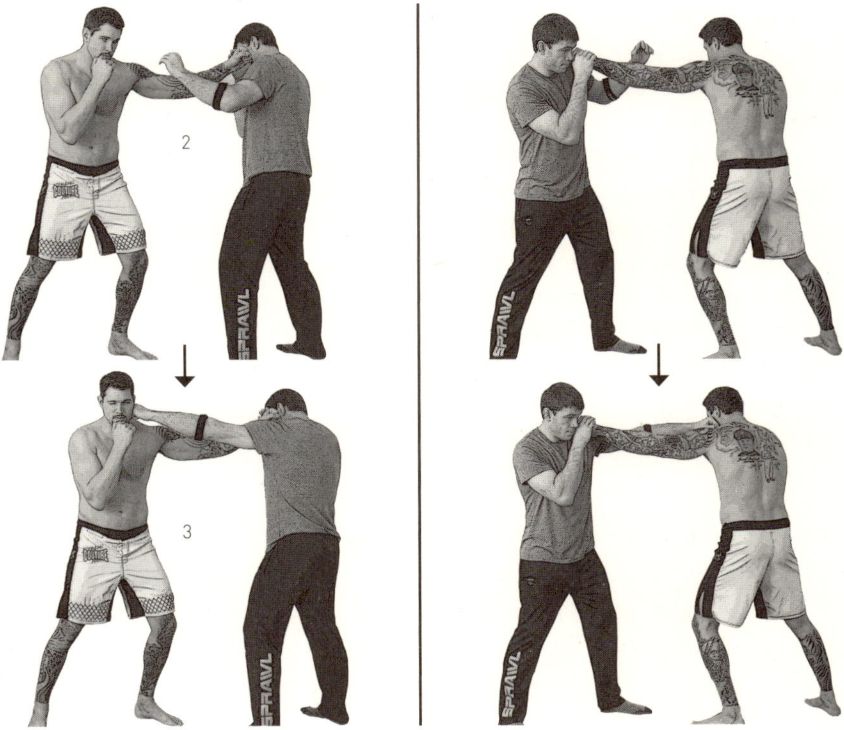

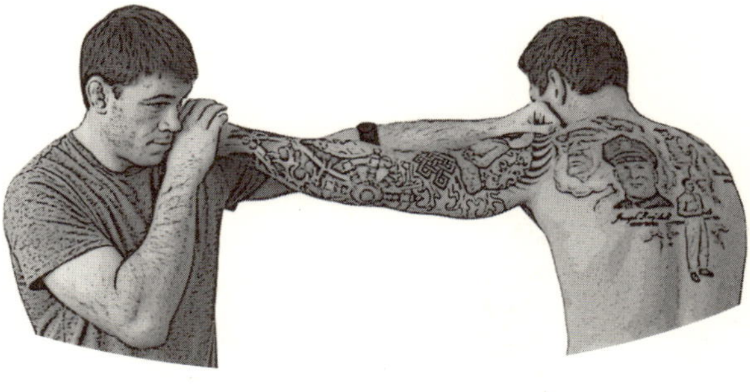

1) Ich stehe Neil gegenüber.

2) Neil schlägt mir eine Gerade ins Gesicht. Anstatt zu blocken, weiche ich seinem Schlag aus, indem ich mein Gewicht nach rechts verlagere, meinen Kopf nach rechts neige und seine Faust pariere, indem ich mit meiner rechten Hand nach links greife.

3) Während Neils Gerade links an meinem Kopf vorbeigeht, kontere ich mit einer linken Geraden. Indem ich ihn mitten in seiner Kombination angreife, durchbreche ich seinen Rhythmus. Um das auszunutzen, lasse ich gleich noch einen Schlag folgen.

Tipp Nr. 24: Angriffe erwidern

Wie ich am Anfang des Abschnitts über die Bewegung schon gesagt habe, solltet ihr immer versuchen, Angriffen auszuweichen, anstatt sie zu blocken. Blocken funktioniert zwar oft, aber ihr steckt ein Gutteil des Schlages ein und riskiert, dass der kleine MMA-Handschuh eures Gegners an eurer Deckung vorbeikommt und Körper oder Kopf trifft. Außerdem besteht die Gefahr von gegnerischen Folgeangriffen. Falls ihr die Arme um den Kopf schlingt und in Schildkrötenstellung geht, ist es nur eine Frage der Zeit, bis ihr doch mal einen Treffer einsteckt und k. o. geht. Lasst daher nie mehr als einen Schlag unbeantwortet. Wenn ihr einen Schlag des Gegners geblockt habt, solltet ihr zuschlagen, bevor er den nächsten bringt.

Tipp Nr. 25: Beim Schlagen ausatmen

Mit jedem Schlag solltet ihr schnell ausatmen. In den traditionellen Kampfkünsten nennt man das »Chi freisetzen« oder so. Ich hatte mir darunter zwar immer etwas völlig anderes vorgestellt, aber egal. Auf diese Weise bekommt euer Schlag nicht nur mehr Wucht, euer Körper wird auch auf Konterangriffe vorbereitet. Es kann euch den Atem nehmen, wenn eure Lunge bei einem Brustkorbtreffer voller Luft ist, und das wiederum schwächt euren Kampfeswillen. Um sich das Atemanhalten abzugewöhnen, solltet ihr im Training bei jedem Schlag oder Tritt gegen die Pratzen einen halbwegs brutalen Schrei ausstoßen und Luft loswerden. Ihr klingt dann zwar so wie einer der Affen, die dem ganzen Fitnessstudio durch ihr lautes Grunzen mitteilen müssen, wie viel sie stemmen können, aber im Ring macht sich das bezahlt.

Tipp Nr. 26: Schieben und Ziehen im Clinch

Im Clinch könnt ihr euren Gegner durch Schieben oder Ziehen zu einer Reaktion provozieren. Wenn ihr ihn schiebt, wird er mit fast hundertprozentiger Sicherheit Widerstand leisten, indem er dagegenhält; wenn ihr dann einfach nachgebt, könnt ihr einen Wurf oder Takedown nach vorne ausführen. Zieht ihr ihn dagegen zu euch, wird er ebenfalls versuchen, euch zu sich zu ziehen, und ihr könnt wieder nachgeben und einen Wurf oder Takedown nach hinten ausführen. Damit dies gelingt, müsst ihr ein irrsinnig feines Gefühl für die Reaktionen eures Gegners entwickeln. Sobald er eurem Zug oder Druck nachgibt, müsst ihr sofort locker lassen und einen Angriff in seine Bewegungsrichtung vornehmen. Stimmt das Timing dabei nicht, kann der andere wieder festen Stand bekommen oder selber angreifen.

Muay-Thai-Clinch

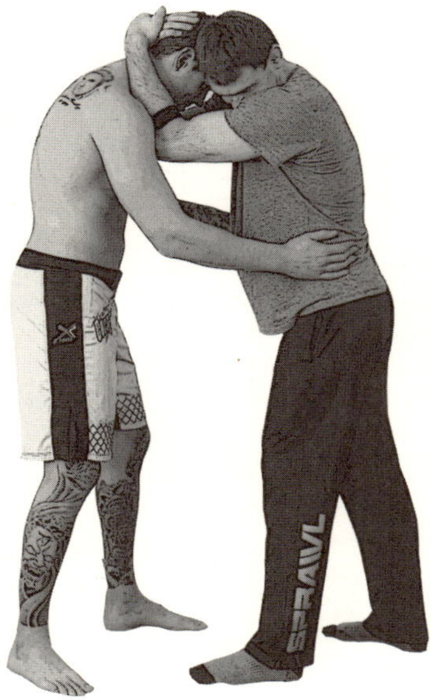

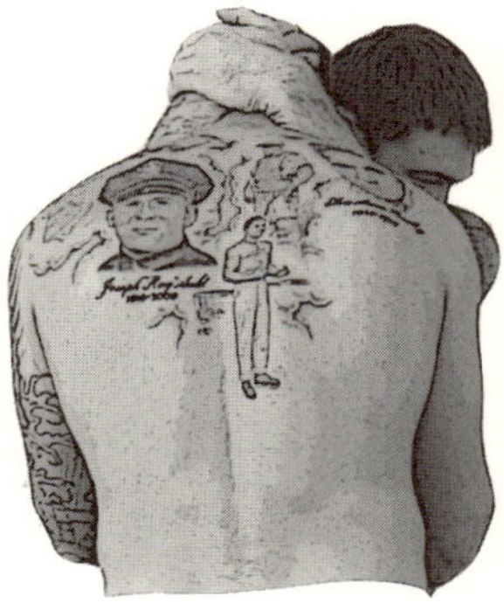

Ich gehe in die Nahdistanz und lege meine rechte Hand um Neils Hals und die linke Hand auf die rechte. Um ihn aus dem Gleichgewicht zu bringen, ziehe ich seinen Kopf mit den Händen nach unten. Damit er keinen Body Lock versuchen oder zum Takedown ansetzen kann, presse ich meine Ellbogen zusammen und stemme sie gegen seine Schultern. Aus dieser Haltung heraus kann ich ihm kräftige Kniestöße in den Bauch versetzen.

Tipp Nr. 27: Clinch

Es gibt drei grundlegende Clinch-Positionen, die jeder MMA-Kämpfer beherrschen sollte: den Ringer-, den Muay-Thai- und den Dirty-Boxing-Clinch. Beim Ringerclinch geht es vor allem darum, den gegnerischen Oberkörper unter Kontrolle zu bekommen, um Würfe, Body Locks oder Takedowns möglich zu machen. Beim Muay-Thai-Clinch bringt ihr den Kopf des Gegners in eure Gewalt und diesen dadurch aus dem Gleichgewicht. Anschließend versetzt ihr ihm brutale Knie- und Ellbogenstöße. Im Dirty-Boxing-Clinch haltet ihr den anderen mit einer Hand am Kopf fest, um sein Gleichgewicht zu stören, während ihr mit der freien Hand Gesicht und Körper bearbeitet. Um den Clinch richtig nutzen zu können, müsst ihr nicht nur diese drei Grundformen draufhaben, sondern diese auch so miteinander verbinden lernen, dass ihr zwischen ihnen hin- und herwechseln könnt.

Ringerclinch

Richtig

Um den Gegner in den Body Lock zu nehmen, stecke ich meine Arme unter Neils Armen hindurch, verschränke die Hände hinter seinem unteren Rücken und ziehe dann sein Becken zu mir. Aus dieser Position kann ich verschiedene wirkungsvolle Takedowns ausführen.

Falsch

Das ist kein Body Lock, das ist Männerliebe vom Feinsten. Zugegeben, der Unterschied ist sehr gering. Es kommt ganz auf die Haltung der Hände an. Wenn eure Hände verschränkt sind, ist es ein griechisch-römischer Ringerclinch. Wenn ihr dem Gegner aber mit geöffneten Händen zärtlich über den Rücken streichelt, ist es extrem schwul.

Dirty-Boxing-Clinch

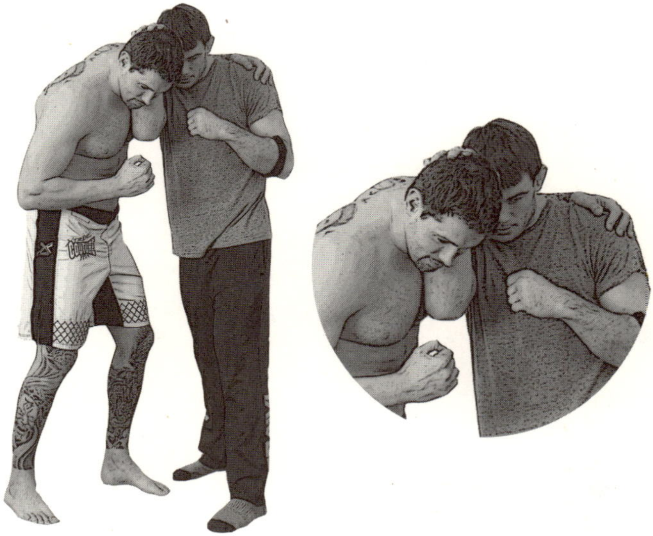

Um in den Dirty-Boxing-Clinch zu gehen, lege ich eine Hand auf Neils Hinterkopf und drücke ihm meinen Ellbogen in die Schulter. Um ihm Schaden zuzufügen, bringe ich ihn durch Ziehen und Schieben aus dem Gleichgewicht, umkreise ihn und haue ihm immer wieder mit der freien Hand ins Gesicht.

Tipp Nr. 28: Inside Control

Egal, ob ihr in den Ringer-, Thai- oder Dirty-Boxing-Clinch geht – ihr müsst eure Arme auf jeden Fall unter die eures Gegners bekommen, denn dadurch bringt ihr euch in eine dominante Position. Das ist meistens ganz schön schwierig. Wenn euer Rivale ein erfahrener Kämpfer ist, wird er ebenfalls versuchen, im Clinch die Kontrolle über euch zu erlangen. Wer diesen Punkt für sich entscheidet, kann wirkungsvoller schlagen und effektivere Takedowns ausführen. Es gibt viele Möglichkeiten, den Gegner im Clinch zu kontrollieren, darunter Double-Collar-Ties, Double-Underhooks und Inside-Biceps-Ties. Ihr solltet aber nicht nur wissen, wie ihr diese Positionen erlangt, sondern auch, wie ihr ihnen im Fall der Fälle entkommen könnt.

Tipp Nr. 29: Immer auf die Seite

Ihr solltet nie flach auf dem Rücken liegen, denn dann hat euch euer Gegner unter Kontrolle und kann euch mit Schlägen eindecken. Wenn ihr euch auf die Seite dreht, schafft ihr Raum, der Bewegungen ermöglicht und Befreiungswege eröffnet.

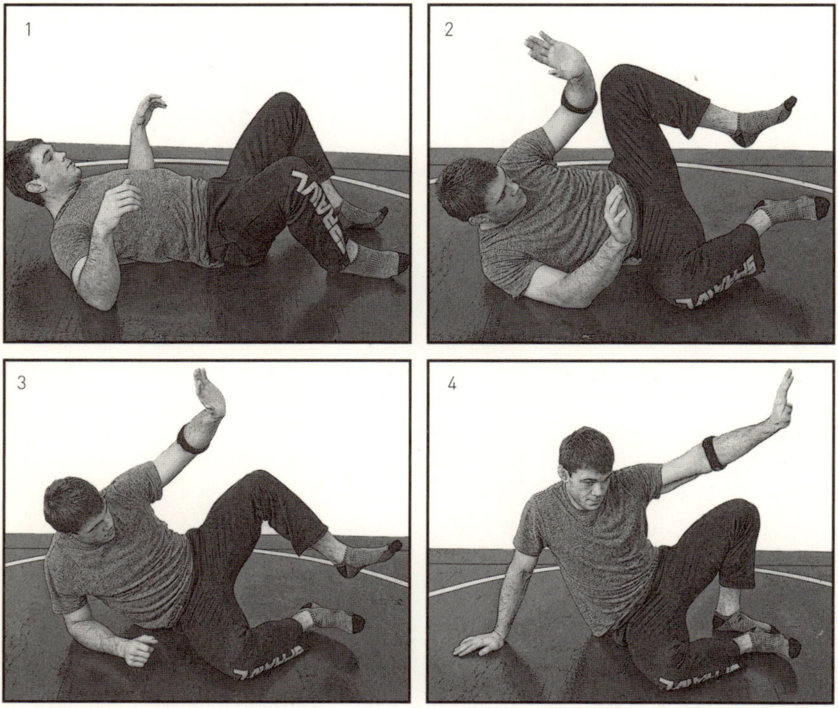

1) Ich liege flach auf dem Rücken, sodass meine Bewegungsmöglichkeiten stark eingeschränkt sind. Wenn mich mein Gegner in dieser Position festnageln kann, werden ihm wirkungsvolle Schläge und Submissions leichter gelingen.

2) Um mir offensive und defensive Möglichkeiten zu eröffnen, drehe ich mich auf die rechte Seite.

3) Ich stütze mich auf den rechten Ellbogen und schaffe mir dadurch noch größeren Bewegungsspielraum.

4) Ich stemme die Hand auf die Matte. Aus dieser Position heraus kann ich wieder in den Stand entkommen, verschiedene Sweeps, also Wechsel in günstigere Positionen, einleiten oder in eine dominantere Position wechseln.

Tipp Nr. 30: Submission, Sweep oder aufstehen

Wenn ihr auf dem Rücken liegt und den Gegner zwischen euren Beinen in der Guard habt, dürft ihr nur drei Dinge im Sinn haben: Submission, Sweep oder verdammt noch mal aufstehen. Wenn ihr gemütlich daliegt und überlegt, ob ihr auch wirklich den Hund gefüttert habt, könnt ihr euch auf ein schlimmes Ende gefasst machen. Denkt daran, dass MMA kein Ringkampf ist – euer Gegner kann euch die Scheiße aus dem Arsch prügeln. Daher solltet ihr dringend aktiv werden und möglichst bald eines der genannten drei Ziele erreichen. Auf den folgenden Seiten zeige ich euch mehrere Submissions, verschiedene Sweeps und eine Technik, mit der ihr wieder auf die Beine kommen könnt.

Kimura-Submission

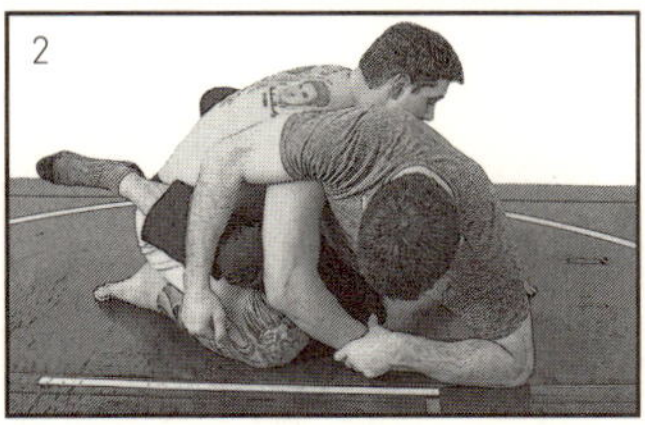

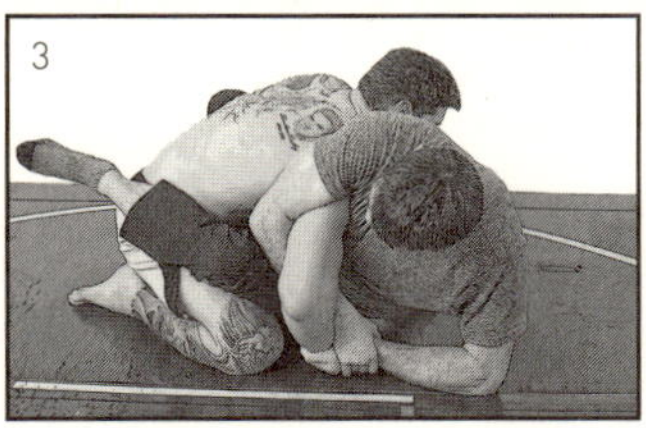

1) Damit Neil sich nicht in meiner Guard aufrichten kann, lege ich ihm meine rechte Hand um den Hinterkopf und packe mit der linken seinen rechten Arm.

2) Neil versucht, seinen Kopf und seinen Arm freizubekommen, aber ich lasse meine linke Hand zu seinem rechten Handgelenk hinabrutschen, stelle meinen rechten Fuß auf, drehe mich auf die linke Seite und greife mit dem rechten Arm über seinen rechten Arm.

3) Mit der Linken halte ich weiterhin Neils rechtes Handgelenk fest, und nun führe ich die rechte Hand unter seinem rechten Arm hindurch und packe mein linkes Handgelenk. Dieser Griff heißt wegen seiner Ähnlichkeit mit der Ziffer Vier ***figure-four grip***.

4) Ich wende mein Becken nach links, lasse mich auf meine rechte Schulter fallen, ziehe Neils Arm mit meinem rechten Arm nach unten und drücke mit der linken Hand sein rechtes Handgelenk nach oben. Damit er mir nicht aus der Guard entwischt, habe ich meine Füße wieder verhakt. Da seine rechte Schulter nun einem enormen Druck ausgesetzt ist, hat er keine andere Wahl mehr, als zu tappen. Wenn ihr diese Technik im Straßenkampf anwendet, bedeutet »tappen« natürlich, dass euer Gegner schreit: »DU BRICHST MIR DEN ARM!!! OH MEIN GOTT, DU BRICHST MIR DEN SCHEISSARM!!! ICH TRAGE RÖCKE (schluchzend) ICH … TRAGE … RÖCKE (heftiger schluchzend).«

Omaplata-Submission

1) Ich habe Neil in der Closed Guard. Um Kopf und Arm zu befreien und sich aufzurichten, stemmt er seine Hände gegen die Matte.

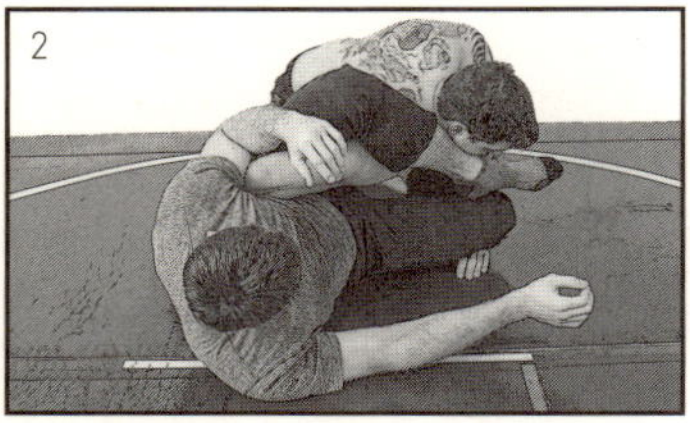

2) Ich drehe mich auf die rechte Seite, schiebe das Becken nach links, werfe mein linkes Bein von hinten über Neils rechten Arm und halte ihm meinen Fuß ins Gesicht. Achtung: Dabei klemme ich mit dem linken Arm seinen rechten Arm fest, damit er ihn nicht hinausziehen kann.

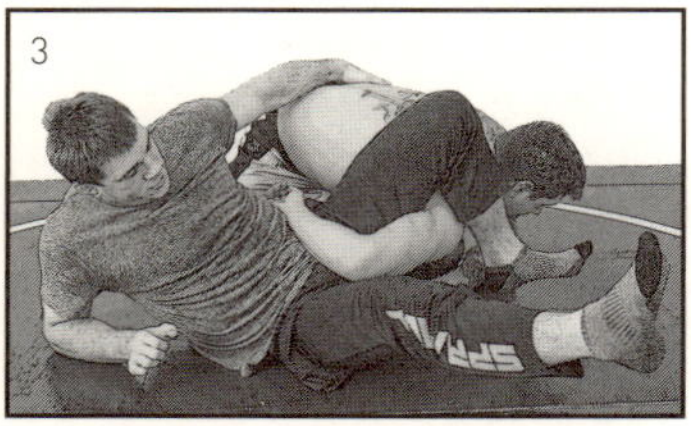

3) Ich ziehe das rechte Bein unter Neils Körper heraus, drehe meinen Körper um 90 Grad und lege meinen linken Arm über seinen Rücken, damit er nicht mit einer Rolle vorwärts aus der Submission entkommt.

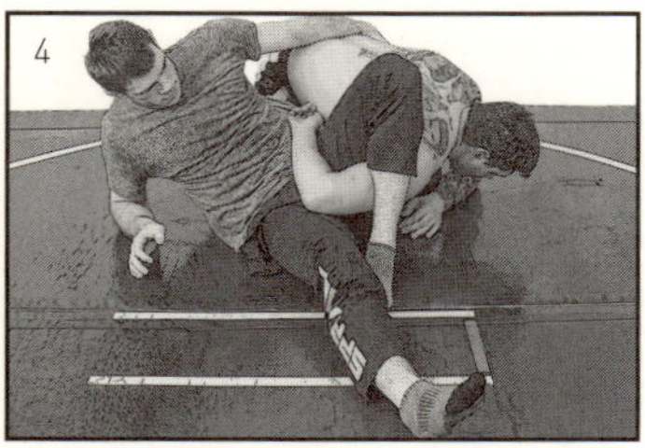

4) Ich umschlinge Neils rechten Arm fest mit meinem Bein und beginne mich aufzurichten.

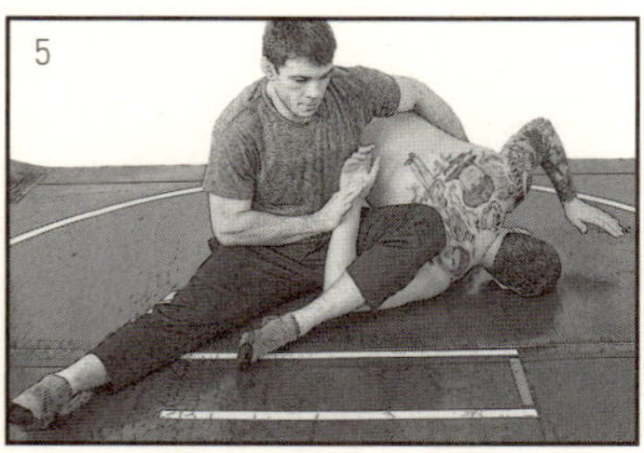

5) Im Sitzen fixiere ich Neils Schulter auf der Matte, indem ich mit meinem rechten Bein Druck darauf ausübe. Um die Submission abzuschließen, packe ich mit der rechten Hand sein rechtes Handgelenk und schiebe es nach vorn zur Matte hin. Wenn ihr es richtig macht, hat euer Gegner hoffentlich eine hilfsbereite Freundin, denn Masturbation wird sich für ihn erst mal anfühlen, als besteige er den Mount Everest in einem Blizzard.

Per Omaplata aus der Rückenlage

1) Ich habe Neil in der Closed Guard.

2) Ich drehe mich auf die linke Seite, stelle den rechten Fuß auf, rücke mit dem Becken nach rechts und stemme meine rechte Hand gegen Neils linke Schläfe, um ihn aus dem Gleichgewicht zu bringen.

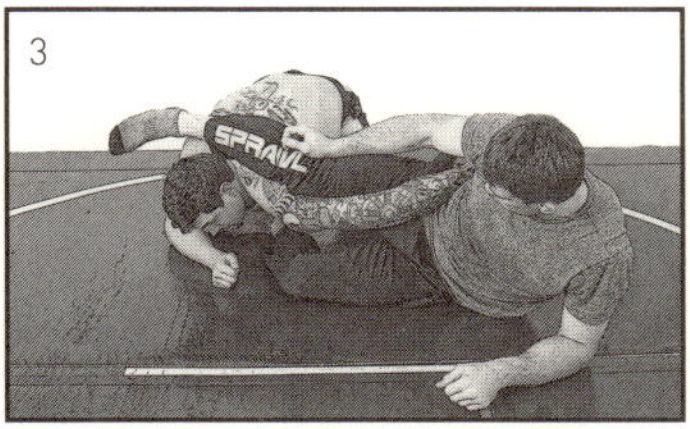

3) Ich versuche eine Omaplata-Submission, indem ich mein rechtes Bein über Neils linken Arm werfe, aber er wehrt sich gegen die Submission, indem er seinen Arm herauszieht.

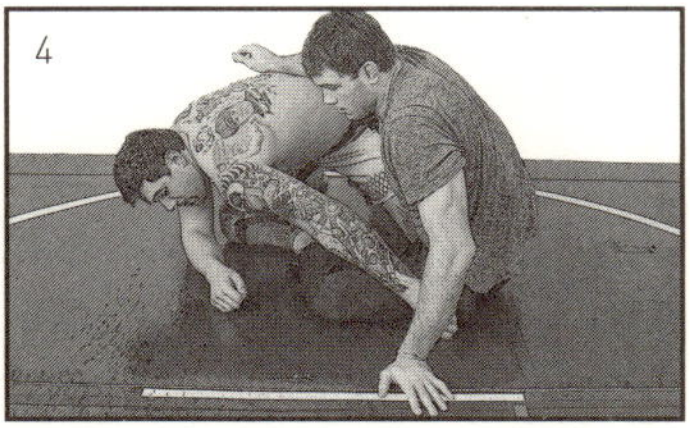

4) Anstatt in die Guard-Position zurückzukehren, nutze ich Neils ungünstige Position aus, um mich mit der linken Hand aufzustützen und mit dem rechten Arm quer über seinen Rücken zu greifen.

5) Bevor Neil sein Gleichgewicht wiederfindet, richte ich mich auf dem linken Knie auf und nehme ihn in den Body Lock, indem ich meinen linken Arm über seine linke Schulter und unter seinem Körper hindurchführe, den rechten Arm um seine rechte Seite lege und meine Hände verhake. Aus dieser Position heraus habe ich verschiedene Angriffsmöglichkeiten.

Per Underhook aus der Rückenlage

1) Ich habe Neil in der Closed Guard.

2) Während Neil sich aufrichtet, um mich zu schlagen, stütze ich mich mit dem rechten Arm auf und komme gleichzeitig mit Neil nach oben. Dabei stecke ich meinen linken Arm unter seinem rechten hindurch und bekomme dadurch einen Underhook.

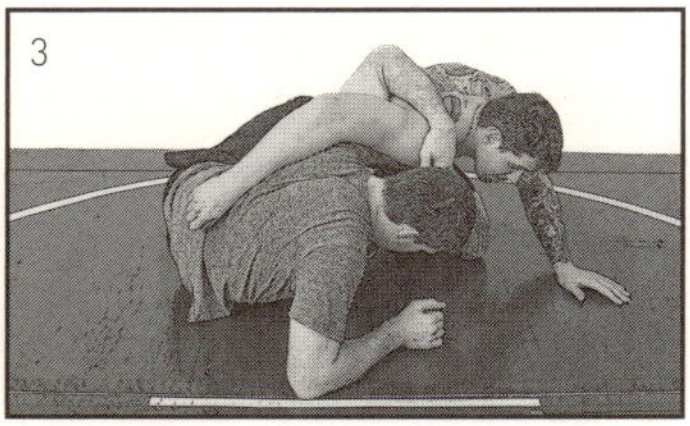

3) Ich lasse mich auf den rechten Ellbogen sinken, drehe mich auf die rechte Seite, wende mein Becken nach links und ziehe mit dem linken Arm Neils rechten Arm zur Matte, sodass er aus dem Gleichgewicht gerät und sich mit der linken Hand abstützen muss.

4) Ich stelle den rechten Fuß und die linke Hand auf die Matte, stemme mich mit dem linken Knie vom Boden hoch und lege meinen linken Arm quer über Neils Rücken.

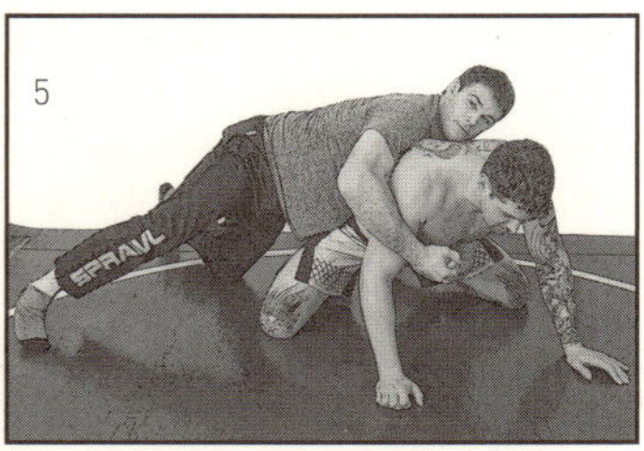

5) Ich schlüpfe mit Kopf und Körper unter Neils rechtem Arm durch, lege mich auf seinen Rücken und nehme ihn in den Body Lock, indem ich meine Hände zusammenklammere.

Aufstehen

1) Neil ist in meiner Closed Guard.

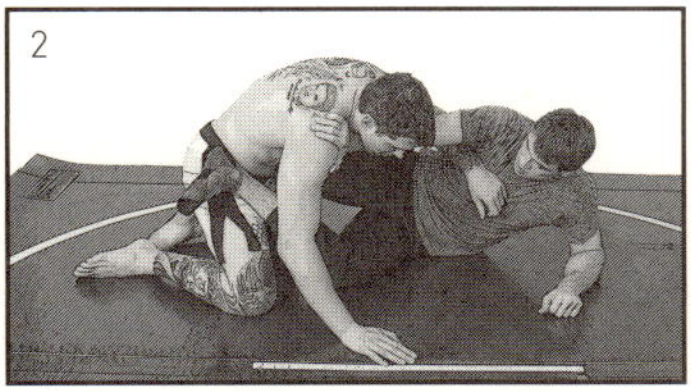

2) Um Platz zu schaffen, lege ich Neil meine rechte Hand auf die rechte Schulter und schiebe ihn von mir weg. Dabei drehe ich mich auf die linke Seite, stütze mich mit dem linken Ellbogen auf und setze meinen linken Fuß vor Neils rechte Hüfte.

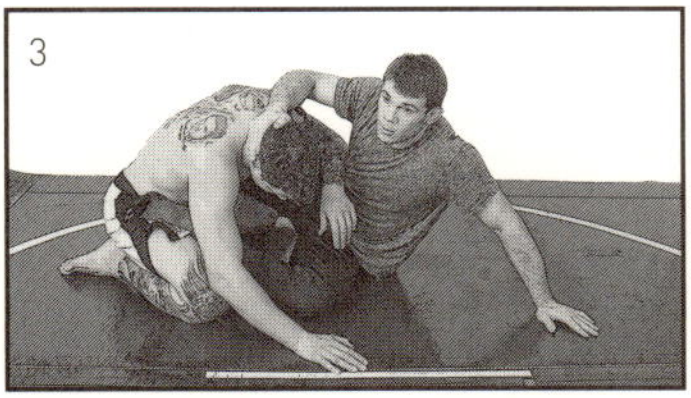

3) Ich schiebe meinen linken Fuß gegen Neils rechte Hüfte, um Bewegungsspielraum zu bekommen, lege ihm meine rechte Hand in den Nacken und stelle die linke Hand und den rechten Fuß auf die Matte.

4) Ich stemme mich mit dem rechten Fuß von der Matte empor, drücke Neil meine rechte Hand in den Nacken, stütze mich mit der linken Hand ab und schnelle unter Neils Körper hervor.

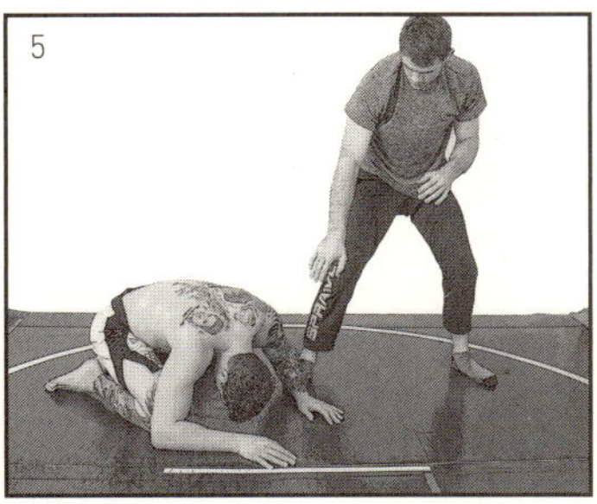

5) Ich stelle mich auf die Matte. Nun kann ich entweder zurückweichen oder angreifen. In einem Straßenkampf zeigt diese Entscheidung, ob ihr Kampfkünstler oder Kämpfer seid – ich sag dazu nichts.

Tipp Nr. 31: Postura und Kontrolle

Wenn sich der Gegner in eurer Guard aufrichtet, ist das ungünstig, denn dadurch verschafft er sich Raum für kraftvolle Schläge oder den Übergang in eine dominantere Position. Um eurem Gegner die Angriffsmöglichkeiten zu nehmen, müsst ihr jede Lücke sofort wieder schließen. Das geht auf zwei Arten – indem ihr ihn wieder herunterzieht oder euch mit ihm aufrichtet.

Von der Full Guard in die Butterfly Guard

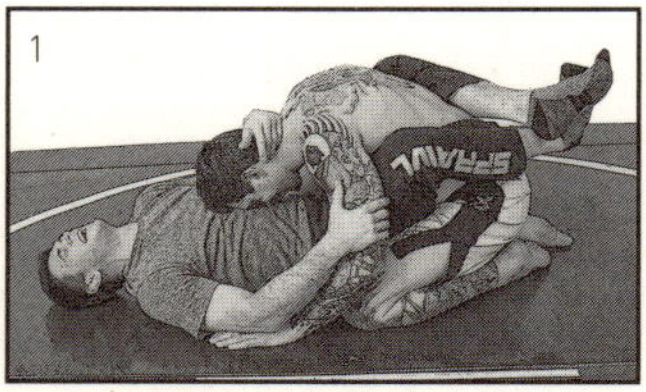

1) Neil ist in meiner Closed Guard. Damit er sich nicht aufrichten kann, halte ich ihn an Kopf und Arm fest.

2) Neil entkommt meinem Griff und richtet sich auf. Damit er mich nicht von oben mit kraftvollen Schlägen eindecken kann, drehe ich mich sofort auf die rechte Seite, führe mein linkes Knie an seinem Bauch vorbei, setze den linken Fuß auf seine linke Hüfte und packe mit der linken Hand seinen linken Arm.

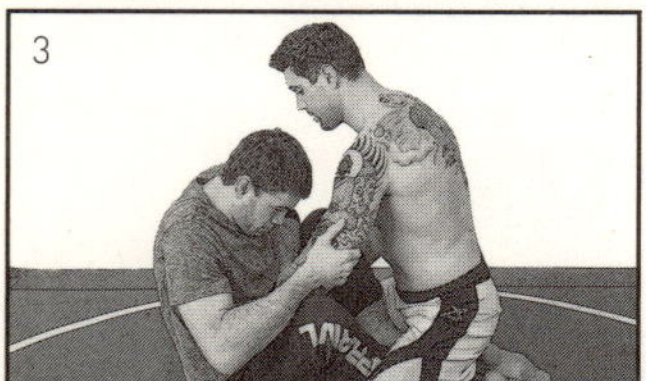

3) Ich ziehe mich an Neils linkem Handgelenk zu ihm hoch und halte mich mit der rechten Hand an der Rückseite seines Oberarms fest. Dabei lasse ich meine Füße zwischen seine Beine gleiten und erreiche so die Butterfly Guard.

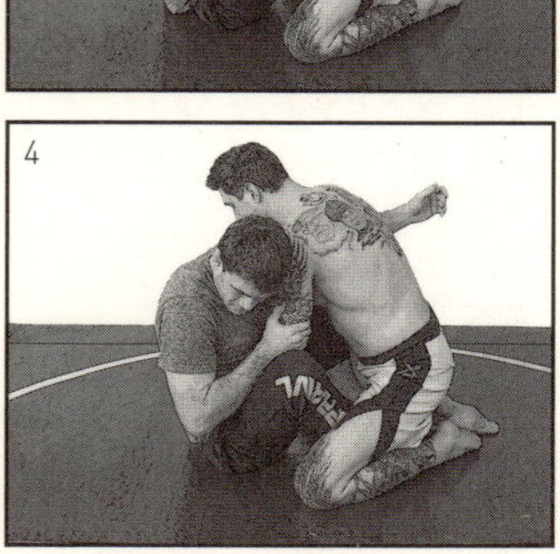

4) Ich halte mich weiterhin mit der rechten Hand an Neils linkem Trizeps fest, stecke meinen linken Arm unter seinem rechten Arm hindurch und stelle so einen Underhook her. Die Butterfly Guard gibt mir nun allerlei Möglichkeiten für Sweeps (also Techniken, mit denen ich den Hurensohn auf den Rücken kriege).

Tipp Nr. 32: Rear-Naked-Choke

Chokes, also Würgegriffe, sind die gefährlichsten Submissions, da sie nicht die Gelenke gefährden, sondern die Blutzufuhr zum Gehirn, deren Unterbrechung zum Tod, zum Einscheißen oder zu beidem führen kann. Um euren Hals zu schützen, solltet ihr deshalb immer das Kinn zur Brust ziehen. Falls euer Gegner mal eine dominante Position einnimmt und einen Würgegriff ansetzt, müsst ihr den würgenden Arm sofort mit beiden Händen von eurem Hals wegreißen. Versucht gar nicht erst, aus dieser Lage zu entkommen, ohne den Choke zu blocken, denn schon ein paar Sekunden reichen, um bewusstlos zu werden. Erst wenn euer Hals wieder frei ist, könnt ihr eure Position verbessern. Wenn ihr selbst die Gelegenheit bekommt, den anderen zu würgen, müsst ihr ohne Zögern zudrücken *(Sweep the leg, Johnny)*. Setzt sich euer Gegner heftig zur Wehr, solltet ihr keine weitere Energie auf den Würgegriff verwenden, sondern es mit Schlägen oder einer anderen Submission versuchen. Sobald euer Gegner abgelenkt ist, könnt ihr den Würgegriff wieder ansetzen.

1) Ich bin in Neils Rücken und habe Over-Under-Control. Wenn ihr euch in Neils Lage befindet, müsst ihr sofort euren Hals schützen, indem ihr den würgenden Arm des Gegners packt und nach unten zieht.

2) Neil tut dies nicht, und so setze ich unverzüglich zum Rear-Naked-Choke an, indem ich mit der rechten Hand seine linke Schulter umfasse und so meinen rechten Arm verankere. Dabei ziehe ich meinen linken Arm unter Neils linkem Arm hervor. Es sieht auf dem Foto zwar so aus, als würde ich seinen Nippel zwicken, aber das gehört nicht zu dieser Technik. Solltet ihr es dennoch tun, wird euer Gegner entweder wütend werden oder zu stöhnen beginnen.

3) Um den Rear-Naked-Choke abzuschließen, packe ich mit der rechten Hand meinen linken Oberarm und umfasse mit der linken Hand Neils Hinterkopf. Um die Blutzufuhr zu seinem Gehirn zu unterbrechen, schiebe ich seinen Kopf mit der linken Hand nach vorne und presse meine Arme fest zusammen.

Tipp Nr. 33: Arme und Beine eng am Körper halten

Wenn ihr die schlechte Angewohnheit habt, nach eurem Gegner zu greifen oder eure Extremitäten ganz auszustrecken, ladet ihr ihn förmlich zu einem Arm- oder Beinhebel ein.

Armhebel aus der Mount-Position

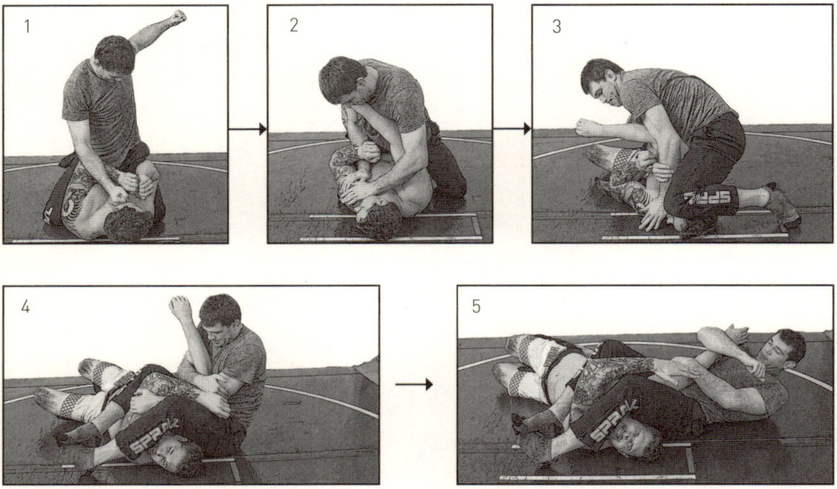

1) Ich habe die Mount-Position erobert und beginne, Neil ins Gesicht zu schlagen.

2) Neil begeht einen Kardinalfehler, indem er seinen rechten Arm ausstreckt, um mich hinunterzustoßen.

3) Sofort lege ich meinen rechten Arm über seinen linken und halte mich mit der rechten Hand an meinem linken Unterarm fest, um seinen Arm an meinem Körper zu fixieren. Gleichzeitig setze ich meinen rechten Fuß auf die Matte, drehe meinen Körper im Uhrzeigersinn und schiebe Neil mein linkes Knie übers Gesicht.

4) Ich setze meinen linken Fuß links neben Neils Gesicht auf die Matte und lasse mich auf den Po sinken. Dabei rutscht meine rechte Hand zu meinem Oberarm, sodass ich Neils Arm weiterhin an meinem Brustkorb fixieren kann.

5) Während ich mich auf den Rücken fallen lasse, strecke ich Neils Arm, indem ich meine Armbeuge bis zu seinem Handgelenk gleiten lasse. Um den Armhebel zu beenden, ziehe ich seinen rechten Arm an meine Brust, drücke meine Beine gegen Neils Gesicht und Oberkörper, um ihn auf der Matte zu fixieren, und hebe mein Becken. *Tap, tap, TAP!*

Tipp Nr. 34: Body-Body-Head

Wenn ihr in der Oberlage in der Guard eures Gegners seid, solltet ihr immer mit Kombinationen arbeiten, die euch den Weg für Power-Shots freimachen. Dies gelingt beispielsweise mit der *Body-body-head*-Kombination. Euer Gegner wird seinen Kopf vermutlich die ganze Zeit mit erhobenen Armen schützen, sodass ihr seine Rippen mit kraftvollen Treffern erreichen könnt. Nach ein paar Schlägen wird er sehr wahrscheinlich die Ellbogen sinken lassen, um seine Rippen zu schützen. Sobald er das tut, habt ihr die perfekte Gelegenheit, seinen ungeschützten Kopf zu treffen.

Tipp Nr. 35: Die Guard passieren

In der gegnerischen Guard dürft ihr nie auf dem Gegner liegen bleiben und abwarten. Wahrscheinlich habt ihr euch Takedown und Guard-Position hart erarbeitet, und wenn ihr jetzt zögert, erreicht ihr nur, dass der Ringrichter euch zum Aufstehen auffordert. Um das zu vermeiden, solltet ihr euren Gegner mit Schlägen ablenken und versuchen, aus der Guard in eine dominantere Position zu kommen, etwa in die Side Control oder Mount. Damit sichert ihr euch nicht nur Punkte in der Wertung, sondern erreicht auch eine viel bessere Ausgangslage für Submissions und gut platzierte Treffer.

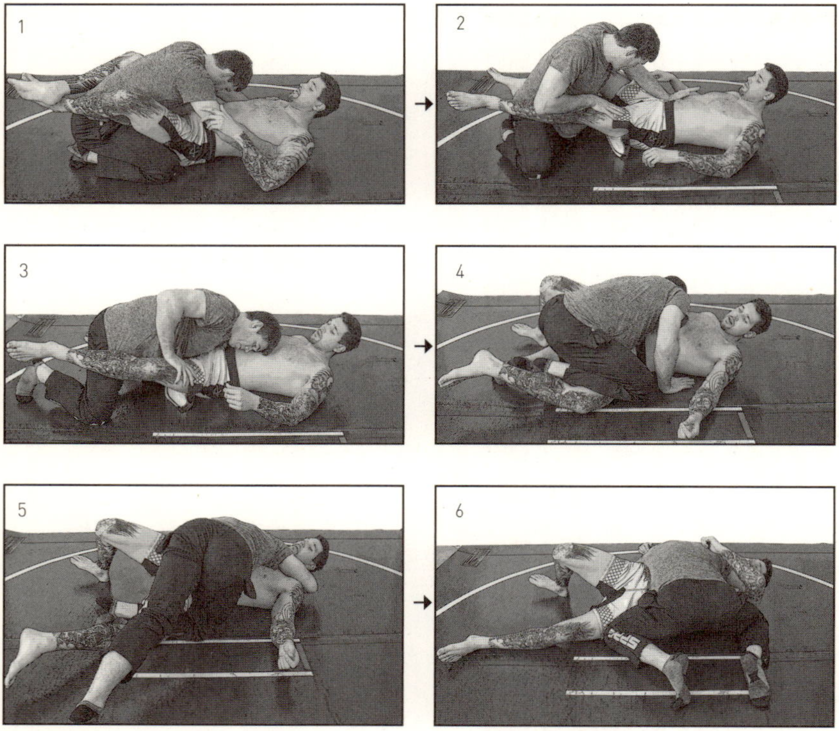

1) Ich bin in Neils Closed Guard. Anstatt in dieser Position zu bleiben, wechsle ich in die Side Control.

2) Um Raum zu schaffen, bohre ich mein linkes Knie zwischen Neils Pobacken, stemme meine linke Hand in seinen Bauch und lehne mich zurück. Dadurch werden seine Beine auseinandergedrückt, sodass ich mit der rechten Hand sein linkes Bein runterdrücken kann (wenn er dabei ekstatisch stöhnt oder kichert, kneift ihm in die Nüsse).

3) Ich lege meinen Oberkörper auf Neil ab und presse mit der rechten Hand sein linkes Bein auf die Matte.

4) Ich schiebe mein rechtes Knie über Neils linkes Bein.

5) Ich drücke mit meinem rechten Bein Neils linkes Bein weiter gegen die Matte, lege ihm meinen rechten Arm um den Hinterkopf und bringe mein linkes Bein über sein rechtes.

6) Nachdem ich aus Neils Guard entkommen bin, schiebe ich mein rechtes Knie unter seine linke Schulter und mein linkes Knie gegen seine linke Hüfte. Aus dieser Position heraus kann ich viel eher Treffer landen, Submissions ansetzen oder in eine noch dominantere Position wechseln.

Die Guard aus dem Stand passieren

1) Es gibt viele Möglichkeiten, in den Stand vor einem am Boden liegenden Gegner zu gelangen. Ihr könnt aus seiner Guard aufgestanden sein, ihn durch einen Wurf oder Takedown zu Fall gebracht haben, oder euer Gegner hat sich einfach fallen gelassen, um euch in seine Guard zu locken. Wenn ihr den Kampf lieber im Stehen weiterführen wollt, braucht ihr nur zurückzuweichen, und der Ringrichter wird euren Gegner in der Regel zum Aufstehen auffordern. Wenn ihr aber zum Bodenkampf übergehen wollt, solltet ihr die gegnerische Guard überwinden. In dieser Situation ergreife ich mit den Händen die Füße des Gegners.

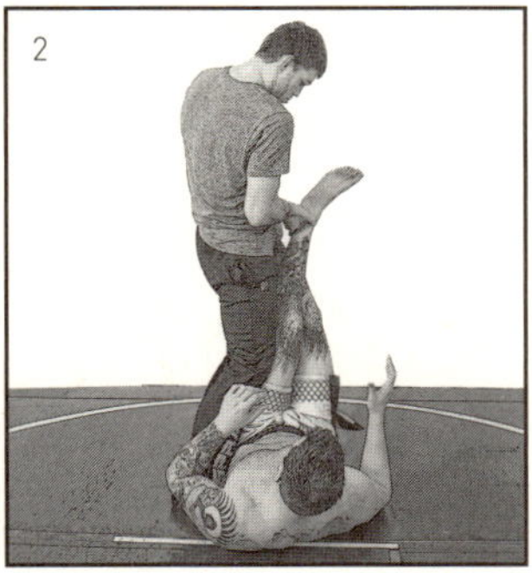

2) Ich drehe meinen Oberkörper schnell gegen den Uhrzeigersinn, kreuze dabei Neils linkes Bein über sein rechtes und bringe seine Füße auf meine linke Seite.

3) Mit der linken Hand halte ich weiterhin Neils rechtes Bein fest, lasse mich auf die rechte Hüfte sinken und stütze mich neben seiner rechten Schläfe auf meine rechte Hand.

4) Nachdem ich Neils Beine passiert habe, lasse ich mich auf ihn fallen, damit er sich nicht herauswinden kann, lege meinen linken Arm an die rechte Seite seines Körpers und schiebe mein linkes Knie gegen seine linke Hüfte.

Tipp Nr. 36: Postura – aufgerichtet bleiben

In der gegnerischen Guard solltet ihr immer aufgerichtet bleiben. Dadurch erschwert ihr dem anderen nicht nur die Einleitung von Submissions, sondern habt auch die Möglichkeit, ihn übelst mit Schlägen einzudecken.

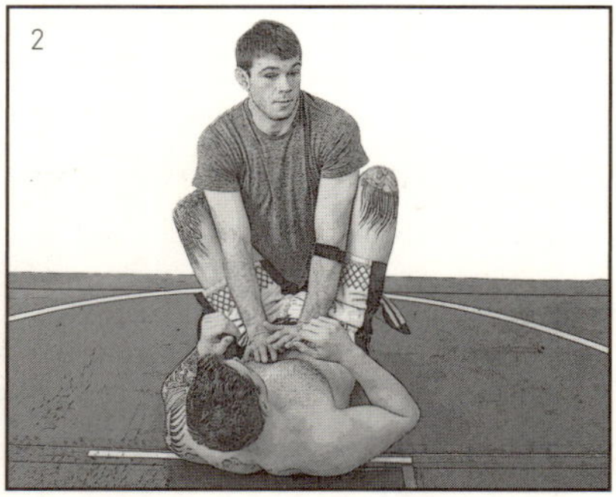

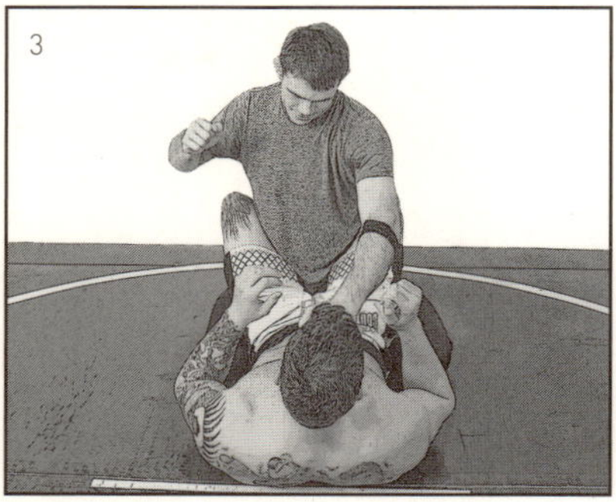

1) Neil hat mich in seiner Guard unter Kontrolle. Um effektiver zuschlagen zu können, muss ich Postura gewinnen.

2) Ich presse meine Handflächen in Neils Bauch und richte mich auf, indem ich die Arme strecke.

3) Nachdem ich mich aufgerichtet habe, drehe ich den Oberkörper gegen den Uhrzeigersinn und treffe Neil mit einer mächtigen Rechten im Gesicht.

4) Gleich nach diesem Cross drehe ich den Oberkörper im Uhrzeigersinn und verpasse Neil eine mächtige Linke ins Gesicht.

Tipp Nr. 37: Dem Becken folgen

Wenn ihr in der Oberlage in der gegnerischen Guard seid, wird der Gegner ständig mit seinem Becken hin- und herrutschen, um Platz zu schaffen. Wenn ihr das zulasst, hat er deutlich bessere Chancen, euch auf den Rücken zu sweepen oder in eine Submission zu bekommen. Deshalb müsst ihr den Raum sofort wieder schließen, den er mit seinen Beckenbewegungen schafft. Wenn euch dies gelingt, hat euer Gegner deutlich schlechtere Karten.

Tipp Nr. 38: Risikoarme und risikoreiche Techniken

Risikoarme Techniken sind in der Regel einfach und bestehen nur aus ein paar Schritten. Euer Gegner hat daher weniger Zeit, sich dagegen zu wehren. Hochriskante Techniken sind dagegen meist komplex und extravagant, und falls ihr sie nicht richtig umsetzt, geratet ihr in eine ungünstige Position. Aus diesem Grund sollten die meisten Techniken, die ihr im Käfig anwendet, einfach und risikoarm sein. Wenn euer Gegner jedoch bereits physisch und psychisch gebrochen ist und ihr die Submission oder den K.o. des Abends landen möchtet (was euch einen Bonus und eine Einladung zu einer weiteren Veranstaltung einbringen kann – Punktsiege sind kein sicheres Ticket), können extravagante Techniken nützlich werden. Allerdings solltet ihr euch immer fragen, ob das Risiko gerechtfertigt ist.

Tipp Nr. 39: Entspannt bleiben

Egal, ob beim Schlagen oder Ringen, ihr müsst immer entspannt bleiben. Wenn ihr angespannt seid, sind eure Attacken langsamer, ihr ermüdet schneller, und eure Reaktionen sind verzögert.

Tipp Nr. 40: Atem schöpfen

Wenn ihr müde werdet oder erschöpft seid, müsst ihr tief durch die Nase ein- und durch den Mund wieder ausatmen. Es hilft auch, in den Bauch statt in den Brustkorb zu atmen, denn dadurch nehmt ihr mehr Sauerstoff auf. Wenn ihr nach Luft schnappt, braucht ihr doppelt so lange, um wieder Kraft zu schöpfen.

Tipp Nr. 41: Ernährung

So wie ihr auch euer Auto nicht mit Schrott betankt, solltet ihr eurem Körper keinen Mist zuführen. Wenn ihr Höchstleistungen bringen wollt, braucht ihr Supertreibstoff (zugegeben, eine sehr, sehr lahme Analogie). Man muss kein Gehirnchirurg sein, um zu wissen, wie man sich richtig ernährt – magere

Fleischsorten und massenhaft Obst und Gemüse. Allerdings halte ich mich nicht im Geringsten daran. Ich komme nur damit durch, weil ich andere Gene habe als ihr. Mein Körper funktioniert am besten auf der Grundlage von Keksen, Eis und blauer Zuckerwatte. Ich bin da wie ein Elf.

Tipp Nr. 42: Die goldene Regel

Denkt daran: Alles, was funktioniert, ist richtig. Wenn euch jemand erzählt, die eine oder andere Technik sei die größte Scheiße, doch bei euch funktioniert sie, dann behaltet sie bei. Es geht nicht darum, so zu sein wie alle anderen. Sondern darum, einen eigenen Kampfstil zu entwickeln.

6. KAPITEL

Der Tresor mit den supergeheimen Techniken

Fuck Start the Head

Als ich vor einer Weile in der Frühstücksfernsehsendung *Fox and Friends* aufgetreten bin, sollte ich dort eine Kampftechnik demonstrieren. Ich hätte einen Armhebel oder einen Rear-Naked-Choke erläutern können, aber das wäre ja lahm gewesen. Da ich einen guten Eindruck machen wollte, demonstrierte ich die unten gezeigte Technik. Sie nennt sich *Fuck Start the Head* und ist die beste Methode, um jemandem den Hals zu brechen. Wenn ihr schon mal einen Steven-Seagal-Film gesehen habt, denkt ihr wahrscheinlich, dass man den Gegner nur mit der einen Hand am Kinn und mit der anderen am Hinterkopf packen muss, um ihm dann mit einer schnellen Drehung endgültig den Rest zu geben, doch das ist kompletter Kackmist und funktioniert nie im Leben. Hey, Steven Seagal rennt wie ein kleines Mädchen; glaubt ihr denn, dass er irgendeine Ahnung davon hat, wie man Menschen den Hals bricht? Wenn ihr auf so was reinfallt, werdet ihr nie irgendwas brechen, höchstens euren Schwanz im nächstbesten Männerarsch. Wenn ihr also lernen wollt, wie man wirklich Hälse bricht, dann lernt *Fuck Start the Head*. Bei fähigen Kampfsportlern kommt ihr damit nicht so leicht durch, aber bei Besoffenen, ganz alten Leuten (brüchige Knochen) und Wrestlern, die mit gesenkten Händen und ungeschütztem Hals angreifen, funktioniert es prima.

Komplett falsch

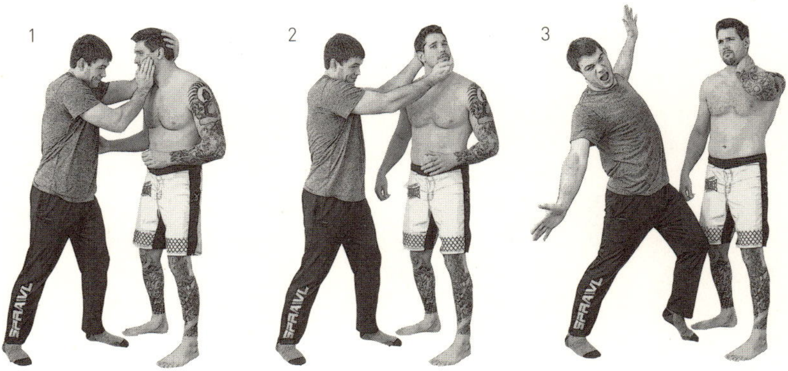

Richtig

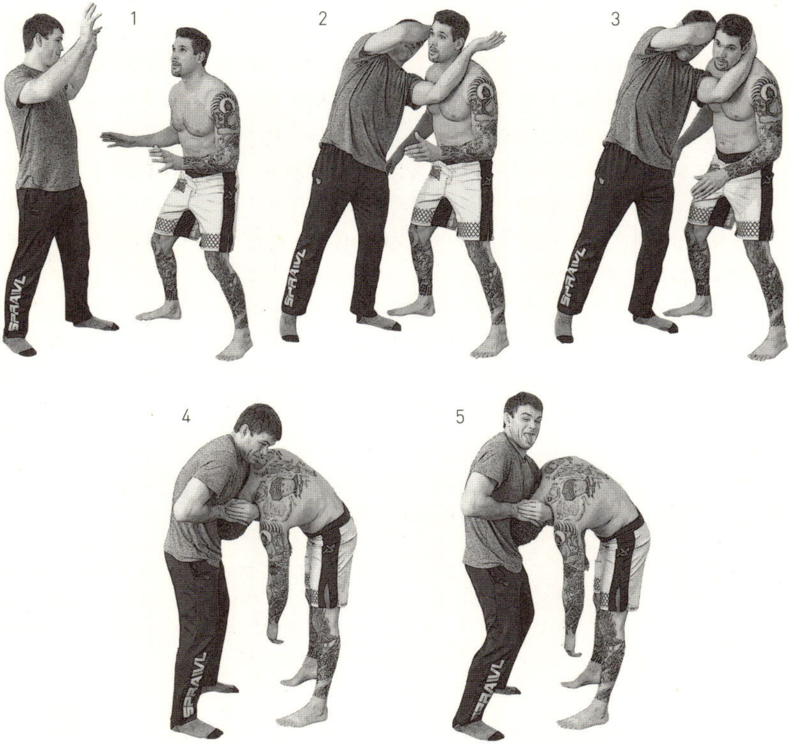

1) Dem Gegner einfach so an den Kopf zu fassen ist ein sicherer Weg, um eine geklebt zu kriegen. Deshalb beginne ich mit einer Technik namens »funkelnde Finger«. Dazu muss man nur die Hände heben und wild mit den Fingern wackeln. Damit lenkt ihr euren Gegner todsicher ab und könnt euren Angriff starten.

2) Ich führe meinen rechten Arm dicht an Neils rechter Wange vorbei. Gleichzeitig führe ich den linken Arm links an seinem Hals vorbei.

3) Mit der linken Hand umfasse ich Neils Hinterkopf und lege dann die rechte Hand auf die linke.

4) Ich ziehe Neils Kopf herunter an meinen Bauch.

5) Nun schiebe ich das Becken ruckartig nach vorne und reiße die Arme hoch. Da Neils Kopf an meinem Bauch fixiert ist, wird sein Genick einer plötzlichen Zugbelastung ausgesetzt, die es brechen lässt. Wie immer, wenn ihr jemanden umbringt, solltet ihr dabei die Zunge rausstrecken, um eventuell zuschauende Mädels zu beeindrucken.

Wie man einen Hundeangriff abwehrt

Wie die Fotos deutlich zeigen, sind Hunde tückische Kreaturen, die euch aus Jux und Dollerei die Kehle durchbeißen. Wenn ihr euch mit einer dieser skrupellosen Killermaschinen konfrontiert seht, versucht es lieber nicht mit dem bereits demonstrierten Rear-Naked-Choke. Hunde haben sehr kleine Köpfe, weil sie dumm sind, und wenn sie es schaffen, sich aus eurem Würgegriff herauszuwinden, beißen sie sich höchstwahrscheinlich an eurem Arm fest. Eine weitaus ungefährlichere Herangehensweise besteht darin, mit einem Arm unter den Körper des Hundes zu greifen, seinen Hals unterhalb des Kiefers zu umfassen und zuzudrücken.

1) Was ist los, du kleiner struppiger Köter? Willste mal bei Forrest abbeißen, Töle? Hä, was meinste? Große Klappe, was? Willste 'n Happen vom Griff? Du legst dich mit der 702 an, Digga. (Ja, ich spreche von mir in der dritten Person. Und ja, ich habe mir selbst Spitznamen gegeben ... Wollt ihr auch 'n Happen vom Griffendor, hä?)

2) Du machst mir keine Angst, Bleichgesicht. Ich hab schon größere Zecken als dich zerquetscht. Typen wie dich fick ich im Tierheim in den Arsch. Pass auf, Junge, pass auf!

3) Ohhh, geh runter von mir, du Scheißtöle! Dein Mundgeruch. Oh Gott, das stinkt wie heißes, loderndes Feuer. Du hast Katzenscheiße oder deine eigene Kacke gefressen. Riecht wie beides zusammen. Ich ergebe mich ... ich ergebe mich ...

4) Das ist unfair! Erst ergibst du dich, und dann gehst du mir an den Hals ... Lass los! ... Aaauuu. Jetzt hab ich dich vollgekackt ... Ich sterbe ... ich sterbe. Sag Fiffi, dass ich sie liebe ... Bevor ich gehe, verrate ich dir noch den Sinn des Lebens ... Er ... ist ... uurrrgh.

Der gute alte Tritt in die Eier

Es ist ziemlich einfach, einem x-beliebigen Passanten unvermittelt in die Eier zu treten, da dieser völlig ahnungslos sein wird. Wenn ihr euch jedoch in einer Prügelei oder im Oktagon befindet, achtet euer Gegner im Allgemeinen darauf, sein Vergnügungszentrum zu schützen. Bei einem Kniestoß in die Lendengegend wird er instinktiv die Beine verschränken und so jeden möglichen Schaden verhindern. Die im Folgenden demonstrierte Technik sichert euch einen Treffer, der den anderen auf die Knie zwingt und ihn ungefähr eine halbe Stunde lang kotzen lässt (also passt auf, Mädels). Ich weiß, dass diese Technik funktioniert, denn ich habe sie Check Congo wiederholt im Ring anwenden sehen.

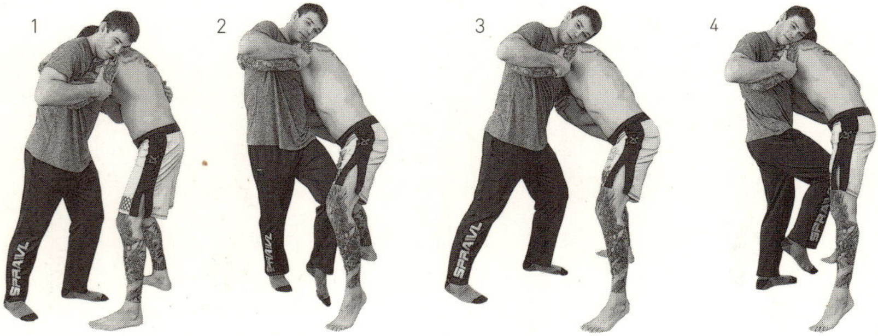

1) Ich bin mit Neil im Over-Under-Clinch. Es handelt sich hierbei um eine neutrale Position, da wir beide einen Overhook und einen Underhook haben. Anstatt mich um einen zweiten Underhook zu bemühen und mir dadurch ein Body Lock zu sichern, wie es ehrliche Kämpfer machen würden, will ich ihm mein Knie so heftig wie möglich in den Sack rammen.

2) Um den Kniestoß in die Lendengegend einzuleiten, hebe ich mit der rechten Hand Neils linken Arm, verdrehe mithilfe meines Underhooks seinen Körper gegen den Uhrzeigersinn und stoße mit dem linken Knie gegen die Innenseite seines linken Oberschenkels. Dies bringt ihn nicht nur aus dem Gleichgewicht, sondern spreizt auch seine Beine, sodass der Weg zu seinen Eiern frei wird.

3) Jetzt, wo Neil aus der Balance ist, setze ich meinen linken Fuß vor mir auf den Boden und schiebe den rechten Fuß nach hinten. Wenn ihr euch in einem Wettkampf befindet, ist dies der Moment, in dem ihr mit einem schnellen Rundumblick sicherstellen solltet, dass der Ringrichter die Lendengegend eures Gegners nicht einsehen kann.

4) Bevor Neil wieder in den sicheren Stand zurückfindet und seine Beine schließen kann, ramme ich ihm mein Knie in die Klöten.

Wie man einen Schwertangriff abwehrt

Erst einmal dürft ihr bei einem Schwertkampf nicht mit einem Messer ankommen. Das ist einfach nur dämlich. Gegen einen Kerl mit einem Schwert könnt ihr euch viel besser mit bloßen Händen wehren. In der unten gezeigten Bildfolge demonstriere ich eine Hand-gegen-Schwert-Technik, mit der peruanische Mönche früher PIRATEN entwaffnet haben. Piraten setze ich hier in Großbuchstaben, weil es schon allerhand ist, dass die sich trauten, mittelalterliche peruanische Mönche nur mit Schwertern bewaffnet anzugreifen. Sie hätten mindestens Maschinengewehre gebraucht. Auf jeden Fall ist diese Technik supergeheim. Wenn ihr also euren großen Bruder dazu bringt, sie mithilfe der Machete eures Onkels an euch auszuprobieren, dürft ihr eurer Mutter nicht verraten, dass ihr die Technik von mir habt. Damit würdet ihr den supergeheimen Kodex verletzen und euch lebenslangen Herpes zuziehen.

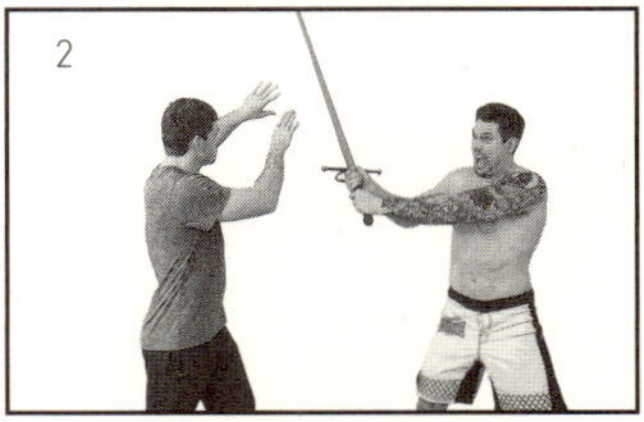

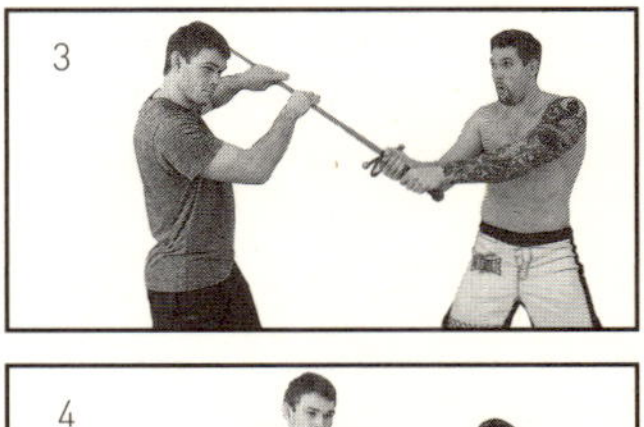

1) Der Angreifer holt mit dem Schwert aus und schlägt mit voller Kraft auf mich ein. Ich stehe mit schulterbreit voneinander entfernten Füßen und halte meine geöffneten Hände in Richtung der Klinge.

2) Ich wende mich der heransausenden Klinge mit dem Gesicht zu und strecke ihr meine Arme entgegen.

3) Ich ergreife den harten Stahl mit meinen weichen Handflächen und vereitle so den tödlichen Streich.

4) Ich halte die scharfe Klinge, so gut es geht, mit der rechten Hand fest, während ich den Angreifer mit einem verheerenden linken Handkantenschlag gegen seine Kehle in Ohnmacht versetze. Anschließend ersteche ich ihn mit seinem eigenen Schwert und plündere dann sein kleines Dorf an der eisigen, wetterumtosten Küste Skandinaviens.

Der Stich ins Auge (nur für den Straßenkampf)

Augen ausstechen solltet ihr nie mit der offenen Hand. Erstens ist es dann für jeden sichtbar, dass ihr unfair kämpft, und zweitens könnt ihr euch schnell die Finger brechen. Die korrekte Ausführung besteht darin, den Daumen etwas aus der geschlossenen Faust herausstehen zu lassen und eurem Gegner so mitten ins Gesicht zu schlagen. Mit einem solchen Faustschlag richtet ihr Schaden an, und zusätzlich kann der Daumen vom gegnerischen Nasenrücken abrutschen und sich tief in die Augenhöhle bohren. Sobald der Gegner geblendet ist, könnt ihr mit dem bereits gezeigten guten alten Tritt in die Eier nachlegen. (Solltet ihr diese Technik im Käfig anwenden, kämpft ihr nicht nur unfair, sondern seid auch ein mieses Stück Dreck, das es verdient zu sterben. Im Kampfsport dürft ihr dem Gegner nie an die Augen gehen. Dadurch könnt ihr seine Karriere beenden, und dafür werden euch eine Menge Leute bis an euer Lebensende hassen, mich eingeschlossen.)

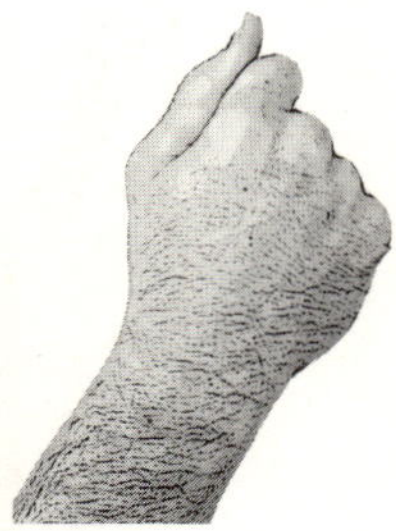

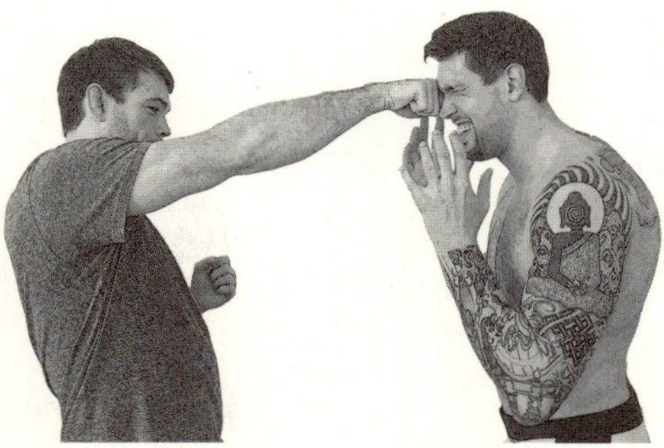

Der Hockey-Beatdown

Der Hockey-Beatdown ist im Prinzip die Straßenversion des Dirty-Boxing-Clinchs. Anstatt eurem Gegner einen Arm um den Hinterkopf zu legen, packt ihr ihn am Hemd- oder Jackenkragen. Der Trick, der diese Technik effektiv macht, besteht darin, den Gegner ständig aus dem Gleichgewicht zu bringen. Ihr müsst ihn wegstoßen, ein paarmal schlagen, ihn wieder heranziehen, ein paarmal schlagen, ihn umkreisen und mitschleifen, wieder ein paarmal schlagen – das Prinzip ist klar. Falsch wäre es, den Gegner am Kragen zu packen und dann einfach dazustehen und ihn treffen zu wollen. Da eure eine Hand mit Festhalten beschäftigt ist, kann er euch massive Hiebe ins Gesicht versetzen.

1

1) Ich packe Neil an der rechten Kragenseite, stoße seine Schulter nach hinten, um ihn aus dem Gleichgewicht zu bringen, und treffe ihn mit einem rechten Cross ins Gesicht.

2

2) Ich störe weiterhin sein Gleichgewicht, indem ich ihn zu mir heranziehe, und treffe ihn mit einem rechten Haken am Kinn.

3

3) Ich bewege mich nach rechts und zerre Neil mit mir mit, sodass er weder sicheren Stand noch sein Gleichgewicht wiederfindet. Bei dieser Gelegenheit hole ich mit der Rechten aus.

4

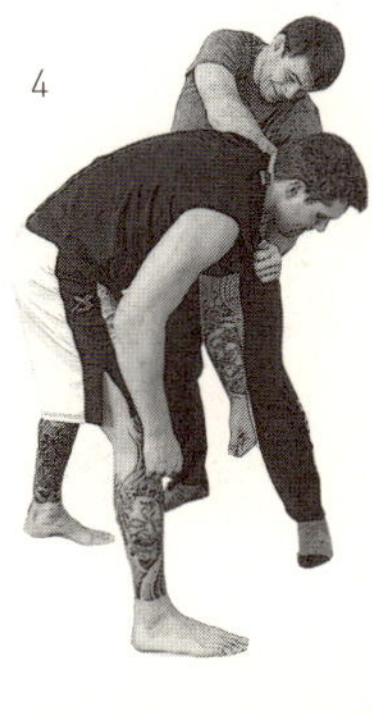

4) Ich treffe Neil mit der Rechten brutal am linken Ohr.

Pass bloß auf, was du sagst, Freundchen

Diese Technik eignet sich hervorragend für einen hitzigen Streit mit dem Chef oder dem Vermieter. Indem ihr dem Angreifer provokant einen Finger vors Gesicht haltet, bringt ihr ihn mit ziemlicher Sicherheit dazu, den Fingerzeig in eure Richtung zu erwidern. Und da schnappt ihr euch das Teil und brecht es. Ich muss allerdings darauf hinweisen, dass das Brechen des gegnerischen Zeigefingers im Falle eines ernsthaften Kampfes nur zu blinder Wut auf der Gegenseite führt. Um einen Racheakt zu verhindern, müsst ihr ihm in die Eier treten, während er noch am Boden kniet.

1

1) Ich strecke Neil meinen Finger ins Gesicht, um ihn zu reizen, und provoziere ihn zusätzlich, indem ich sage: »Du schmierige Zecke, ich verbiete dir hiermit das Maul.«

2

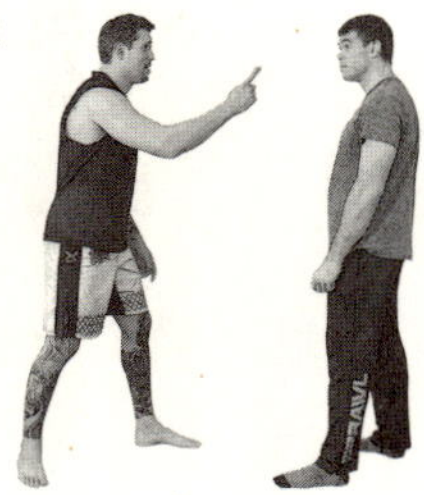

2) Neil schluckt den Köder und zeigt ebenfalls auf mich. Er redet von Respekt und davon, dass er keine Angst vor mir hat, aber ich höre nicht hin.

3

3) Mit der rechten Hand ergreife ich Neils Finger.

4

4) Mit der linken Hand halte ich Neils Handgelenk fest und breche ihm mit der rechten Hand den Finger. Um Salz in die Wunde zu reiben, murmele ich: »Na, wie gefällt dir das, du schmierige Zecke?!?!« Anschließend trete ich ihm mit Schwung in die Klöten.

Schwitzkasten

Dies ist eine hervorragende Methode, den Gegner in den Schwitzkasten zu nehmen und ihm dann so lange das Gesicht zu bearbeiten, bis er nicht mehr zu erkennen ist. Wenn ihr euch die Bildfolge anschaut, könnt ihr sehen, dass ich mein Becken vom Gegner abgewendet habe. Das soll ihn daran hindern, mir an den Sack zu greifen und daran herumzureißen. Auf solche Details müsst ihr achtgeben. Diese Technik funktioniert besonders gut bei nervenden Kindern.

1

1) Neil ist verärgert und kommt mit geballten Fäusten auf mich zu. Ich strecke meine linke Hand aus, bedecke mit der rechten mein Gesicht und wende den Kopf ab, als hätte ich Schiss.

2

2) Ich drücke mich mit dem hinteren Bein ab und lege Neil meinen linken Arm um den Hals. Achtet darauf, wie ich mit der rechten Hand mein Gesicht abschirme.

3

3) Ich greife mit der linken Hand mein T-Shirt und klemme Neils Kopf fest ein. Sofort beuge ich mich nach vorne, reiße Neil aus dem Gleichgewicht und hole mit der rechten Faust aus.

4

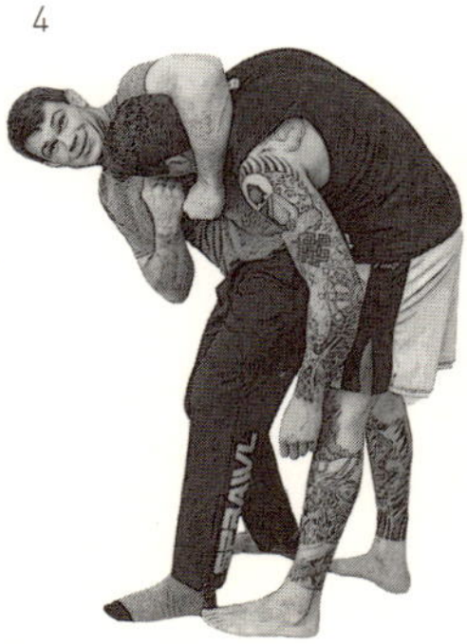

4) Ich versetze Neil den ersten von vielen Faustschlägen ins Gesicht.

Raus aus dem Schwitzkasten

Diese brutalste aller Methoden, sich aus dem Schwitzkasten zu befreien, sollte jedem Kind im Alter von fünf Jahren beigebracht werden. Man muss dem Gegner dazu an die Eier gehen, was unangenehm sein mag, aber besser ist, als mehrfach einen auf die Nase zu kriegen. Nur zur Info: Diese Technik funktioniert nicht, wenn der Angreifer eine Frau ist.

1

1) Ich bin im Schwitzkasten gelandet.

2

2) Ich greife Neil mit der linken Hand über die Schulter und mitten ins Gesicht. Die Wirkung ist am größten, wenn ihr dem Gegner dabei die Finger in die Augen bohrt.

3

3) Ich schiebe Neils Kopf mit der linken Hand nach hinten, packe ihn mit der rechten Hand am Sack und reiße diesen brutal in die Höhe.

4

4) Ich schiebe Neils Kopf weiter mit der linken Hand nach hinten, zerre ihn am Sack in die Höhe und hebe ihn so von den Füßen. Sobald er auf dem Boden aufprallt, wird er sich in der Embryonalhaltung zusammenrollen und heftigst zu schluchzen beginnen. Und ich habe eine Handvoll Eier.

Der Inside Trip

Der Inside Trip gehört zu meinen Lieblings-Takedowns aus dem Clinch heraus, besonders in der Over-Under-Position. Das Schöne an dieser Technik ist, dass sie relativ sicher ist. Das Risiko, einen Kniestoß ins Gesicht abzukriegen, ist gering, da man nicht runtergehen muss. Und falls etwas schiefgeht, habt ihr euch recht schnell wieder unter Kontrolle und könnt einen anderen Takedown versuchen.

1

2

3

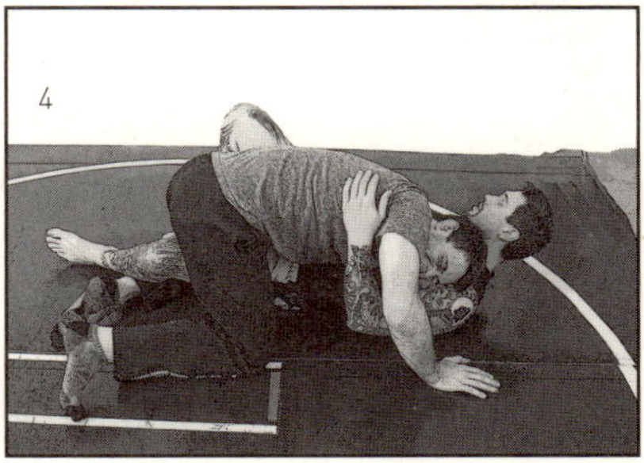
4

1) Ich stecke mit Neil im Over-Under-Clinch. Da sowohl Neil als auch ich einen Overhook und einen Underhook haben, ist dies eine neutrale Position.

2) Ich drehe mich im Uhrzeigersinn und nehme Neils Gewicht von seinem rechten Bein, indem ich mit der rechten Hand an seinem linken Arm ziehe und mit der linken Hand gegen seinen Körper drücke. Sobald ich sein Gewicht verlagert habe, schlinge ich mein linkes Bein von hinten um sein rechtes.

3) Ich schwinge mein linkes Bein nach hinten, beuge mich vor und ergreife mit der rechten Hand Neils linkes Bein von hinten. Sobald mein linkes Bein hoch genug ist, verliert Neil das Gleichgewicht und fällt rücklings zu Boden.

4) Neil fällt auf den Rücken, und ich lande in seiner Half Guard auf ihm. Auf den nun folgenden Fotos, die wir nicht mit ins Buch aufgenommen haben, da es sonst eine Seite länger (und damit *VIEL* zu lang) geworden wäre, sieht man mich die Full Mount erringen und Neil mit zahlreichen Schlägen ins Gesicht traktieren. Man kann sich da ja ganz schön reinsteigern.

Kniestoß – Ellbogenstoß

Das ist eine einfache Technik, die sowohl im Oktagon als auch auf der Straße funktioniert. Ich habe versucht, mehr dazu zu schreiben, aber ihr habt ja sicherlich schon gemerkt, dass ich mein Buch nicht mit unnötigem Beiwerk aufblähen möchte.

1

1) Ich stehe Neil in Kampfhaltung gegenüber.

2

2) Ich lasse meine Linke vorschnellen, als wollte ich einen Jab landen, aber anstatt Neil ins Gesicht zu boxen, umfasse ich seinen Nacken mit der Hand.

3

3) Ich ziehe Neils Kopf mit der linken Hand zu mir und ramme ihm mein linkes Knie in den Bauch.

4

4) Während Neil sich nach diesem Kniestoß zusammenkrümmt, hole ich mit dem rechten Ellbogen aus.

5

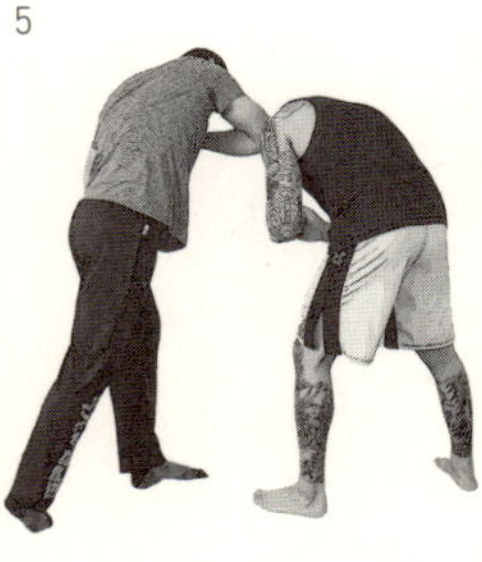

5) Während ich mein Becken gegen den Uhrzeigersinn drehe, haue ich Neil meinen Ellbogen von oben gegen die Wange.

Takedown nach Schlagabtausch

Viele Kämpfer haben die Angewohnheit, gegnerische Schläge zu spiegeln. Wenn ihr dem anderen beispielsweise einen Thaikick gegen das Bein versetzt, kann es gut sein, dass er das sofort mit dem gleichen Tritt erwidert. Unbewusst sagt er damit: »Fick dich, du Arschloch, ich lass dir nichts durchgehen.« Wenn ich in einem Kampf merke, dass mein Gegner meine Attacken kopiert, nutze ich das oft zu meinem Vorteil aus. Takedowns sind viel leichter zu vollziehen, während der Gegner Schläge ausführt, da er dabei nicht so gut sprawlen oder mit einem Kniestoß kontern kann. Ich bringe also eine Zweier-Kombination, und sobald der Gegner mit seiner Kombination antwortet, tauche ich unter seinen Schlägen hindurch und packe ihn mit einem Double-Leg-Takedown. Wichtig ist, dass ich ihn anschließend nicht nach hinten umstoße, weil ich dadurch in seine Guard geraten würde. Stattdessen bringe ich ihn seitwärts auf die Matte und lande in der Side Control.

1) Ich schlage mit einem Jab gegen Neils Kinn.

2) Ich schlage einen Cross mit der Rechten.

3) Nachdem er eine Kombination aus zwei Schlägen eingesteckt hat, bringt Neil ebenfalls schnell einen Jab.

4) Mitten in Neils Cross mit der Rechten gehe ich runter und ducke mich unter seinem Schlag weg. Dabei packe ich mit den Händen von hinten seine Beine.

5) Anstatt Neil nach vorne zu schubsen, kippe ich ihn nach rechts, indem ich sein rechtes Bein mit meinem linken Arm von der Matte hebe und dabei mit dem rechten Arm sein linkes Bein fixiere.

6) Neil fällt auf den Rücken, ich folge ihm und lande in der Side Control.

Der Asian Dart

Heutzutage haben die meisten MMA-Kämpfer eine sehr dichte Abwehr, besonders wenn man in ihrem Rücken ist. Sie klemmen die Ellbogen eng an den Körper, damit man keine Hooks anbringen und sie bäuchlings auf die Matte drücken kann, und sie ziehen das Kinn fest an die Brust, damit man sie nicht in den Rear-Naked-Choke nehmen kann. Eine Auseinandersetzung mit so einem Gegner kann extrem frustrierend sein, aber ich habe für solche Fälle eine wunderbare Technik parat. Ich muss euch allerdings warnen: Ihr müsst dem Rivalen dazu euren Daumen in den Hintern bohren. Ringer nennen das ***checking the oil*** (»nach Öl bohren«), Pornodarsteller nennen es den ***thumb blast*** (»Daumenattacke«). Ich nenne es den Asian Dart, weil ich einfach anders sein möchte. Welchen Namen ihr dieser Technik auch gebt, das Ziel bleibt das gleiche – nämlich den Gegner so zu erschrecken, dass er das Kinn hebt und euch die Gelegenheit zum Choke bietet.

1) Ich bin extrem frustriert. Ich habe mir Neils Rücken gesichert, aber er hat sich so fest zusammengerollt, dass ich nichts ausrichten kann. Ich kann weder Hooks anbringen noch einen Choke ansetzen. Extreme Situationen verlangen nach extremen Maßnahmen, und daher entschließe ich mich zum Einsatz des berüchtigten Asian Dart.

2) Ich halte Neil durch mein Gewicht auf seinem Rücken weiterhin unter Kontrolle, strecke meinen linken Arm zur Seite und den Daumen nach unten.

3) Ich ramme Neil meinen Daumen in den Arsch und bringe ihn so dazu, seine Defensive aufzugeben, den Kopf zu heben und vor Schmerz aufzujaulen.

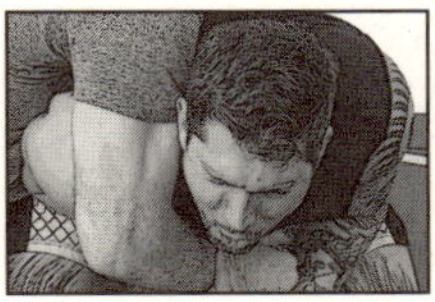

4) Ich nutze die Gelegenheit und lege Neil meinen rechten Arm um den Hals. Nun ziehe ich meinen Daumen auch wieder aus seinem Gesäß.

5) Ich ergreife mit der rechten Hand meinen linken Oberarm und lege meine linke Hand auf Neils Hinterkopf.

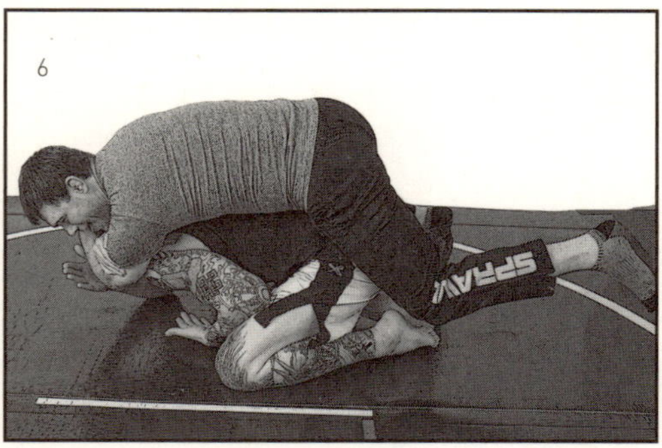

6) Ich lege mich auf Neils Rücken. Um die Submission abzuschließen, schiebe ich mit der linken Hand seinen Kopf nach unten. Nur zur Info: Wenn sich euer Gegner träge auf der Matte räkelt und genüsslich eine Zigarette raucht, nachdem ihr diese Technik angewandt habt, solltet ihr sie besser nicht noch einmal bei ihm einsetzen.

Kyokoshikin

Ich muss zugeben, dass einige der in diesem Kapitel demonstrierten Techniken nicht supergeheim waren, aber diese hier ist es wirklich. Wie ihr wisst, habe ich vier Jahre meines Lebens in einem kleinen koreanischen Dorf verbracht, und dort hat mich ein Zen-Meister diesen unschlagbaren Griff gelehrt. Seine Beherrschung verlangt wahre Hingabe und monatelange Übung, aber die Mühe lohnt sich, denn man kann ihn auf der Straße und im Ring anwenden, ja sogar im Unterwasserkampf. Ich habe in diesem Buch zwar einige billige Witze gerissen, aber ich möchte doch, dass ihr am Ende etwas Echtes und Greifbares mitnehmt. Um dieses Wissen mit euch zu teilen, setze ich das Vertrauen vieler aufs Spiel. Daher bitte ich euch, dieses Kämpferwissen nicht zu missbrauchen. Wenn ihr euch die Bildfolge anschaut, werdet ihr erkennen, dass die entscheidenden Schritte in Bild 2 und 3 passieren. Die korrekte Handhaltung ist sehr wichtig. Es reicht nicht, den Gegner einfach am Ellbogen zu greifen – ihr müsst ihn nach oben und hinten heben. Dies fügt eurem Gegner heftige Schmerzen zu und gibt euch die Gelegenheit, mit der anderen Hand seinen Hals zu ergreifen und den linken Fuß gegen sein Brustbein zu drücken. Bei technisch korrekter Ausführung sollte das Endergebnis wie in Bild 4 aussehen.

1) Ich stehe Neil in Kampfhaltung gegenüber.

2) Neil feuert einen Jab ab, den ich sofort mit der rechten Hand abfange. Dann bringe ich mein linkes Bein blitzschnell unter sein rechtes und trete ihm das linke Knie weg. Während er zu Boden geht, packe ich seine Ellbogen mit den Händen und biege sie ihm über den Kopf, sodass sein Gleichgewicht gestört und die Blutzufuhr zum Gehirn blockiert wird. Dann schlinge ich ihm meinen rechten Arm um den Nacken, halte mit der rechten Hand seinen linken Fuß fest und zerre sein linkes Bein über die rechte Schulter. Wie ihr seht, setzt dies nicht nur seine Wirbelsäule unter ungeheuren Druck, sondern schränkt auch sein Blickfeld ein.

3) Ohne Neils Ellbogen loszulassen, bohre ich ihm mein rechtes Knie von oben in die Niere, bis er bewusstlos wird.

4) Ich weiche zurück.

Nachwort

Ich möchte die wenigen von euch, die dieses Buch zu Ende gelesen haben, gern belohnen. Weil ich leider nicht weiß, wo ihr alle wohnt, kann ich euch keinen mit Schokolade überzogenen Apfel schicken. Und selbst wenn ich wüsste, wo ihr alle wohnt, wäre es doch pervers, wenn ich euch einen Schokoladenapfel zuschicken würde, besonders wenn ihr kleine Kinder seid. Daher kann ich als Dank nur einen Blick auf die andere Seite meiner Männlichkeit anbieten, die Seite, die ich in diesem Manifest bisher vernachlässigt habe.

Männlich zu sein hat sicherlich etwas damit zu tun, die Heizung oder den Vibrator eurer Freundin wieder zum Laufen zu bekommen, aber es geht weit über das Herumfrickeln an technischen Geräten hinaus. Es bedeutet, mit dem alltäglichen Mist zurechtzukommen, mit eurem eigenen und dem der anderen, und das Richtige zu tun. Womöglich fragt ihr euch nun, was denn das Richtige ist. Solange ihr kein Soziopath im klinischen Sinne seid, müsstet ihr das wissen. Zumindest habt ihr es als Kinder noch gewusst. Wenn sich etwas ungut anfühlt und ihr euch erst nach allen Seiten umschauen müsst, bevor ihr es tut, ist die Sache wahrscheinlich nicht in Ordnung. Als ich zum Beispiel meinem Cousin seine G.I.-Joe-Figur klaute, fühlte es sich ziemlich falsch an, und das war es auch. Sollten euch jedoch die ganzen japanischen Bukkake-Pornos so weich in der Birne gemacht haben, dass ihr den Unterschied zwischen Gut und Böse nicht mehr kennt, dann könnt ihr euch grob an den ethischen Grundsätzen jeder beliebigen Religion orientieren. Ich würde mich nicht als religiös bezeichnen, aber ich bete. Ich bete darum, dass es einen Gott gibt, und dass Er gut ist. Ich wünsche mir so sehr, dass es einen Gott gibt, dass es mir sogar egal ist, welchen. Er kann sogar aus Asien sein. Wenn ich gestorben bin, in den Himmel komme und hinter dem Himmelstor einen fetten Asiaten finde, soll's mir recht sein, solange ich seinen Bauch streicheln darf.

Ich weiß, was manche von euch jetzt denken: Religion kann etwas Gutes sein, aber sie kann auch die größte Scheiße sein. Hier gibt es zweierlei Ansichten. Die erste stammt von dem Philosophen Pascal. Er war zu seiner Zeit ein wichtiger Denker und fand, dass es für die Ordnung und das Funktionieren unserer Gesellschaft hilfreich wäre, die Grundsätze einer beliebigen Religion zu befolgen. Dies gilt sowohl für die allerobersten Gebote – du sollst nicht töten, vergewaltigen oder auf deines Nächsten Rosenbeete pinkeln – als auch für die weniger wichtigen Gesetze, die etwa das Essen von Schweinefleisch verbieten. Wenn wir diese Gebote befolgen, sind wir gut zueinander und beugen einer Infektion mit Trichinen vor. Wir führen ein glückliches und erfülltes Leben. Wenn ihr sterbt, und es gibt einen Gott, dann seid ihr auf der sicheren Seite. Beißt ihr aber ins Gras, und es gibt keinen Gott, dann habt ihr wenigstens ein gesundes Leben gelebt.

Auf der anderen Seite gibt es die atheistische Sichtweise. Als Anhänger dieser Philosophie glaubt ihr, die Verehrung eines Gottes und das Befolgen bestimmter religiöser Regeln lenke euch vom Leben ab. Religion enge euer Denken ein, koste eine Menge Zeit, die man besser mit Backgammonspielen verbringen könnte, und führe zu Kriegen, die Millionen von Menschenleben fordern. Ich persönlich habe mich für Pascals Überzeugung entschieden, und solange ich nicht im Namen eines Gottes töte, fahre ich ganz gut damit, denke ich. Ich finde aber, man muss an keine bestimmte Religion glauben, um erlöst zu werden. Der Gott, den ich mir vorstelle, verlangt nicht von uns, dass wir uns nach einem ganz bestimmten Plan richten. Er ist zufrieden, solange wir gute Absichten haben. Folglich habe ich mir meine Religion ganz ähnlich zusammengebastelt, wie MMA aufgebaut ist – indem ich mir aus verschiedenen Religionen Teilaspekte herausgegriffen habe, die mir plausibel erscheinen. Ich halte die Zehn Gebote für sinnvoll (ohne den Teil, wo man den Namen Gottes nicht missbrauchen darf), und ich teile einige Ideen des Buddhismus. Mag schon sein, dass man bei dieser Methode womöglich einige wirklich wichtige Aspekte außer Acht lässt, aber mit etwas gesundem Menschenverstand kriegt man das schon hin.

Die einzige Frage, mit der ich auf diesem meinem religiösen Weg nicht klarkomme, ist die, warum ein existierender Gott so viele Menschen leiden lässt. In den flüchtigen Momenten meines geistigen Wachseins bin ich zu dem Schluss gekommen, dass diejenigen von uns, die nicht leiden, die Pflicht haben, den Leidenden zu helfen. Wahrscheinlich denkt ihr jetzt: Was hast *du* denn zur Verbesserung der Welt beigetragen, Forrest? Abgesehen davon, dass ich mit 14 Jahren im Obdachlosenheim ausgeholfen habe, nicht viel. Jetzt habt ihr die Chance, besser zu sein als ein UFC-Kämpfer, und ich verspreche euch, dass ich meine Prioritäten ändern werde. Ihr werdet schon sehen. Mein ehrenvollster Moment wird der sein, in dem ich die TV-Kommentatoren Ann Coulter, Bill Maher und Bill O'Reilly abknalle. Damit leiste ich meinen Beitrag zur Verbesserung der Welt.

Forrest

PS Wenn euch dieses Nachwort grenzdebil vorkommt, dann liegt das daran, dass es von einem Grenzdebilen geschrieben wurde. Ehrlich, mein IQ liegt nur 17 Punkte über der Debilitätsgrenze. Ich habe das erfahren müssen, als ich im ersten Studienjahr einen IQ-Test gemacht habe. Die Dame, die mir das Ergebnis übergab, kam nicht etwa an und rief: »Mensch, Sie sind ja strunzdumm!« Es war viel schlimmer, denn sie brachte es mir nämlich so schonend bei, wie eine Mutter ihrem fünfjährigen Sohn erklären würde, dass sein Hund vom Trecker überfahren worden ist.

Die Autoren

Forrest Griffin studierte Politikwissenschaft, arbeitete als Polizist und ist heute einer der weltweit besten MMA(Mixed Martial Arts)-Profikämpfer im Halbschwergewicht. Er gewann die erste Staffel der Reality-Casting-Show *Ultimate Fighter* und erhielt einen Profivertrag beim weltweit größten MMA-Veranstalter UFC (Ultimate Fighting Championships). Bekannt und beliebt ist er nicht nur für seine Kampfkünste, sondern auch für seine lustige Art, die in Interviews zutage tritt.

Erich Krauss ist ein professioneller Thaiboxer und Autor von mehr als 25 Büchern. Er schrieb für die *New York Times* und besitzt einen eigenen Verlag.

Ausdauertraining für Warrior

416 Seiten
Preis: 19,99 €
ISBN 978-3-86883-299-0

Martin Rooney
Warrior Cardio
Ausdauertraining für Kampfsportler

Im Ausdauertraining kündigt sich eine Revolution an: Die Dauermethode – lange, monotone Trainingseinheiten mit mittlerer Intensität – wird durch das Metabolic Training abgelöst. Hierbei handelt es sich um kraft betonte Ausdauerübungen, die für kurze Zeit mit hoher Intensität und meist in Form eines Zirkels durchgeführt werden. Das verbrennt viel mehr Fett als Joggen oder das Training an Cardiogeräten, nimmt aber weniger als die Hälfte der Zeit in Anspruch. Der weltbekannte Fitnessexperte Martin Rooney präsentiert in diesem ersten Buch zum Metabolic Training Hunderte bebilderte Übungen und zahlreiche Trainingspläne mit Bodyweight- und Zirkeltraining sowie ein komplettes 12-wöchiges Fitness- und Ernährungsprogramm. Dieses Ausdauertraining ist für alle Sportler ideal, die in kurzer Zeit viel Körperfett reduzieren und ihre Ausdauerfitness weiter verbessern wollen.

riva

Das einfachste Fitness-konzept aller Zeiten

208 Seiten
Preis: 16,99 €
ISBN 978-3-86883-166-5

Mark Lauren
Fit ohne Geräte
Trainieren mit dem eigenen Körpergewicht

Seit Jahren bereitet Mark Lauren Elitesoldaten physisch auf ihren Einsatz bei Special Operations vor. Dabei hat er ein einfaches und extrem effizientes Trainingskonzept entwickelt, das ganz ohne Hilfsmittel auskommt und nur das eigene Körpergewicht als Widerstand nutzt. Die Übungen sind auch auf kleinstem Raum durchführbar und erfordern ein Minimum an Zeit. Diese Fitnessformel ist auch für den modernen Arbeitsmenschen ideal, denn sie lässt sich in jeden Lebensplan integrieren. Mit den 125 Übungen in diesem Buch trainiert jeder auf seinem eigenen Level, ob Anfänger oder Profi. Dazu gibt es Motivations- und Ernährungstipps vom Experten.

riva